Jing Dian Yu Jing Yan

经典与经验

中国当代文学史论

白 烨 著

人民文学出版社

图书在版编目（CIP）数据

经典与经验：中国当代文学史论/白烨著. —北京：人民文学出版社，2022

ISBN 978-7-02-017173-6

Ⅰ. ①经… Ⅱ. ①白… Ⅲ. ①中国文学—当代文学—文学史研究 Ⅳ. ①I209.7

中国版本图书馆 CIP 数据核字(2022)第 083505 号

责任编辑 王永洪
装帧设计 黄云香
责任印制 王重艺

出版发行 人民文学出版社
社　　址 北京市朝内大街 166 号
邮政编码 100705

印　　刷 三河市宏盛印务有限公司
经　　销 全国新华书店等

字　　数 292 千字
开　　本 710 毫米×1000 毫米 1/16
印　　张 17.5 插页 3
版　　次 2022 年 8 月北京第 1 版
印　　次 2022 年 8 月第 1 次印刷

书　　号 978-7-02-017173-6
定　　价 58.00 元

目录

发展历程回望

文学经验梳理

经典现象撷英

相关史料钩沉

发展历程回望

压力下的生长

——“十七年文学”的坎坷行进

1949年到1966年间的文学,一般被称为“十七年文学”。这是一个特殊时段的特殊文学。之所以特殊,主要有两个方面的原因:一是在全国解放后的和平年代,文学在看似安定祥和的社会环境里,并没有得到应有的发展,相反却跌宕不已,起伏不定,使步子越走越慢,路子越走越窄,甚至在相当长的一个时期踟蹰不前,步履维艰;二是从领导文艺的政治家到从事文艺的文学家,都从建设新的文艺事业、繁荣新的文艺形态的良好愿望出发,却在具体过程中总是阴差阳错,难得要领,甚至获咎遭罪,无所适从,使文学的实际发展最终游移乃至背离原本的愿望。也正因此,在新时期之后的当代文学史写作中,“十七年文学”大都肯定较少,评价不高。

如果换一个角度,即从文学的挣扎、民间的隐现的角度来看,“十七年文学”也许不只是一出烽鼓不息的悲剧,它可能还是一出有声有色的壮剧。它“壮”就“壮”在面对文学政治化、政治左倾化的双重压力,没有丢弃文学的理念,没有放弃文学的抗争,相反却见缝插针地做着减敛挤压的努力,不屈不挠地争取生存与发展的权利。那些被视为“错误”与“反动”倾向的文学探求的层出不穷,以及一次次批判与打击之后的一次次再现,这几近“野火烧不尽,春风吹又生”的景象,便是文学生命与文学意志生生不息的顽强显现。由此来看,“十七年文学”不仅在政治的压力下坚韧地生长着,顽强地存活着,而且还因为其探求者的不畏强压,忍辱负重,表现出一种“盗火者”的奋斗精神与献身风度。这一切,就很值得我们以一种敬而重之的态度,去重温它们那不同寻常的表现。

一　极左:从政治到文学

“十七年”间的文学,始终是与社会生活密切互动的文学。因此,社会生活的状况在很大程度上直接决定着这一时期文学的总体风貌。

在全国解放以后，“由于我们党领导社会主义事业的经验不多，党的领导对形势的分析和对国情的认识有主观主义的偏差，‘文化大革命’前就有过把阶级斗争扩大化和在经济建设上急躁冒进的错误。后来，又发生了‘文化大革命’这样全局性、长时间的严重错误。这使我们没有取得本应该取得的更大成就”①。党在这一时期的诸多偏差与错误，不仅在文学艺术领域未能幸免，而且还因为对问题估计得过重和开展斗争的失当，社会生活中大大小小的偏差和错误，进入文艺领域之后，反而被一步步地放大与延伸。这就势必造成“十七年”文学的特殊情形：置身于和平时期却斗争频仍，上下倾力推动却辄显颓势。

1　急进的现代化构想和总路线的提出

从1949年的革命胜利到1956年中共“八大”召开的，是新中国高歌猛进的七年。也正是在这革命和建设节节胜利的凯歌声中，毛泽东关于社会发展阶段的理论构想，发生了很大的改变，并由此引发出一系列根本性的问题，造成了一系列不可估量的影响。

关于中国革命的性质和具体过程，毛泽东在1945年4月中共“七大”的政治报告《论联合政府》中，作了简明扼要的阐述。他指出：“只有经过民主主义，才能到达社会主义，这是马克思主义的天经地义。而在中国，为民主主义奋斗的时间还是长期的。没有一个新民主主义的联合统一的国家，没有新民主主义国家经济的发展，没有私人资本主义和合作化经济的发展，没有几万万人民的个性解放和个性的发展，一句话，没有一个中国共产党领导的新式的资产阶级性质的彻底的民主革命，要想在半殖民地半封建社会的废墟上建立起社会主义社会来，那只是完全的空想。”②这些论断虽属战争年代对未来国家形态的理论构想，但脚踏实地，有理有据，反映了毛泽东和共产党人对于中国国情的清醒认识和国策构想的求实精神。

随着辽沈、平津、淮海三大战役的结束，中国革命的胜利在望在即，毛泽东开始修正他在“七大”提出的理论主张。他在1949年3月于河北平山西柏坡召开的中共七届二中全会上的报告，不仅提出了促进革命迅速取得全国胜利的方针，而且从主要矛盾的角度，提出了由新民主主义社会迅速向社

① 《中国共产党中央委员会关于建国以来若干历史问题的决议》，《党员必读》第78页，人民出版社1983年版。

② 《毛泽东选集》合订本第1060—1061页，人民出版社1963年版。

会主义社会转变的理论要点。他指出：中国革命在全国胜利并解决了土地问题之后，“工人阶级和资产阶级的矛盾即成为国内的主要矛盾”①。沿着这一思路，在“三反”“五反”之后，毛泽东又在《关于民主党派工作的决定》中批示道：“在打倒地主阶级和官僚资产阶级后，中国内部的主要矛盾即是工人阶级与民族资产阶级的矛盾，故不应再将民族资产阶级称为中间阶级。”在 1953 年 6 月中央政治局召开的扩大会议上，毛泽东又首次提出：“党在过渡时期的总路线和总任务，是要在 10 年到 15 年或者更多一些时间内，基本上完成国家工业化和对农业、手工业、资本主义工商业的社会主义改造。这条总路线是照耀我们各项工作的灯塔。”②至此，毛泽东便从根本上改变了他在《论联合政府》中提出的建国理论，把原来的新民主主义总构想变成了社会主义总路线。

总路线一经提出，便要确立与贯彻。于是，便有了对于“确立新民主主义社会秩序”“由新民主主义走向社会主义”和“确保私有财产”的所谓“右倾”思想的批判与斗争，开始了对农业、手工业和资本主义工商业的加快改造。所谓的“逐步过渡到社会主义”，实际上是缩短过渡的“直通”社会主义。由此开展的疾风暴雨式的社会主义革命与建设，在思想观念上的主观主义、方针政策上的盲目冒进的引领之下，便异乎寻常地运行起来。

毛泽东关于社会主义总路线的提法，出发点在于尽快改变中国的经济文化的落后状况，及早实现社会主义方向的现代化。然而，这一提法显然有着先天不足与后天失调的双重缺陷。它显然忽视了客观的社会规律和经济规律，没有认清中国的国情民情，“更由于毛泽东同志、中央和地方不少领导在胜利面前滋长了骄傲自满情绪，急于求成，夸大了主观意志和主观努力的作用，没有经过认真的调查研究和试验，就在总路线提出后轻率地发动了‘大跃进’运动和农村人民公社化运动，使得以高指标、瞎指挥、浮夸风和‘共产风’为主要标志的‘左’倾错误严重地泛滥开来”③。问题是这种“左”倾错误如同“开弓没有回头箭”一样，从此就没有任何收敛，而且愈演愈烈，四处漫泛。处在这样的大背景之下的“十七年文学”，步入苦难的历程也就实属势所必然。

---

① 《毛泽东选集》合订本第 1434 页。

② 《毛泽东选集》第 5 卷第 65 页，人民出版社 1977 年版。

③ 《关于建国以来党的若干历史问题的决议》，《中共中央文件汇编》第 146 页，中共中央党校出版社 1994 年版。

2　知识分子政策的形成与更变

解放之后，怎样对待知识分子，始终是一个悬而未决的问题。

在建国初期，知识分子是作为被争取的对象，包含在统战工作范畴之内的。毛泽东在中共七届三中全会的报告中就此指出："有步骤地谨慎地进行旧有学校教育事业和旧有社会文化事业的改革工作，争取一切爱国的知识分子为人民服务。"在 1956 年为中共中央政治局扩大会议起草的决议要点中，毛泽东在"七、统一战线工作"的第 3 条载明："知识分子、工商业家、宗教家、民主党派、民主人士，必须在反帝反封建的基础上，把他们团结起来，并加以教育。"①

由于知识分子的大多数表现尚好和各项事业迫切需要知识分子，知识分子的问题日益提上党和国家的领导层的议事日程。1956 年 1 月，中共中央召开关于知识分子问题的会议。周恩来在会上做了《关于知识分子问题的报告》，指出：党在知识分子的问题上的主要倾向是宗派主义，就是低估了知识界在政治上和业务上的巨大进步，低估了知识分子在我国社会主义事业中的重大作用。他代表党中央郑重宣布：我国知识分子的绝大部分"已经是工人阶级的一部分"。并且提出："第一，应该改善对于他们的使用和安排，使他们能够发挥他们对国家有益的专长"；"第二，应该对于所使用的知识分子有充分的了解，给他们以应得的信任和支持，使他们能够积极地工作"；"第三，应该给知识分子以必要的工作条件和适当的待遇"。② 至此，关于如何认识和对待知识分子，才有了一个基本的说法，这也可看作是关于知识分子政策的初步形成。

党的知识分子政策的提出，极大地鼓舞了各行各业的知识文人。冯友兰、费孝通等学者，纷纷在《人民日报》发表署名文章，称颂知识分子的"早春天气"的来临，就如何发挥知识分子潜力问题献计献策。是年 4 月，在中共中央政治局扩大会议上，毛泽东提出："'百花齐放，百家争鸣'，我看应该成为我们的方针。艺术问题上百花齐放，学术问题上百家争鸣。"③随后，陆定一于 5 月 26 日在怀仁堂向文艺界和科学界作题为《百花齐放，百家争鸣》的重要讲话，在全国知识界引起极大的反响。全国各综合大学的文史专家，按照"双百"方针重新审改教学大纲，学术探讨，文艺创作，也都出现

① 《毛泽东选集》第 5 卷第 37 页。

② 见《周恩来选集》下卷，人民出版社 1997 年版。

③ 《毛泽东文艺论集》第 143 页，中央文献出版社 2002 年版。

了一时的活跃局面。

但好景不长,1957年由党的整风引发了“反右”斗争,刚刚形成的知识分子政策,随即受到很大的影响。“反右”前夕,毛泽东在党的全国宣传工作会议上发表讲话,其中大部分篇幅讲知识分子问题。毛泽东肯定知识分子“绝大多数人都是爱国的”,强调“知识分子也要改造”,“要同工农群众相结合”。而在“反右”开始之后,毛泽东则把资产阶级和旧社会过来的知识分子画等号,指出“共产党还要整风,资产阶级和旧社会过来的知识分子就不要整风,不要改造?那就更需要整风,更需要改造”①。在《打退资产阶级右派的进攻》的讲话中,毛泽东又多次把右派与知识分子画等号,不仅明确地讲到“知识分子是最无知识的”,而且郑重地指出“是无产阶级领导知识分子,还是知识分子领导无产阶级”的问题。② 很显然,“右派”大多出自知识界这一事实,使他开始改变对于知识分子的看法,他越来越把他们视为不可不用又不可不防的“同路人”。

据有关文章披露,1957年4月,毛泽东在与邓拓等人谈话谈到知识分子问题时说,知识分子的“毛”可以附在资产阶级的“皮”上,也可以附在无产阶级的“皮”上。无产阶级给他们钱,让他们教书、办报,做文艺工作,这是赎买他们。而且还表示,现在的知识分子,是“身在曹营心在汉”,他们的灵魂依然在资产阶级那方面。争取知识分子,一种办法是压,一种办法是松,这样有利于改造。③

从毛泽东到周恩来,在看待知识分子问题上,都有一个共同点,这就是对知识分子做了“科技”与“人文”的区分之后,更加重视前者而防备后者。这背后,有“科技”与生产力联系较为直接的原因,也有“人文”与意识形态关系过于密切的原因。这样的一个偏向,著名美籍作家韩素音在与周恩来作了一番关于知识分子问题的谈话之后,悟出了其中的奥妙。她披露道:“显然,周谈论的是科学,而不是艺术和文化。整个谈话都回避了艺术和文化问题,后来我才懂得其中的道理。显然文化部是他掌管的政府的一部分,并且在艺术家、作家、电影和戏剧名角中他也有很多朋友——但文化是社会制度中一个十分敏感的领域,与意识形态密切相关,因此共产党对此远比科

① 《毛泽东选集》第5卷第449页。

② 同上第5卷第452页。

③ 黎之《文坛风云录》第44页。

学更为关注。”①正因如此，党的知识分子会议的召开与知识分子政策的提出，并未给文学艺术界带来多大变化，相反，文艺界的知识分子头上的“紧箍咒”越来越紧。最能说明问题的例证是，就在中央批发《关于知识分子问题的指示》（1955 年 12 月 16 日）的前一天，即 1955 年 12 月 15 日，中央又批发了《中国作家协会党组关于丁玲、陈企霞等进行反党小集团活动及对他们的处理意见的报告》，要求“各地应本此方针，根据具体情况，对于文艺干部中存在的类似的问题，有领导地开展批评和斗争，以整顿和纯洁党的文艺队伍”。一方面是放宽对知识分子的政策，一方面是强化对文学艺术界的整肃；两种不同的做法就这样并行不悖地运行于当时的知识界与文化界。

3 政治压力向文学压力的转化

毛泽东历来是把文学看作是政治斗争的工具的。《在延安文艺座谈会上的讲话》中，他指出“文艺是从属于政治的”，“必须服从于政治的斗争”。② 时隔 15 年之后，在《关于正确处理人民内部矛盾的问题》中，他提出了辨别香花与毒草的六条标准，并着重指出“这六条标准中，最重要的是社会主义道路和党的领导两条”③。在整个国家向社会主义社会加速行进的过程中，文学不仅自身要实现社会主义化，即如郭沫若所言，“遵循着国家建设的总路线”，随着“伟大祖国所经历的本质上的改变”“更始一新”；④而且要在整个国家的社会主义化中发挥独特而能动的作用，即如周扬所言，“用爱国主义和社会主义的崇高思想教育人民，鼓舞人民向着社会主义社会前进”⑤。因而，把强烈而紧迫的政治诉求转化为文学的任务与使命，就是党在文学艺术工作中的当务之急。这种文学政治化的过程，主要是通过文艺方向的一再强化、文艺政策的坚决贯彻、文艺批判的不断开展，一步步地实现的。

还在建国前夕的全国第一次文代会上，周扬的《新的人民的文艺》的报告，就完全以《讲话》精神来总结解放区的文艺工作，并要求新的文学工作者。他在充分论证“工农兵方向”“这个方向的完全正确”时，着重从主题、人物、形式等方面论述了文艺的工农兵方向带来的种种新气象，这也使方向

---

① 转引自朱正《1957 年的夏季：从百家争鸣到两家争鸣》第 49 页，河南人民出版社 1998 年版。

② 《毛泽东论文集》第 23 页，人民出版社 1966 年版。

③ 《毛泽东选集》第 5 卷第 393 页。

④⑤ 均见《中华全国文学艺术工作者代表大会纪念文集》，新华书店 1950 年版。

问题具体化为了创作问题。他在报告里还毫不含糊地指出，文艺为工农兵是唯一的方向，除此之外，别无其他，“如果有，那就是错误的方向”。① 这是使工农兵方向定为一尊、成为唯一的方向的开始。

1950 年前后，文艺界发生的关于小资产阶级人物可否作为文艺作品的主角的问题的讨论，关于如何争取小市民阶层读者的讨论，虽然涉及有关城市小资产阶级问题，但并未逾越《讲话》中所提到的服务对象范围，却先后被当作有意无意地怀疑“文艺为工农兵”的方向的表现，遭到毫不留情的批评。紧接着，又开展了旨在经过“具体而深刻的思想斗争”，“毫无异议”地“接受《讲话》所指示的方向”的文艺整风运动。1952 年 5 月《人民日报》发表《继续为毛泽东同志提出的文艺方向而斗争》的社论，指出：“毛泽东同志的文艺方针的贯彻执行，必须经过不断的思想斗争。”社论在重申文艺“首先应当为工农兵服务”之后，着重就怎么为的问题指出：“首先要划清无产阶级与资产阶级文艺思想的界线。这是当前文艺运动上的根本问题。”其后，又严厉批评了文艺脱离政治的理论观点和创作倾向。至此，关于文艺的工农兵方向，实际上已完全成为政治的方向和阶级斗争的方向。

文艺为什么人的问题愈来愈成为政治性的问题的意向，在时任中共中央宣传部部长陆定一“反右”时的一个重要讲话里，更表达得十分直截了当。他说：“我们党一向主张政治领导文艺，因此文艺应该受党的领导，应该为工农兵服务。”这样，政治、党的领导、工农兵方向就成为三位一体的东西，文艺为工农兵不仅成了不可置疑的唯一方向，而且成为文艺工作者在思想上和政治上的试金石，事实上在它与“为党”“为政治”之间，完全画上了连接号。

应当说，毛泽东在民族斗争和革命斗争的空前激烈尖锐的延安时期，提出“文艺从属于政治”“文艺为工农兵服务”，确是必要的。当时，文艺作为革命斗争的重要方式之一，需要时时起到“鼓舞人民、教育人民、打击敌人、消灭敌人”的战斗作用，而提出这一口号之后，革命文艺也有了统一而明确的方向，文艺创作的面貌也焕然一新。但在社会主义建设取代了新民主主义革命之后，历史条件与社会环境均发生了重大的变化，仍坚持使用这样一个高度强调政治功利的口号，便日渐显出了其诸多的局限性。

建国初期，文艺由主要“为工农兵服务”变成只为“工农兵”服务，这样既在服务对象上剔除了工农兵以外的人民群众，也在主要描写对象上摒弃

① 均见《中华全国文学艺术工作者代表大会纪念文集》，新华书店 1950 年版。

了工农兵以外的人物形象。这一时期，相继开展的关于短篇小说《我们夫妇之间》的批评和电影《武训传》的批判等，涉及的无不是像李克、武训这样的非主流人物可否成为文学作品的主角的问题。这样的问题此后在关于《青春之歌》《三家巷》等小说和《早春二月》《达吉和她的父亲》等电影的论争与批判中，仍然或显或隐地演进着。其显而易见的后果是，符合流行文艺方向要求的文学作品，大多内容贫瘠，题材单一，缺少生活感和艺术魅力；而那些生活内容真切、艺术描写生动而又为人民群众所普遍欢迎的作品，却又常常得到这样和那样的批评与指责，这势必使文艺的路子越走越窄。

50 年代中期以后，文艺为工农兵服务逐渐演变为文艺为政治服务，而且还表现为过于紧跟党的号召和紧贴中心任务，“写中心、唱中心、演中心”，使文艺创作更多地演绎政治与政策，造成了严重的公式化、概念化倾向。这种现象在 1958 年伴随着生产大跃进的“文艺大跃进”，进一步走向了高潮。在当时的文坛，不仅一批批歌颂“大跃进”的标语口号式的作品竞相出现，而且在文艺创作上也搞所谓的“大跃进”，提出“人人都是诗人”“每县都要出一个郭沫若”等形式主义的口号，严重违背了艺术特有规律。以周恩来 1959 年 5 月 3 日《关于文化艺术工作的两条腿走路的方针》的讲话为标志，党对文艺工作的初步调整，也正是主要针对文艺的路越走越偏的现状，有意纠“左”和刻意放活。林彪、“四人帮”在十年浩劫前后，从“大写十三年”到大抓“革命样板戏”，再到培植“阴谋文艺”，更是利用了文艺为政治服务的口号，并把其弊端发挥到了极致。他们一方面挥舞“大批判”“反复辟”的大棒，一方面又高喊“为无产阶级政治服务”、为“文化大革命”，顺理成章地就把文艺紧紧绑上了他们阴谋政治的战车，使文艺领域和整个社会生活陷入万马齐喑的黑暗，从而也使“文艺为工农兵服务”“文艺为政治服务”走向了令人痛心的悖论结局。

在文艺的方针政策方面，最为主要的是“百花齐放，百家争鸣”方针的提出与演变。1951 年，中国戏曲研究院成立，毛泽东作了“百花齐放，推陈出新”的题词；1953 年，中国历史研究委员会主任向毛泽东请示历史研究工作的方针，毛泽东回答说“百家争鸣”。把这两个口号合在一起，作为党在文化和科学工作中一条基本方针确定下来，是 1956 年的事情。当时，一方面，生产资料的社会主义改造正取得决定性的胜利，党和国家面临着调动一切积极因素，建设社会主义，发展经济、科学和文化的迫切任务，制定发展文化与科学的正确方针，以促进文化与科学事业已成为刻不容缓的任务；另一方面，由于受苏联的影响，我国文化界和科学界也存在不少“左”的东西。

如，在文艺领域，有人主张废止传统戏剧；在科学领域，有人简单地给各种不同的学派贴标签，用行政手段压制异见；在社会科学领域，郭沫若、范文澜对历史分期有不同看法，有人要求中央宣传部裁定谁对谁错；等等。文化界和科学界发生的种种事端，都要求党尽快制定发展文化与科学的统一的方针政策。

1956 年 4 月 28 日，毛泽东在中共中央政治局扩大会议上作总结发言时指出："'百花齐放，百家争鸣'，我看应该成为我们的方针。艺术问题上百花齐放，学术问题上百家争鸣。"在 5 月 2 日的最高国务会议上，毛泽东正式宣布了这个方针，他说："现在春天来了嘛，一百种花都让它开放，不要只让几种花开放，还有几种花也让它开放，这叫百花齐放。百家争鸣是诸子百家，春秋战国时代，二千年那个时候，有许多学说，大家自由讨论，现在我们也需要这个。"①5 月 26 日，中共中央宣传部部长陆定一向知识界作报告，系统地阐述了毛泽东提出的这一方针，他说："我们所主张的'百花齐放，百家争鸣'是提倡在文学艺术工作和科学研究工作中有独立思考的自由，有辩论的自由，有创作和批评的自由，有发表自己的意见、坚持自己的意见和保留自己的意见的自由。"②此后中共第八次全国代表大会的"政治报告"和"决议"，毛泽东所作的《关于正确处理人民内部矛盾问题》的报告，都就"双百"方针做了强调与论述。1957 年 4 月 10 日的《人民日报》发表了《继续放手，贯彻"百花齐放，百家争鸣"的方针》的社论。社论指出："'百花齐放，百家争鸣'并不是一时的、权宜的手段，而是为发展文化和科学所必要的长时期的方针。""党的任务是要继续放手，坚持贯彻'百花齐放，百家争鸣'的方针。"至此，"百花齐放，百家争鸣"作为发展我国文化和科学事业的基本方针，已在理论上和政策上完全确定了下来。

但随后国际国内形势的激烈演进，使事情很快发生了变化。毛泽东 1957 年开始发起全党整风运动，意在正确处理人民内部矛盾，反对主观主义、宗派主义和官僚主义。未料，整风运动开始之后，在民主党派、高等学校和党外群众中，对于党的领导、党的体制、党的作风等提出了一系列尖锐而激烈的批评意见。毛泽东认为"事情正在起变化"，"有反共情绪的右派分子为了达到他们的企图，他们不顾一切，想要在中国这块土地上刮起一阵害

---

① 转引自戴知贤《毛泽东文化思想研究》第 97 页，中国人民大学出版社 1992 年版。

② 陆定一《在作协党组扩大会上的讲话》，《文艺报》1957 年第 25 期。

禾稼、毁房屋的七级以上的台风"。基于这样的看法，他号召全党"组织力量反击左派分子的猖狂进攻"。① 在这期间，毛泽东在他的一系列讲话与文章中，开始以强调要点、突出重点等方式，对"双百"方针进行政治的限定与导向的倾斜。

1957 年 3 月 12 日，毛泽东《在中国共产党全国宣传工作会议上的讲话》中指出："我们提倡百家争鸣，在各个部门可以有许多派、许多家，可是就世界观来说，在现代基本上只有两家，就是无产阶级一家，资产阶级一家。"②把"百家"在根本上归为"两家"，由此初见端倪。1957 年 5 月 15 日，毛泽东在《事情正在起变化》一文中，又就教条主义与修正主义孰轻孰重进行了论说，指出有教条主义思想的人，"大都是忠心耿耿，为党为国的"，"克服了这种片面性，他们就会大进一步"；而比教条主义更为危险的，"是资产阶级思想在党内反映"的"修正主义或右倾机会主义"③。这种对"左"与右的区别对待，实际上为"左"比右好提供了最初的理论依据。

1957 年 7 月 1 日，毛泽东又在《〈文汇报〉的资产阶级方向应当批判》一文中，指出"不是东风压倒西风，就是西风压倒东风，在路线问题上没有调和的余地"④。进而在思想路线的非"东"即"西"上，突出强调"百家争鸣"在政治上的"两家"性质。

关于文艺批评，毛泽东《在延安文艺座谈会上的讲话》中有"文艺界的主要斗争方法之一，是文艺批评"的说法。这里边有两重含义，其一，文艺界的斗争要采用文艺批评的方式，其二，文艺批评也即文艺斗争。建国之初有关文艺创作、文艺思想中的不同倾向和不同看法，一般都主要以文艺批评的方式进行争论和批评，如关于碧野的小说《我们夫妇之间》的批评、关于电影《关连长》的批评等等。在这些作品的批评中，因为有把文艺问题政治化的倾向，因而未能给予作家作品以公正的评价，但总体上说批评仍没有溢出思想领域的范畴。

但由 1955 年开展的批判胡风集团起始，文艺界的思想斗争由文艺批评逐步变为政治批判，并常常扩大为一种群众运动。批判胡风，起先只是针对胡风的文艺思想和宗派倾向，后来由舒芜提供的胡风等人的书信，不仅充分暴露了胡风等人的非主流的小集团倾向，而且披露了他们对毛泽东文艺思

---

① 《毛泽东选集》第 5 卷第 427 页。
② 同上，第 5 卷第 407 页。
③ 同上，第 5 卷第 423—424 页。
④ 同上，第 5 卷第 435 页。

想的严重不满，这就使问题的性质迅即改变，不仅胡风被打成了“一切反革命阶级、集团和个人的代言人”，而且把接近胡风、同情胡风和与胡风有过联系的人都打成胡风分子。在胡风事件之后的 1956 年 8 月，毛泽东在《同音乐工作者的谈话》中，不经意中就把资产阶级与知识分子联系了起来，他说：“对资产阶级、对知识分子的问题，处理不好的话，对革命事业是不利的。”“音乐家中的许多人在思想上是属于资产阶级的。”①这一思想到了“反右”反映得更为明显。毛泽东在为《人民日报》作《〈文汇报〉的资产阶级方向应当批判》的社论时，更明确地指出，“右派进攻”是“资产阶级及资产阶级知识分子发动的一场战争”。嗣后，“反右派”的斗争迅速走向扩大化，全国共划定右派分子五十五万人，其中知识分子和文艺界的作家、艺术家占了相当大的比重。随着“反右派”斗争的进展，在文艺界把理论上的不同见解和创作上的不同现象，一概斥之为资产阶级、唯心主义和个人主义的表现，有的作品被粗暴地冠以“反党反社会主义的大毒草”，许多有影响的作家、批评家、艺术家都受到不同程度的批判、斗争与组织处理。1957 年 9 月 1 日的《人民日报》社论《为保卫社会主义文艺路线而斗争》，更以总结经验的口吻，把文艺界对丁玲、冯雪峰等人的文艺思想的批判，上升为“是党的社会主义文艺路线跟反党、反社会主义文艺路线的斗争”。

在把“百花齐放，百家争鸣”浓缩为“两家”之争之后，文化和科学领域里的诸般现象，无不以政治划线、路线分界，“百家争鸣”实际上形同虚设。而被判定是“反社会主义”和“资产阶级”一方后，也只能被动挨打，无以申辩，所谓的“两家”之争，到后来基本上变为了独家批判。

1959 年在庆祝建国十周年文学事业的成就的同时，“反右倾”斗争的序幕也徐徐拉开。先是姚文元等人在《文汇报》《天津日报》集中火力批判吴雁的《创作，需要才能》，后是《长江文艺》等刊物对于黑丁、胡青坡等人关于文艺创作如何反映人民内部矛盾的观点的批判。1960 年刚刚到来，《文艺报》便在 1 月号上刊发文章批判李何林的《十年来文艺理论和批评上的一个小问题》，认为文章鼓吹“艺术即政治”。随后，方纪的小说、白刃的小说、岳野的剧本、蒋孔阳的文艺论点等，相继作为修正主义文艺思想的代表大加批判。从当时的情形看，与当时流行的文艺潮流稍有不合的创作和批评倾向，都无一例外地要被列入另册，打入冷宫。

这种文艺大批判到了 1962 年 9 月党的八届十中全会，更是以李建彤的

---

① 《毛泽东文艺论集》第 15 页，中央文献出版社 2002 年版。

《刘志丹》小说的政治定性而达到了高潮。由于康生的煽风点火，借题发挥，毛泽东开始过问此事，并在八届十中全会的讲话中认同“利用小说反党，是一大发明”的说法。此后，有关文艺作品的大张挞伐，有关文艺问题的上纲上线，人们都见怪不怪、习以为常了。有关的文艺问题政治批判纷至沓来，逐步形成了不可遏制的潮流。1963 年 4 月，江青组织的围剿昆曲《李慧娘》及廖沫沙的剧评文章，在《文汇报》等报刊发表；9 月，康生诬蔑《红河激浪》为“反党影片”，编剧和有关人员受到迫害；12 月 12 日，毛泽东在中宣部文艺处一份材料上做了“各种艺术形式……问题不少，人数很多，许多部门至今还是‘死人’统治”的指示，对文艺工作估价甚低。1964 年 6 月，江青插手全国京剧现代戏观摩演出大会，并与康生一唱一和，在总结大会上点名攻击京剧《红旗谱》《谢瑶环》、豫剧《朝阳沟》是“坏戏”，《早春二月》《舞台姐妹》《北国江南》等影片是“大毒草”。同年 6 月 27 日，毛泽东在中宣部的一份报告草稿上，又做了关于文艺问题的第二个批示，批评文联所属各协会和他们所掌握的刊物的大多数，“二十多年来，基本上（不是一切）不执行党的政策，做官当老爷，不去接近工农兵，不去反映社会主义革命和建设，最近几年，竟然跌到了修正主义的边缘”①。随即，文联、作协各部门便开始了整风。从 1964 年下半年开始，《林家铺子》《不夜城》《红日》《革命家庭》《聂耳》《兵临城下》等影片、瞿白音的《创新独白》的文章、周谷城的“时代精神汇合论”的观点、李凌的音乐创作思想、欧阳山的《三家巷》系列小说以及大连创作会议等，纷纷遭到大规模的批判。1965 年开始，除这些批判持续进行外，夏衍编剧的《林家铺子》、陈翔鹤的历史小说均遭到挞伐。5 月，文化部改组。11 月，江青组织的由姚文元执笔的《评新编剧〈海瑞罢官〉》一文，在上海《文汇报》发表。从此，一场空前未有的大浩劫便由文艺领域发端波及全国各个领域。

二　理论批评的突围尝试

为了使理论批评在马克思主义方向下尽快发展和成熟起来，建国之后的文学界在思想与理论的资源上，主要突出了两个方面的取向。一个是根据发展变化的时势、学习、宣传和运用以《在延安文艺座谈会上的讲话》为中心内容的毛泽东文艺思想；一个是大量译介俄苏文艺理论著作，从经典作

① 《中国当代文学史料选》第 599 页，北京大学出版社 1995 年版。

家的论著、文论名家的论著,一直到文论译文汇编、文艺学教材,等等。

从1950年起,每年5月23日,《人民日报》都如期发表纪念毛泽东《在延安文艺座谈会上的讲话》的社论,这一工作一直持续到“文革”后期。这一期间,《在延安文艺座谈会上的讲话》也有过多次修改,这种修改除了“一些文学上的加工和引文的重新考证外”,还有“一些提法的改动。这些改动说明了毛泽东对文艺上的某些重要问题做了进一步思考”①。而对苏联文艺理论与批评的学习与译介,更是愈来愈深入和细致,以至于苏联的文艺政策文件,历次苏联作家代表大会的报告、决议、社论、专论等,都有及时的译介与汇编,其中如《苏联文学艺术问题》等论文汇编,一度还被指定为中国文艺工作者学习社会主义现实主义的必读文件。

在理论批评领域中这种对毛泽东文艺思想的贯彻与苏联文艺理论学说的灌输,旨在提纯文艺理论批评工作者的文艺思想,提高他们辨别乃至抵制资产阶级的错误的文艺思想的能力。但文学艺术作为面对社会现实,又表达作家、批评家个人意愿的活动,自有其客观而内在的艺术规律。当一些理论批评家用自己的身心去感受现实,用自己的头脑去思考问题时,就会发现,主流意识形态所主张的,未必是文学艺术中最为根本的;而主流意识形态所鄙薄的,又未必是文学艺术中不重要的。因此,试图突破已有的理论批评框架与范式,从新的角度去提出新的问题,便成为自然而然的事情。

在理论批评上的这种突围尝试,在“十七年”间以多种形式不断显现,但较为突出又较有影响的,主要是现实主义问题,人情、人性问题和“如何反映人民内部矛盾”及“写中间人物”问题。

1 现实主义问题

1953年上半年,当时中国文艺界在整风后期提出重新学习文艺新方向,即学习社会主义现实主义问题。其基本精神在周扬的题为《社会主义现实主义——中国文学前进的道路》②的文章中表述得十分清楚,这就是“社会主义现实主义,现在已成为全世界一切进步作家的旗帜。中国人民的文学正在这个旗帜之下前进。正如中国新民主主义革命是无产阶级社会主义世界革命的组成部分一样,中国人民的文学也是世界社会主义现实主义文学的组成部分”。这里的社会主义现实主义,已不是艺术方法上的概

① 《胡乔木回忆毛泽东》第263页,人民出版社1994年版。

② 原刊于苏联《真理报》1952年第12期,后刊于《人民日报》1953年1月11日。

念,它被看作是一切进步文学的方向与旗帜。这篇文章几乎同时在《真理报》和《人民日报》上发表,显然带有代表中国文艺界表态的性质。在当时全国文协(作协前身)组织的学习文艺新方向的活动中,围绕着的主要是四个与社会主义现实主义有关的问题。第一,从经典作家关于意识形态的学说及对文艺的论述来认识现实主义的发展;第二,社会主义现实主义与过去的现实主义的根本区别所在;第三,关于塑造典型和创造人物的问题;第四,关于社会主义现实主义的党性和人民性问题。这次学习和讨论,作为文艺界一次"基本建设"(冯雪峰语),对于社会主义现实主义文学观念在中国的传播起了很大作用,但其中也显然孕育出了一些简单、肤浅的认识,为尔后的极左文学思潮的形成与发展埋下了种子。

此后,一些重要的作家、理论家都写文章论述有关社会主义现实主义问题,但基本的调子都是周扬在《社会主义现实主义——中国文学前进的道路》文章中的观点:一、作品是否社会主义现实主义的,主要看是否以社会主义的观点、立场来表现革命发展中的生活真实;二、真实地表现生活就是要深刻揭露生活中的矛盾,写出现实发展中的主导倾向;三、要着重表现代表生活中新的力量的人物的真实面貌。

1953年9月召开的全国第二次文代会,在主要总结四年来文学艺术工作的同时,也突出了对社会主义现实主义问题的宣传与阐释。周扬和茅盾分别向大会所作的报告,都正式宣告社会主义现实主义是我国文学创作、文学评论的"最高原则"。大会还追溯到现代文学历史的发展,认为从"五四"开始的新文学运动就是朝着社会主义现实主义方向前进的,而且已成为中国现代文学运动的主流,而40年代解放区文艺在毛泽东文艺方针、路线指导下,社会主义现实主义文艺得到了进一步发展,并取得了新的成就。

1955年对于胡风文艺思想的批判中,也涉及有关社会主义现实主义的问题。胡风在1954年给中共中央的《意见书》中,反驳了林默涵、何其芳在1953年批驳他文艺思想的文章,并对自己的文艺观点进行了全面的申述,其中重要的一部分内容是现实主义问题。他进一步坚持自己的现实主义主张,认为现实主义的"本质的意义",在于"写真实",因而在创作过程中,"感情世界"比"观念世界"更为重要。这些颇见个性的提法不仅没有在当时的讨论中得到阐发,而且被当作错误的乃至反动的言论一棍子打死。

在批判了胡风之后,中国文坛对于现实主义的看法,更加趋于一致了。何其芳等人关于现实主义问题的看法,就代表了当时人们的普遍认识。何其芳认为,"现实主义是按照生活实际存在的样子反映生活",现实主义"不仅要求细节的真实，而且还要求本质的真实，文学艺术的典型性就是从后一要求来的”。[1] 茅盾也认为，现实主义“就是通过形象的艺术概括的方法，忠实地描绘人类怎样进行生产斗争和阶级斗争以及这两种斗争在人的内心世界所引起的各种反映”。[2] 以上的论述，基本精神是一致的，而且都共同强调了现实主义的两个主要特征：一、忠实地反映客观生活；二、为着反映本质真实必须运用典型化的手法塑造典型。在如何看待社会主义现实主义和过去的现实主义的区别问题上，许多重要的文学家的看法大都是趋于一致的，如“社会主义现实主义是现实主义发展的最高阶段，是以社会主义精神、无产阶级革命世界观为其特点的”；[3]社会主义现实主义的作家的创作在于“用社会主义来教育人民和改造生活”。[4] 以上这些有关社会主义现实主义的看法，差不多都是对苏联第一次作家代表大会通过的《苏联作家协会章程》中有关规定的引申与发挥。

面对着这种舆论一律的社会主义现实主义的看法，也有人在“双百”方针的鼓舞下，对这一提法的科学性提出质疑。很有意思的是在当时这些不同意见的提出，也不得不以苏联 1954 年召开的第二次作家代表大会上西蒙诺夫报告中修订社会主义现实主义的定义的意见为依据，比如，秦兆阳以何直的笔名在《现实主义——广阔的道路》[5]一文中引述了西蒙诺夫的有关论述后指出，“现实主义文学本来是将文学描写的艺术性、真实性、思想性，与典型问题和典型化的方法紧密地有机地融合在一起”的，因此不必另加一些别的什么东西。他认为“文学的现实主义，以无限广阔的现实为对象，为依据，为源泉，并以影响现实为目的，现实生活有多么广阔，它所提供的源泉就有多么丰富，人们认识现实的能力和探索的能力能够达到什么样的程度，现实主义的视野、道路、内容、风格就能达到多么广阔、多么丰富”。基于这一认识，他就现实主义问题提出了自己的几点见解：一、苏联第一次作家代表大会通过的章程中关于社会主义现实主义的定义不确切，应从定义中删去“用社会主义精神改造和教育劳动人民”一句。因为社会主义精神存在于“艺术描写的真实性与历史的具体性之中”，而不是作家头脑里的一种抽象的概念式的东西，用不着另外“结合”。二、社会主义现实主义的提法不

---

① 《何其芳文集》第 6 卷第 68 页，人民文学出版社 1984 年版。
② 《夜读偶记》，《文艺报》1958 年第 10 期。
③ 蔡仪《探讨集》第 171 页，人民文学出版社 1981 年版。
④ 冯雪峰《关于社会主义现实主义》，《语文学习》1955 年第 8 期。
⑤ 《人民文学》1956 年第 9 期。

科学。因为文学的现实主义是在长期的文学艺术实践中所形成、所遵循的一种法则，很难“从现实主义文学的内容特点上将新旧两个时代的文学划分出一条绝对不同的界限来”，社会主义现实主义不是一个脱离历史传统和共同艺术规律的创作方法，而是现实主义在社会主义时代的发展，也就是“社会主义时代的现实主义”。三、文艺为政治服务是一个长期性的总的要求，不能只满足于当时起宣传作用，不要简单地把文艺当作某种政治概念的图解。四、不能用贴阶级标签的办法对待文艺作品。上述意见针对当时文学现状有感而发，切中了文艺创作和理论批评中的某些重要问题。

秦兆阳的文章发表之后，周勃以《论现实主义及其在社会主义时代的发展》的文章①，及时予以了支持，并就典型化问题做了某些补充。他认为“现实主义的创作方法，乃是一种艺术创作丰富的经验积累的结晶，因而无论发展到怎样的高度，它的创作条件怎样变化，从这个意义上讲，前社会主义时代的现实主义与社会主义时代的现实主义在创作方法上，是没有也不可能有什么区别的”。周勃同秦兆阳一样，都更强调“艺术描写的客观真实”，指出艺术家对于客观真实的不懈追求，甚至可能战胜与客观真实矛盾着的主观成见，从而起到“巨大的抗毒作用”，而达到创造真实的艺术途径，就是“典型化的过程”。

这一时期，就现实主义问题发表与秦兆阳、周勃的见解近似的意见的，还有蔡田的《现实主义，还是公式主义》②、陈涌的《关于社会主义现实主义》③、刘绍棠的《现实主义在社会主义时代的发展》④等。这些文章既论述了现实主义问题，又抨击了文坛严重存在的公式主义、教条主义。这是一次由“回到现实”“回到文学”而“回到现实主义”的理论努力，它以由理论到创作的追本溯源，动摇了“社会主义现实主义”这一定义的合法性以及对它的庸俗社会学阐释，构成了对文坛根于政治化、左倾化而产生的种种时弊的一次强力冲击，今天看来，它对“社会主义现实主义”的理论清算，可能还嫌粗疏和不够彻底，但在当时那样的气氛之下，敢于提出问题，本身就十分不易，那无疑不只需要有见地，委实还更需要有勇气。

在秦兆阳等人的文章发表之后展开的现实主义问题讨论，起初都还是正常而健康的，与秦兆阳等人观点相左的何其芳、张光年、蔡仪等人，也还是

---

① 《长江文艺》1956 年第 12 期。
② 《文艺报》1957 年第 8、9 期。
③ 《文艺报》1957 年第 2 期。
④ 《北京文艺》1957 年第 4 期。

站在文学与学理的立场上来批评的。但随之而来的“反右”，却使问题骤然升级，秦兆阳的《现实主义——广阔的道路》①被认定为是“修正主义的文艺纲领”。秦兆阳等人的观点被批判的主要理由有：一、在社会主义现实主义定义中删掉用社会主义精神教育人民的主张，是反对作家具有社会主义精神、取消社会主义文学的教育作用；二、否定社会主义现实主义的创作方法，目的是要用资产阶级文学来代替社会主义文学；三、强调文艺为政治服务是长远性的总的要求，实际是反对文艺为无产阶级政治服务；四、反对用简单的阶级分析方法对待文艺作品中的人物，实际上是想用抽象的人性论取而代之。与此同时，秦兆阳等人无一例外地被打成“右派”。“文化大革命”期间，江青又把“现实主义广阔的道路论”列入“文艺黑线的代表性论点‘黑八论’”之一，受到更为粗暴的批判。

2 人情、人性问题

人情、人性问题，是文学创作中一个避绕不开的问题。因为文学是写人又作用于人的。怎样看待人——包括艺术中的人和现实中的人，始终是隐藏于文学深处的内在情结。在新中国成立之后的头几年，由于战时文学精神的继续光大，由于对包含有批判“人性论”内容的《在延安文艺座谈会上的讲话》的全面贯彻，以及对《关连长》《洼地上的“战役”》等涉嫌人情、人性问题作品的批判，使得政治性、阶级性掩盖了人和文学的一切。所谓人情、人性问题，不仅无从谈起，而且成了文学的禁区。

1965 年，党在科学、文艺领域提出“百花齐放，百家争鸣”的方针，激发了广大文艺工作者和理论批评工作者的探索热情。在现实主义问题、“写真实”问题展开不同意见的热烈探讨的同时，人情、人性、人道主义这一敏感而重要的问题，相继被一些理论批评家提了出来。其中，较有代表性和重要影响的，主要是巴人、徐懋庸、钱谷融和王淑明等人的文章。

巴人即王任叔，是现代文学史上著名的诗人、小说家和文艺理论家。他于 1957 年 1 月在《新港》发表的《论人情》，是一篇随笔式的文艺短论，是他的理论批评著述《文学论稿》中某些观点的引申与发挥。他首先从批评当时的作品“缺少人情味”，读者不喜欢谈起，指出这是把阶级斗争简单化了。“我们有些作者，为了要使作品为阶级斗争服务，表现出无产阶级的‘道理’，就是不想通过普通人的‘人情’。或者，竟至于认为作品中太多人情

---

① 《人民文学》1956 年 9 月号。

味，就失掉了阶级立场，但这是‘矫情’。”他就人性问题发表了自己的扼要见解：“任何一个具体的人，除具有一定的阶级性和社会意识之外，还有人类一般的共同相同的东西。饮食男女，这是人所共同要求的。花香、鸟语，这是人所共同喜爱的。一要生存，二要温饱，三要发展，这是普通人共通的希望。”他因而发出呼吁：“魂兮归来，我们文艺作品中的人情啊！”应当说巴人以一个作家的体验和理论家的思考，从“阶级斗争扩大化”的角度入手提出人情、人性问题，是抓住了问题的根本的，而且论述深入浅出，富有激情，颇具说服力。问题是人性问题毕竟是复杂的问题，又是在一个复杂的社会背景之下谈论它，而巴人从立论到论述，都显得简括而粗疏，这也为后来的批评留下了一定的缝隙。

在巴人文章之后，徐懋庸又在《文汇报》发表《过了时的纪念》①一文，其中一节专谈人性与异化问题。他指出，人类是存在着“共同的一般的人性”的，这就是“劳动、亲子之爱、两性之爱以及乐生恶死等”。“在阶级社会里，除了少数人之外，一般的人们都是追求自己的劳动，诚挚的爱，健康的生活的。”“阶级性是人类本性的‘自我异化’，并不是自古以来就有的，它只是人在阶级社会里的一种特性，不是人性的全部，更不能代替‘人类本性’。”徐懋庸的文章的理论锋芒，指向的不只是当时流行的阶级论的文艺思潮，还暗含了毛泽东《在延安文艺座谈会上的讲话》的一些有关论述。很有意味的是，徐懋庸此文发表时的副题，正是“纪念《在延安文艺座谈会上的讲话》发表 15 周年”。以纪念《讲话》为由头，提出与《讲话》迥异的看法，足以见出徐懋庸在理论探索上的良苦用心与不凡胆魄。

人情、人性问题的另一重要代表钱谷融，于 1957 年 8 月在《文艺月报》发表《论“文学是人学”》的文章，把人性、人道主义问题紧密联系起来思考，提出了自己的一系列独到看法。他由高尔基的“文学是人学”的著名论断谈起，从文学的任务是写人、教育人，作家对人的看法和作家的美学理想是作家世界观中的重要部分，人的角度是我们评价文学作品好坏的一个基本标准，也是我们判断各种不同创作方法的重要依据，一个作家只要写出了人的真实的个性，也就写出了他与现实的联系，写出了典型等五个方面，论述作为“人学”的“文学”的主要精神。钱谷融是把“人”提升到文学活动中的“中心”地位来看待的，并始终从“人”的角度去阐发文艺的基本特点。他的这些看法自成体系，又与社会学的文学观念明显不同，可以看作是人道主义

① 《文汇报》1957 年 6 月 7 日。

文学思潮在“十七年”间的一次大胆亮相。尽管钱谷融的《论“文学是人学”》在后来的“反右倾”运动中被作为“修正主义文艺观点”受到批判,但他从“人学”角度对文学艺术规律所作的深入而系统的探讨,却以自出机杼的创新性价值,给当时和以后的文坛以极大的启迪。

王淑明是另一个长期执着于人性问题探求的文艺理论家。1957 年 7 月,他在《新港》发表了《论人性与人情》的文章,把“向善、向美”归结为“人类本性”,指出不能只讲人性的具体——阶级性,还要讲人性的一般——共同相通的东西。这一观点在遭到批判与否定之后,他并没有停止自己的思考,在 1960 年的《文学评论》第 1 期,又发表《关于人性问题的笔记》一文,干脆从经典作家的有关论述说起,论述无产阶级的斗争的要义,“就是要消灭集中表现在它自身处境中的现代社会的一切违反人性的生活条件”。指出,“如果不承认人性相对的普遍性一面,实际上也低估了无产阶级在为恢复人的本性的本来面目而斗争的实际伟大意义”。王淑明的这些观点,在随即开展的“反修”斗争中,被当作“修正主义文艺观点”又一次遭到猛烈批判,但他由经典作家的论述中寻求依据以使“人性”文艺观点获得合法性的努力,坚持不懈地独立思考和无所畏惧地发表个人见解的精神,都给人们留下了难忘的印象,并造成了深远的影响。

从 50 年代到 60 年代期间,有关人情、人性、人道主义的文学探讨,是“十七年”理论批评突围努力的重要一章。这些探讨,不仅以理论批评家们在那个特殊年代的追求真理的心声,在根本上触及了当时创作中的公式化、简单化在思想观念上的病灶,提出了改变文学现状的理论新思路,而且以对人情、人性问题的不间断的研讨、不气馁的求索,为后来的人性、人道主义的拨乱反正,提供了重要的基础。

3　反映人民内部矛盾问题与“写中间人物”问题

结合文艺创作实践中出现的问题,开展有现实针对性的文学批评与理论探讨,是理论批评家在“十七年”间进行理论突围的又一方式。这在解放初期,由冼群等人结合电影创作开展的“写小资产阶级”问题的讨论,由张立云等人结合小说创作开展的“创造新英雄人物”问题的讨论,都有一定的体现。但问题切中时弊又探讨较为深入的,主要是文学创作如何反映人民内部矛盾问题的讨论和“写中间人物”问题的讨论。

50 年代中期,随着对农业、手工业和资本主义工商业社会主义改造的初步完成和社会主义经济建设的深入开展,社会生活中人民内部矛盾开始大量显现，特别是官僚主义、教条主义严重地束缚着人民群众的思想情绪、劳动热情。人们普遍要求正视并解决这些大量存在的现实矛盾，而在文学创作和理论批评中，因教条主义的束裹和庸俗社会学的影响，严重存在着背离现实和回避矛盾的倾向。这些问题又因胡风文艺思想的批判和文艺界的“反右”，不但未能得到克服，反而又有新发展。因而在文艺创作和理论批评上，如何直面现实、正视矛盾，就成为一个时期的当务之急。

1958年，一直在农村深入生活的赵树理写出了短篇小说《锻炼锻炼》，作品因较为集中地揭示了农村的现实矛盾在读者中引起较大反响，也在文学界引起一定的争议。1958年3月，《文艺报》《长江文艺》就此篇小说开展了讨论。讨论中，于黑丁、胡青坡等人，由这篇小说的题旨说开来，把问题引申到“如何正确反映人民内部矛盾”的问题上。于黑丁在《文学要描写矛盾斗争》①的文章里，指出人民内部矛盾已经“成为大量普遍存在的东西了”，“文学艺术既然是现实生活的反映”，就不能回避生活中的问题，要敢于描写生活中的矛盾斗争。“揭示生活里的黑暗现象和落后状态，要充分发挥文艺的社会批判作用。”并指出，在这一方面存在的主要障碍，是文艺界存在的“无冲突论”的观点以及教条主义和公式化的批评。胡青坡在《文学作品正确反映人民内部矛盾的问题》②的文章里，更加明确地指出，反映人民内部矛盾是现实题材文学创作的题中应有之义，作家之所以不敢反映人民内部的矛盾，一方面是由于作家缺乏对于生活的深刻理解，另一方面是由于客观的“压力”和作家存在的“戒惧之心”。与于黑丁和胡青坡的观点近似的文章，还有赵寻的《战斗在斗争的前列》③。这些文章甫一发表，便招致了许多批评，被认为是站在“阶级斗争熄灭论”的立场上，鼓吹文学“批判现实”和“暴露人民”。平心而论，于黑丁、胡青坡等人有关文学创作如何反映人民内部矛盾问题的意见，是借用当时的政治话语，对于文学创作走向生活深处的一次有力引领。它们在理论观念上，触及了暴露与歌颂的关系、世界观与创作的关系等重要问题。这场讨论同其他的讨论一样，从学术的问题开始逐步上升到政治问题，最终以彻底否定不了了之。

“写中间人物”问题，是邵荃麟于1962年8月在大连召开的农村问题题材短篇小说座谈会上提出来的。他在会议的总结发言中指出，1959年以来的文艺创作，写人民内部矛盾的比较少，而如何反映人民内部矛盾，是农

---

①② 均见《长江文艺》1959年第6期。

③ 见《长江文艺》1959年第7期。

村题材最为主要的议题。他认为回避矛盾,粉饰现实,不可能有现实主义,而不以现实主义为基础,也谈不上浪漫主义。关键问题在于现实主义的深化,向现实生活突进,扎扎实实地反映现实,反映革命的艰苦性与复杂性。而要实现现实主义的深化,又必须克服人物塑造上的简单化和单一化。他还认为先进人物、英雄人物反映了我们的时代精神,强调写他们是应该的。但现实生活中的人物是两头小,中间大,而矛盾往往集中在中间人物的身上。所谓"中间人物","是介于好人与坏人之间,正面人物与反面人物之间,先进人物与落后人物之间,身上有较重的旧的精神负担的人物"。① 文艺作品要反映现实生活中的矛盾,就不能不写他们。文艺的主要教育对象是中间人物,也应该注意写他们。邵荃麟的"写中间人物"的主张提出之后,得到文艺界不少人士的赞同,当时有关《创业史》中梁三老汉形象的讨论,就引入了"中间人物"的概念。沐阳、康濯等人也先后撰文对"写中间人物"的提法进行引申和发挥。"写中间人物"是邵荃麟有感于文学作品粉饰太平,人物单一,从人物形象的塑造上提出的补救办法,但因终究游离了当时所推导和流行的"工农兵方向",小问题招来了大批判。1964年间,《文艺报》先后刊出《"写中间人物"是资产阶级的文学主张》和《关于"写中间人物"的材料》的文章,指责"写中间人物"的主张有四大罪责:把"中间人物"说成是人民的大多数,"是对我国人民的诽谤";说"中间人物"可以教育人,"是反对用共产主义思想教育人";提倡"写中间人物",就是"在文艺创作上,同革命英雄人物争地盘,并且按照这种'中间人物'的精神面貌,来改造我们文艺精神面貌,改造广大群众的精神面貌";而提倡"现实主义深化",反映革命的艰苦性和复杂性,就是主张暴露社会主义的阴暗面。所以,同邵荃麟的争论,"不是一般的文艺理论上的争论,而是文艺上的社会主义道路同资本主义道路的斗争,是无产阶级的社会主义文艺路线与资产阶级的反社会主义的文艺路线的斗争"。② 1966年,江青又在《部队文艺工作座谈会纪要》中把"写中间人物"和"现实主义深化"打成"反革命修正主义文艺主张",邵荃麟因而罪加一等,在"四人帮"猖獗肆虐的"文化大革命"中被迫害致死。邵荃麟的文学理论批评,向以严谨缜密著称,他由50年代的强调文艺为政治服务,到60年代的主张"写中间人物",是他面对社会的和文艺的现实进行理论反思的结果。"写中间人物"和"现实主义深化"是邵荃麟生

① 《关于"写中间人物"的批判材料》第25页,中国作家协会吉林分会,1965年。

② 同上,第19页。

前发出的最后的文学呼喊，也是理论批评突围在“十七年”间发出的意义深远的一声绝响。

三　创作领域的顽强抗争

面对愈来愈烈的政治重压，理论批评界没有停止理论的思考，文学创作界也没有停止文学的探求。相对于理论批评而言，文学创作的回旋余地要更大一些，因而几乎从1949年到“文革”前夕，大大小小的旨在逾越当时的文学定势和拓辟新的表现途径的创作要求，一直在持续不断地进行。文学创作中的这种探求，有时是与理论的探索同步进行的，而更多的时候则是创作先行，尔后带动理论的探索。这种彼此启迪、桴鼓相应的双向探索，构成了“十七年”文学中最为动人的一道风景。

创作领域的文学探求，显现频仍，表现纷繁，可从不同的角度去概括和描述，从文学发展演进和进程上来看，有关主角以外的人物描写、情感复杂性的循序探索和“干预生活”的执着探求，在当时和过后更具有重要的意义和深远的影响。

1　“主角”以外的人物描写

建国以后，随着文艺为政治服务路线的确定与强化，文艺的“工农兵方向”，由文艺事业的发展方向，逐步演化为文艺创作的基本描写对象。全国第一次文代会之后随即开展的“可不可以写小资产阶级”的讨论，便是这一演化的一个重要转折。

1949年8月22日，《文汇报》在报道上海剧影协会欢迎出席全国第一次文代会的上海代表返沪的消息时，报道了陈白尘关于全国第一次文代会精神的报告，其中说道：“文艺为工农兵服务，而且应该以工农兵为主角，所谓也可以写小资产阶级，是指在以工农兵为主角的作品中可以有小资产阶级、资产阶级的人物出现。”看到这一报道，也出席了全国第一次文代会的冼群发表了《关于“可不可以写小资产阶级”的问题》一文[①]，指出文代会提出的“新的人民的文艺的工农兵方向，并不意味着对以小资产阶级为主角的作品的否定。站在无产阶级的立场上，也可以写以小资产阶级为主角的作品”。此后，陈白尘又发表《误解之外》予以反驳。一时间，“可不可以写

---

① 《文汇报》1949年8月27日。

小资产阶级"的争议由上海扩及全国，并渐显弦外之音，即只强调"怎样写"是不够的，"我们的文艺应更多地去发现工农兵和他们的生活"（何其芳语）。

正是在这样的一个背景之下，萧也牧的中篇小说《我们夫妇之间》发表出来。[①] 这部小说的故事并不复杂：知识分子出身的丈夫李克和工农兵出身的妻子"张同志"，虽然性格、经历差别甚大，但在艰苦的战争岁月里关系融洽，成为知识分子与工农结合的模范夫妻。但自从全国解放进城（北京）之后，新的生活环境使他们的感情出现了裂痕，丈夫李克越来越如鱼得水，而妻子"张同志"则越来越不能适应。在生活与情感的纠葛中，李克逐渐自省，觉得自己"思想感情里边，依然还保留着一部分小资产阶级脱离现实生活的成分，和工农的思想感情，还有一定的距离"。尔后，夫妻之间达成谅解，和好如初。

这部小说主要从感情反复和思想转变的角度，写了知识分子出身的干部面对新生活的新困惑。尽管作者把故事和人物置于知识分子与工农结合的大框架之下，但因为作品以知识分子干部作为第一主人公，并由男主人公的角度流露了较多的所谓"小资产阶级感情"，作品随即遭到了严厉的批评，由小说改编的同名电影也同遭厄运，作者由此长期被剥夺了创作的权利。

从当时由小说到电影的批评来看，对于《我们夫妇之间》的指责意见，主要集中于"小资产阶级倾向"和"人物的不典型、被歪曲"。但也有人更进一步地指出，《我们夫妇之间》表现出一种危险的倾向，而这样的倾向"与无产阶级现实主义的文艺思潮相违反，与工农兵文艺方向背逆而驰"。[②] 这就又由作品主角的非工农兵化，把问题上升到了悖逆文艺方向的政治高度。

应当说，《我们夫妇之间》之所以在当时让人耳目一新，一方面是它把知识分子出身的干部作为作品的主要人物来描写，另一方面则是避绕开所谓重大题材与重要事件，从日常生活和家庭琐事的角度，抒写不同人的个人情感。而它的被批判与被否定，实际上构成了对文学创作中工农兵以外的主角形象的一次有力封杀，也进而堵塞了文学风格上的个性化和多样化之路，其负面影响之大之深，远远超出了对一部具体小说作品与电影作品的评价。

---

① 《人民文学》1950 年第 1 期。

② 转引自《中国当代文艺论争史》第 45 页，大众文艺出版社 2005 年版。

几乎与《我们夫妇之间》的讨论相衔接，关于电影《武训传》的批判，在毛泽东的亲自发动之下也声势浩大地开展起来。电影《武训传》，是电影导演孙瑜受著名教育家陶行知的影响，由《武训画传》改编而来，意在宣扬武训的“鞠躬尽瘁，死而后已”的“行乞兴学”，来达到“迎接文化建设的新高潮”“铲除封建残余，配合土地政策”“歌颂忘我的服务精神的目的”。[①] 但在毛泽东看来，电影《武训传》的问题，“带有根本的性质”，即“不去触动封建经济基础及其上层建筑的一根毫毛，反而狂热地宣传封建文化，并为了取得自己所没有的宣传封建文化的地位，就对反动的封建统治者竭尽奴颜婢膝的能事”。[②] 这里暗含了一个问题，依旧是以什么人为主角，歌颂什么人的问题。对被认为讴歌“奴才”、宣扬“丑恶”的《武训传》的大张挞伐，实际上也在历史题材领域给人们敲响了警钟，那就是无论写什么时代的生活，绝不是什么人都可以描写，什么人都可以去当主角。像《武训传》这样，给“一具封建僵尸穿上革命的衣服大摇大摆地走进人民的行列，并在人民之中散布毒素”，尤其不能容许。[③]

2 情感复杂性的循序探悉

文学作品中的人物形象问题，经过“可不可以写小资产阶级”的讨论，“创造新英雄人物”的讨论，以及对电影《武训传》的批判，对小说《我们夫妇之间》的批判，工农兵形象遂在文艺创作中上升到至高无上的地位。随后展开的“文艺与政治”的论争，创作是否应“赶任务”的论争，又进而在政治背景与思想倾向上给人物塑造提出规范。这些都给当时的文学创作带来了相当大的影响，使人物形象的构成单一，表现单调，成为一时的定势。一个时期总也克服不了的公式化、概念化倾向，盖由此而来。

正是有感于这种创作要求的非现实性、非文学性，一些作家、艺术家开始在写人的情感上大做文章，试图以情感纠葛写出与复杂现实相对应的人的情感世界之繁杂。此类作品中有影响者，如邓友梅的《在悬崖上》、宗璞的《红豆》等。

两篇小说的故事都与情爱有关。邓友梅的《在悬崖上》，通过某设计院技术员“我”的回叙，描述了“我”大学毕业参加工作后的婚恋际遇：与比自

---

① 《编导〈武训传〉记》，《光明日报》1951 年 2 月 16 日。

② 《毛泽东选集》第 5 卷第 46 页。

③ 周扬《反人民、反历史的思想和反现实主义的艺术——电影〈武训传〉批判》，《周扬文集》第 2 卷第 94 页。

己年长两三岁的女会计员恋爱结婚后，过了一段风平浪静的甜蜜生活，但不久设计院分来一位年轻的女雕塑师加丽亚，她活泼而新潮，我们无话不谈，“我”渐为她所引动，产生了与妻子离婚再娶加丽亚的念头。孰料加丽亚并无此意，拒绝了“我”。“我”终于从爱情的“悬崖上”猛醒了过来。宗璞的《红豆》通过已成长为党的工作者的江玫重返母校工作的回忆，再现了当年大学时期的一段难忘往事：在大学二年级的时候，江玫在单调的学校生活中与四年级男生齐虹一见倾心，齐虹专于学业，不问政治，而江玫积极参加民主活动，两人渐渐地情投意不合。齐虹毕业后要带江玫去美国深造，而江玫留了下来投身了革命。八年之后，江玫在当年的母校住过的寝室，意外地发现了象征他们爱情的信物——红豆，睹物思人，心中无限惆怅。

《在悬崖上》通过“我”情感历程上的一段弯路，写了静态的婚姻与动态的情感之间的矛盾，以及现实总是不合理想的缺憾。喜新厌旧，追求更好，这在今天看来已是人之常情，在当时明示出来，却是要犯大忌的。《红豆》虽然主要着笔于江玫由当年恋爱的信物“红豆”，对已分手多年的恋人的怀念，但因恋人不求“进步”，不谈“革命”，这怀念便有了超政治、越阶级意味。正是在这个意义上，《红豆》反倒把情感难以名状的复杂性写得细腻而微妙。

高缨在1958年3月号《红岩》上发表的小说《达吉和她的父亲》（后又改为同名电影），也是以对情感的复杂性的细切表现而引人注目。作品由汉族贫农任秉清与13年前被奴隶主抢走的女儿达吉及后来收养她的彝族农人马赫之间的情感纠葛，抒写了不同民族的劳动者因“亲子”感情所造成的怨忧、矛盾与和解。作品以情取胜，感人至深，尤以对亲情的跨越时间与空间、超越地域与民族的粘连性、穿透性的描写，既有新意又有深意。可以说，作品由亲情这一个独特的角度，讴歌了发生于劳动人民之间质朴而淳厚的人情美与人性美。这与当时人们所习见的一些作品，在内蕴上和风格上都迥然不同。

《在悬崖上》《红豆》和《达吉和她的父亲》，都是先引起争议后又招致了批判。一开始大致是从人物与主题的分析入手，最终都上纲上线到“表现腐朽的人生观”“鼓吹资产阶级的爱情至上”和“宣传资产阶级的‘人性论’的政治问题”之上。“反右”斗争开始之后，几位作者都因此被打成“右派”，在文坛销声匿迹二十余年。但出自他们之手的《在悬崖上》《红豆》和《达吉和她的父亲》等作品，因生动而真切地描写了爱情与亲情，在高度政治化的年代使人久久不能忘怀，而“十七年文学”有这一类作品存在，也使得有关人情的描写并未完全缺失,从而残留了些许人间温暖。

3 “干预生活”的执着追求

立足于生活的文学创作,直面现实本是题中应有之义。但在写人物只能写英雄、写生活只能写光明的50年代,这却成了一个绝大的难题。面对文学与政治的密切勾连,并自上而下地形成强势潮流,不愿人云亦云的作家,仍以自己的饱含个性的创作追求,勇敢地走上“干预生活”的艰险之路。

最为引人注目的作家作品,是青年作家王蒙的《组织部新来的青年人》①。小说的故事发生于50年代的北京。从师范学校毕业的林震调到区委组织部工作后,满怀着创造业绩的理想和热情,但看到的和遇到的却是在他看来与党的区委机关极不相称的种种不良现象。在工作中,他以自己的热情、坦率和耿直,冲击了组织部原有的生活秩序。尤其是在处理麻袋厂厂长王清泉的过程中,他与后来升为区委组织部部长的刘世吾、副部长韩常新之间,发生了激烈的矛盾冲突。林震支持麻袋厂支部委员魏鹤鸣等人写了一封揭露王清泉的信给《北京日报》,使王清泉的问题得以迅速地处理。但区委常委会在讨论麻袋厂的问题时,列席会议的林震却受到了严厉的批评。

《组织部新来的青年人》从一个初入机关的年轻向上的青年人的角度,发现和揭示了党的区委组织部存在的种种问题,作品的锋芒所向,是领导机关的事务主义与官僚主义。这在当时,很有点儿“太岁头上动土”的意味。从这个意义上说,这篇作品不仅是“干预生活”的开先河之作,而且是敢于把矛头指向上层领导的“越轨逾矩”之作,个中也可见出当时的王蒙初生牛犊不怕虎的锐气与坦诚。作品发表之后,叫好声与批评声不一而足,据说毛泽东在读了《组织部新来的青年人》的小说和看了马寒冰等人的《准确地表现我们的时代的人物》的批评文章后,对马寒冰等人的批评很不以为然,在一次书记处会议上讲道:“《组织部新来的青年人》写得不错,作品中批评我们的工作中的缺点,这是好的,应该鼓励对我们工作中的缺点的批评。”“这篇小说也有缺点,正面力量没有写好。林震写得无力,还有点儿小资产阶级情调,如林震和女朋友吃荸荠那一节。”②应当说,当时有关《组织部新来的青年人》的讨论,肯定的与批评的意见,大致也没有超出毛泽东的有关评价。但随后“反右”斗争开始,这篇作品便遭到了愈来愈严厉的批判,作者

---

① 《人民文学》1957年第7期。

② 《文坛风云录》第63页。

并因此被打成“右派”，尔后流放新疆数十年。

50年代另一位青年作家刘宾雁，以纪实的形式体现着“干预生活”的同一宗旨。他的纪实作品《在桥梁工地上》①，以在某桥梁工地上的所见所闻为素材，描写了桥梁队长罗立正以充满朝气到官气十足的变化过程，入木三分地刻画了他听不得不同意见，唯领导意图为是，只要自己不承担责任，国家财产与群众利益遭受任何损失都在所不惜的官僚心态。作为与罗立正的对比，作品同时描写了深受群众欢迎、工作实事求是，却受到罗立正排挤与打击的工程师鲁刚的形象。紧接着，刘宾雁又发表了纪实作品《本报内部消息》②，更为尖锐地揭示了保守与创新、求实与教条之间的矛盾冲突。刘宾雁的这些作品，以纪实体的文笔在两类人物的鲜明对比之中揭露社会矛盾的现实性与严重性，又以夹叙夹议的叙述语言赋予作品以政论风格和讽刺意味，作品因而在“干预生活”上具有较大的感染力与震撼力，也因而招来了“露骨的公开挑战”“创作上的逆流”的严厉批判。回过头来看刘宾雁的这些作品，应当承认，无论是题旨内蕴上的深意，还是表现形式上的新意，在当代报告文学写作中都有其一定的独辟蹊径的意义。

在《组织部新来的青年人》《在桥梁工地上》发表的同时或先后，带有“干预生活”倾向的作品，一时间络绎不绝地涌现，使揭露社会时弊、关注社会问题的倾向成为一时风尚。这类作品较有影响的还有：李准的《灰色的帐篷》(1956年9月)、南丁的《科长》(1957年2月)、刘绍棠的《田野落霞》(1957年7月)、耿龙祥的《入党》(1957年6月)、李国文的《改造》(1957年7月)、白危的《被围困的农庄主席》(1957年4月)等。这些作品的出现，都引起了激烈的争论。争论的焦点问题既同《组织部新来的青年人》一样，主要集中于如何看待革命队伍中逐渐滋长的官僚主义、教条主义现象，最终的结局也与《组织部新来的青年人》相同，在“反右”风暴中一个不落被打成“毒草”，罪名不外乎“歪曲生活”“暴露社会主义的阴暗面”“给党的组织抹黑”“丑化党的领导干部”“美化小资产阶级知识分子”等等。

重温这些“干预生活”的作品，我们会感到虽然它们的故事不一，旨趣有别，但共同的特点都是摒弃粉饰，直面现实，勇敢地触及形形色色的“内部矛盾”与社会生活的阴暗面，表现出强烈而负责的社会批判意识。由此，当代文学显示出它尚未脱离生活，并勇于介入生活和“干预生活”的可贵

---

① 《人民文学》1956年4月号。

② 《人民文学》1956年6月号。

品格。

四 政治荫护下的艰难生存

经过 1957 年的"反右"、1958 年的对丁玲、王实味等人的"再批判"和 1959 年开展的"反右倾""批修正主义"一系列的运动,左倾政治的潮流对文艺界造成了极大的冲击。不合规范的理论批评观点与不合潮流的文学艺术作品,几乎遭到"清洗"般的批判与否定。

在这种强大的政治压力之下,文学工作者无论是在理论批评上还是在文学创作上,都不可能脱离开这种情势去另搞自己的一套。相反,只有在适应这种情势中去学会利用这种情势,才有可能继续生存。

周扬于 1960 年 7 月召开的全国第三次文代会上所作的《我国社会主义文学的道路》的报告①,在"为工农兵服务、为社会主义服务"一节中列举了"对我国人民的革命历史和现实斗争做了广泛的描绘和艺术概括"的 14 部小说,其中除《灵泉洞》《三里湾》《山乡巨变》《创业史》为农村题材外,《红旗谱》《青春之歌》《三家巷》《苦菜花》《铁道游击队》《红日》《林海雪原》《草原烽火》《黎明的河边》和《战斗的幸福》等 11 部作品均为革命历史题材。革命历史题材小说和农村题材小说在 50 年代到 60 年代,可以说是争奇斗艳,繁荣异常。这种"双秀"现象的出现,自有其多方面的原因。它一方面是主流意识形态大力倡导写"工农兵"的结果,另一方面也是作家艺术家继续从事创作的唯一天地。此后,大量的文艺作品因各种问题在文坛被封禁,又由所谓"革命样板戏"取而代之,也是这种倾向发展到极致的必然结果。如果我们对这两种文学现象连同"样板戏"现象中的某些作品作一点儿具体分析,便不难看出,它们在那种"强烈而鲜明的革命性和战斗性"之中,也还蕴涵了某种人生的思索与某些文学的探求,个中显然还另有文章。

1 农村题材创作的民间取向

我国农村在全国解放之后,经由土地改革、合作化和人民公社运动后,从土地的私有与自耕状态,走向了土地的公有与集体生产,其变化的幅度与速度,都是极其巨大的。这种被称为农业的"社会主义化"的过程,事实证

---

① 见《周扬文论选》,人民文学出版社 2009 年版。

明是存在着诸多问题的。正如《关于建国以来党的若干历史问题的决议》中指出的，“在1955年夏季以后，农业合作化以及对手工业和个体工商业的改造要求过急，工作过粗，改变过快，形式也过于简单划一，以致在长期间遗留了一些问题”。[①] 1958年党的八大二次会议以后，“由于社会主义建设经验不足，对经济发展规律和中国经济基本情况认识不足，更由于毛泽东同志、中央和地方不少领导同志在胜利面前增长了骄傲自满情绪，急于求成，夸大了主观意志和主观努力的作用，没有经过认真的调查研究和试验，就在总路线提出后轻率地发动了‘大跃进’运动和农村人民公社化运动，使得以高指标、瞎指挥、浮夸风和‘共产风’为主要标点的‘左’倾错误严重地泛滥开来”。[②] 这些冷静的回顾与清醒的反思，是党在历经数次挫折之后痛定思痛才获得的。置身于50年代、60年代的文学艺术家们，不仅不可能有这样的先见之明，反而在党和政府的一再号召下和当时农村广大群众大步向前的感召下，把创作中的最大热情投之于农村题材，使得农村题材创作一时间盛况空前。其中的一些与农村生活有着密切联系，甚至置身农民之中写农民的作家，直面农村现实，直书农民胸臆，照应农村读者和表达农民情趣，创作出了一批以农业合作化、人民公社化为题材，又具有一定的“民间”取向的作品，使农村题材创作呈现出既活跃又复杂的景象。

被称为“农村生活的圣手”的赵树理，在《谈“久”》的一篇文章中讲述他深入生活的深刻体会，那便是“久则亲”“久则全”“久则通”“久则约”；同时他也指出，“对那个具体地方因为爱之过切，就容易产生本位主义”。[③] 这一席肺腑之言，实际上道出了赵树理在农村题材创作上的“民间化”倾向的根由，即他太爱家乡，太爱农民，以至于在许多作品中都以农民的立场、农民的取向，淡化了作品本要凸现的政治问题。他的长篇小说《三里湾》，被认为是“我国第一部在较大规模上反映社会主义改造的长篇小说”，但作品把合作化初期两条路线、两条中心思想的矛盾冲突，以两个家庭来具体表现，人们看到的主要是马多寿的封建家长做派、马有翼的反对包办婚姻、陈菊英与“惹不起”的伦理冲突等等，它实际上托出的是一个“反封建传统”的主题。曾被指责为“写中间人物”的短篇小说《锻炼锻炼》，在描写个人与集体、干部与群众的矛盾时，实际上突出地揭示了旧式婚姻、封建家庭对造成妇女思想愚昧落后的影响，以及家长式的干部对落后的社员的蛮横整治。

① 《中共中央文件汇编》第142页，中央党校出版社1997年版。

② 同上，第146—147页。

③ 《赵树理研究资料》第140页，北京文艺出版社1985年版。

这些作品既有对农村变化的欣喜，又有对农村现状的忧虑；既有对愚昧落后的揭露，又有对以愚治愚的鞭笞。整个看来，赵树理创作于当代时期的大部分小说，站在农民的视角表达农民的情绪的意味更为浓重。正是在这个意义上，他是一个真正的“人民作家”，正如孙犁所言，“他是一个典型的农民作家”。①

山西是我国当代农村题材创作的重镇。除赵树理外，马烽、西戎、孙谦等都以农村题材创作见长，而且注重生活元气，葆有地域色彩。也许是都长期深入农村生活“难于自拔”，他们的作品都不同程度地表现出不合潮流的“民间”取向。如马烽的短篇小说《孙老大单干》，写孙老大一心单干，无意“入社”，后因“吃亏”，转了心意。写出了老式农民的判断是非，并非“路线”和“道路”，而是“利益”与“实惠”。西戎的《赖大嫂》，由赖大嫂养猪的三起三落，既反映了她的个人主义与集体主义之间的矛盾，又表现了她的个人利益与左倾政策之间的矛盾。她性格的“赖”，惹人嫌也讨人爱，由此引发的生活悲喜剧，也映射出当时的社会对此一类型人物的简单化对待，这实际上超出了写“中间人物”的意义。

还有一些作家的作品，因为在熟悉的生活上释发了才情，倾注了心血，在不同的方向与方面，对农村题材创作“民间化”添加了自己的色彩。如周立波的长篇小说《山乡巨变》，避绕开农村的阶级斗争，以散淡的故事、恬静的画面所表现的湘北山乡的淳朴民情与乡情；如王汶石的短篇小说《春节前后》《新结识的伙伴》，以“大跃进”为背景却不见“浮夸风”，相反却以对“大姐娃”、张腊月、吴淑兰等人物的微妙心理和鲜明个性的精描细画，写出了在生活中成长又滋润着生活的新一代农村女性形象；如李准的《李双双》，在农村的“大跃进”氛围中截取了“公私之争”一角，尔后又把笔墨转向夫妻关系，由喜旺和双双两夫妻“二人转”式的磕磕绊绊，写了农村青年夫妇“先结婚、后恋爱”的生活情趣。可以说，这些作品在创作意图上虽有一定的政治宣传意图，但由于作家们分别注入了个人的人生观感和艺术情趣，不同程度地走向了“民间化”与“个人化”，从而使作品表现出动人的情感和引人的魅力。

2 革命历史小说的弦外之音

在全国第一次文代会上，周扬立足于解放区的文艺实践，向解放后的文

① 《论赵树理》，《赵树理研究资料》第297页。

艺界号召道："革命战争快要结束，反映人民解放战争，甚至反映抗日战争，是否已成为过去，不再需要了？不，时代的步子走得太快了，它已远远地走在我们的前头了，我们必须赶上去。假如说全国战争还在剧烈进行的时候，有资格记录这个伟大战争场面的作者，今天也许还在火线上战斗，他还顾不上写，那么，现在正是时候了，全中国人民迫切希望看到描写这个战争的第一部、第二部以至许多部伟大作品。"①十多年之后的1960年，在全国第三次文代会上，周扬和茅盾的报告都列举了一大批革命历史小说的优秀之作。茅盾并指出："可以用百花齐放这句话来形容革命历史题材作品的繁荣情况。"②

革命历史题材在50年代到60年代的持续繁荣，从主流意识形态方面说，在转入新的社会阶段后，党的领导的权威需要已有的革命历史去证明，人们新的生活热情需要已有的革命胜利去激发。而从作家、艺术家方面来说，大多数来自解放区和在解放战争中成长起来的作家，他们对于"革命历史"的生活更为熟悉；还有就是，写"革命历史"，既体现了"为政治服务"，又坚持了"工农兵"方向，是政治上最为保险的创作选择。正是这样的多重原因，"革命历史"题材领域，集中了一大批优秀的作家艺术家，产生了一大批好的和比较好的文艺作品。而其中的一些作家作品，因为在"革命历史"的背景之下，融入了另外的内容，突出了另类的人物，在发表之时就引起了各种各样的争议，就在今天来看也还另有一番情趣。

梁斌的《红旗谱》，是一部中国民主革命斗争历史的乡村画卷，主写冀中农民在动荡的社会中参与革命之后的命运历程。三部曲各以"反割头税"斗争、"保定二师学潮"、"高蠡暴动"、抗日战争等重大事件为中心情节，但整个作品又以朱老忠、严志和两家三代人与封建地主冯老兰一家两代人的长期斗争，拉出来另一条平行的主线，并通过这一主线深入揭示了家族文化传统在我国农村的存续、运行与影响。这样，作品就以朱、严等农民围绕"革命"的"公转"，针对冯家明争暗斗的"自转"，写出了"革命"与农民之间相互选择的内在联系。可以说，在当代长篇小说创作之中，《红旗谱》不只是写"革命历史"之力作，它还首开了"家族写作"之先河。

杨沫的《青春之歌》，在革命斗争的大背景、大格局之中，弹奏出了另外的旋律，这就是青年知识分子在寻求进步、投身革命的同时，对个人奋斗道

---

① 《周扬文集》第1卷第529页。

② 《中国当代文学史参考资料集》(一)第215页，陕西师大中文系编。

路的些许怀恋，对个人情感生活的些许保留。作品中的林道静从反叛包办婚姻中出走，经过与余永泽的情感纠葛，经过个人奋斗的艰苦摸索，终于在共产党人卢嘉川、江华等人的引领下，走上革命的道路。但作者笔下对早期恋人——自私文人余永泽的理解与念恋，对女主人公林道静的喜爱美景、欣赏大海的描绘，以及林道静爱上江华、喜欢卢嘉川从而由情爱的吸引跟从他们投身革命的描写，都把伴随着革命的人的因素、情的因素写得相当充分和动人。作品从内蕴到人物，多处都不合当时的文学规范，因而被指责为"充满了小资产阶级情调"，是"小资产阶级的自我表现。"①

在以短篇小说形式反映革命历史生活的作品中，茹志鹃的《百合花》也堪称别开生面。小说从题目上看，就别有诗意。整篇作品选取了解放战争期间某前沿包扎所的通讯员向当地老百姓借被子的几次交往，由一条被子、两个馒头和衣服上的破洞几个小小的细节，描写了年轻战士与刚过门的新媳妇之间由淡到浓的情感交流。作品写出了战争年代里特有的崇高而纯洁的人际关系，由一曲"没有爱情的爱情牧歌"，讴歌了蕴存于普通青年男女身上的人性美。小说写成后，先后投到两家刊物，都被认为"调子低沉"而退回。在《延河》1958 年 3 月号发表之后，一度也引起了争议，由于茅盾较早著文予以褒扬，并称颂作品的风格"清新俊逸"，才使作品免遭更多的批判。

革命历史题材的创作，还有不少作品，或以人物的丰富性、复杂性见长，或以故事的传奇性、浪漫性取胜，前者如吴强的《红日》、欧阳山的《三家巷》，后者如曲波的《林海雪原》、知侠的《铁道游击队》，都在着力表现革命斗争的艰难曲折的同时，以对人之命运的关注、人之性情的触摸，走出了革命历史题材的某些局限，并以表现形式上的雅俗共赏、引人入胜，填补了因武侠、通俗等小说类型长期缺席所造成的大众阅读的空白。

3 "样板"招牌下的艺术寄寓

革命历史题材的创作成为文学领域的主导倾向之后，它进一步的发展的结果，便是催生"文革"前后的"革命样板戏"的正式登台。被称为"革命样板戏"的戏剧，主要是京剧《红灯记》《沙家浜》《奇袭白虎团》《智取威虎山》《海港》《龙江颂》，芭蕾舞剧《红色娘子军》和《白毛女》。其中除《海港》《龙江颂》分别为工业、农业题材外，其余均为革命历史题材。

① 见郭开《略谈林道静描写中的缺点》，《中国青年》1959 年第 2 期。

戏剧界自50年代后期开始，便着手进行“二次革新”，创作和上演现代题材的戏剧。1963年4月，中国剧协在北京召开剧协第四届常务理事会扩大会议，周扬、田汉等都在报告和发言中提出，要更好地为无产阶级政治服务，是当前戏剧活动的迫切任务。并指出，认识到如何对待现代戏的态度，是阶级斗争在戏剧战线上的具体反映之一。同年12月，毛泽东在一份“文艺情况汇报”上作了“各种艺术形式——戏剧、曲艺、音乐、美术、舞蹈、电影、诗和文学等等，问题不少，人数很多，社会主义改造在许多部门中，至今收效甚微”的第一个批示。① 紧接着在1964年6月，毛泽东又在中宣部一份报告上作了“这些协会和他们掌握的刊物的大多数（据说有少数几个好的），十五年来，基本上（不是一切人）不执行党的政策，做官当老爷，不去接近工农兵，不去反映社会主义的革命和建设”的第二个批示。②两个批示之后，文艺界立即掀起一股大批判的浪潮，一大批电影、小说、戏剧、美术、音乐作品被否定，一大批文艺界的代表人物被批判。正是在这样一个背景之下，江青在柯庆施、张春桥的支持之下，安排姚文元撰写批判《海瑞罢官》的文章，由此开始了以文艺批判为先导的“文化大革命”。

在对“十七年”乃至更早一些的文学艺术成果进行“彻底扫荡”的同时，江青还要由她开创所谓的“文艺新纪元”。于是，她利用1964年的全国京剧现代戏观摩大会，以一席《谈京剧革命》的讲话和此后对几出京剧改编与上演无关痛痒的过问，就把凝结了许多人心血的京剧现代戏的成果据为己有。在1966年出笼的《林彪同志委托江青同志召开的部队文艺工作座谈会纪要》中，把《红灯记》《沙家浜》《智取威虎山》等革命现代京剧，说成是江青“亲自种试验田”的结果。1967年5月13日，《人民日报》以《革命文艺的优秀样板》为题发表社论，“样板戏”的说法由此正式形成。

被列入“革命样板戏”的几出京剧，《红灯记》和《沙家浜》移自1963年就有的沪剧；《智取威虎山》改自长篇小说《林海雪原》，此前小说已被改编为电影上演。舞剧《红色娘子军》由1960年摄制完成的同名电影改编而来；而舞剧《白毛女》改自早在延安时期就有的话剧《白毛女》。应当说，“革命样板戏”中的大多数作品，是众多文艺工作者长期呕心沥血的结晶，并非江青主导创作的结果。

几出现代京剧与舞剧，被命名为“革命样板戏”，自然有其适应当时政治需要的“工具”性质，以及对所谓“三突出”原则的率先垂范作用，尤其是

---

①② 《中国当代文学史参考资料集》第599页，第600页。

现实题材的《海港》《龙江颂》，这种印痕就更加明显。但像《红灯记》《沙家浜》这样的经过众多艺术家较长时间精雕细刻的作品，确实在政治化与艺术化这对矛盾的统一上，花了不少气力，用了不少心思，从而使这些作品既在京剧革新上前进了一步，又使作品不失其应有的艺术魅力。

京剧《红灯记》再早一些的前身，是长春电影制片厂于 1962 年拍摄的故事片《自有后来人》，后由凌大可、夏剑青执笔改编为沪剧《红灯记》。中国京剧院的总导演阿甲与翁偶虹等人，又由沪剧改为了京剧。全剧既突出了李奶奶、李玉和、李铁梅对敌斗争的英勇与无畏，又讴歌了特殊年代非属一家人胜似一家人的人间真情。李姓一家人的相濡以沫，相依为命，以及危急关头的挺身而出，前仆后继，都以一种“壮美”的悲剧意味，可歌可泣，催人奋起，真正做到了以情动人，感人至深。

京剧《沙家浜》，由汪曾祺、杨毓敏、萧甲、薛恩厚根据沪剧《沙家浜》改编而来，而沪剧又取材于崔左夫所撰写的题为《血染着的姓名——三十六个伤病员的斗争纪实》的回忆录。京剧的改编几易其稿，几位改编者集中在颐和园改戏，颐和园的湖光山色不时激发着改编者的灵感。许多诗意盎然的唱词，都是在颐和园触景生情的结果。《沙家浜》主要写 18 位新四军伤病员受困于沙家浜，幸有阿庆嫂等人的保护与照料，才得以安全休养，恢复健康。战场上的英雄无奈受困阳澄湖，阿庆嫂利用自己既是茶馆老板，又是妩媚女性的特殊身份和机敏灵活的智慧，成为护佑英雄的英雄。一个女性地下工作者成为主角，这一点一直为江青所耿耿于怀，她甚至几次问罪：“突出阿庆嫂，还是突出郭建光？是关系到突出哪条路线的大问题。”只是由于毛泽东的肯定，她才未能再做文章。

《红灯记》和《沙家浜》这两出戏，在唱词的创作上，鸣腔的设计上，以及人物的程式与舞美的布景上，都有不失传统韵味又有自己创新的处理，在运用京剧的形式表现新的主题、新的人物方面，均有突出的成绩。它们在使京剧努力“革命化”的同时，也使京剧更加走向“大众化”。可以说，这里边寄寓了当时的艺术家们为“革命”而激发起来的艺术激情。

“样板戏”作为“文革”的一种文艺现象，它与产生它的那个时代有着密不可分的关系。但是，其中的一些作品的那种诉诸于“情”、借重于“艺”的追求，却可能使它超越那个时代。《红灯记》《沙家浜》等作品中的一些折子、一些唱段，如今仍然有人喜欢，有人欣赏，原因也正在这里。

（原载《解放军艺术学院学报》2002 年第 1 期）

观念演变与文学发展

——共和国文学五十年一瞥

共和国文学已走过了整整五十年的历程，五十年来在“为人民共和国的建设与人民文学艺术的建设而奋斗”(《第一次全国文代会大会宣言》)的总目标下，励精更始，继往开来，取得了辉煌的成就，建立了卓越的功绩。

回顾五十年文学，人们往往首先看到的是那些繁花似锦的成果。其实，比成果更重要的是曲折而坎坷的道路，而比道路更重要的，是丰富而深刻的经验与教训。而在文学观念上的坚持与发展、继承与更新，又是其中最为难能可贵的经验之一。

五十年文学在观念演进上，走过的道路十分艰难。总体来看，“十七年”时期在许多方面踟蹰不前，“十年浩劫”则在整体上陷入泥淖，新时期以来才得以全面更变。从观念本身的重要性与贯穿性上看，观念演变的艰难与突破，主要在三大问题上，即文艺与政治的关系、对文学自身的认识和党对文艺的领导。可以说，这三个问题一直搅扰着共和国文学的脚步，而对它们的修正、研讨与调整，则使共和国文学以前所未有的生机和活力，在新时期之后持续活跃和飞速发展。

突破樊篱：适时修正文艺与政治的关系

共和国文学自 1949 年 7 月的第一次文代会开始，便理所当然地把毛泽东《在延安文艺座谈会上的讲话》作为指针。其中《讲话》中有关文艺“从属于政治”“服务于政治”的论断，自然成为人们认识文艺与政治关系的基本立足点。从总体上说，文艺不可能脱离一定的政治，但两者的关系在实际上和具体上却要复杂、曲折得多，尤其是在结束了“战时”状态的社会主义时期。然而，在五六十年代，人们显然在对文艺与政治关系的理解上，较少从变化了的实际出发，甚至采取简单乃至简化的做法，如提出“政治领导文艺”，文艺创作要“结合政策”“配合政治任务”，等等。由于这种紧跟政治的创作造成了公式化、概念化现象，人们在分析问题产生的根源时，又有人指出：“公式化概念化的现象，首先是由于作家缺乏政治。”总之，政治就是一切，一切都是政治。当时的文艺创作工作者和理论批评工作者，也通过诸多表现“人情”、写“中间人物”、“深化”“现实主义”等方式试图补偏救弊，但由于文艺与政治问题上既定认识的根深蒂固和社会文化生活的日渐左倾，这些有益的文学努力都被一一阻隔，有的还遭到了严厉的批判。

在高度强调文艺与政治关系的气氛下，只有一类创作大获发展，凯歌高奏，那就是革命历史题材小说。60 年代前后，《红日》《红岩》《红旗谱》《苦菜花》《青春之歌》《林海雪原》《平原枪声》《敌后武工队》《铁道游击队》《野火春风斗古城》等接踵问世，风风火火地在文学创作和文学欣赏领域占据了主流地位。一类题材的丰繁即便是既有数量又有质量的繁盛，那也难以掩饰整体文学创作的单调与苍白。而到“文革”前后，许多好的和比较好的其中包括不少革命历史题材的作品，又因所谓的“政治问题”被判为毒草、打入冷宫，文坛万马齐喑，戏坛“八花”独放，文学在紧跟“政治”、“服务政治”的不懈追求中，反而被认为是“跌到了修正主义的边缘”。

无论是从文学的角度看，还是从政治的角度看，文学与政治的关系都势必调整。而这只有在粉碎了“四人帮”的新时期才有可能，只有在坚持“实事求是”、倡导思想解放的邓小平时代才有可能。1979 年 4 月，《上海文学》发表了《为文艺正名——驳“文艺是阶级斗争工具”说》的评论员文章，引发了关于文艺与政治关系问题的全国大讨论，许多人纷纷对“工具论”“从局论”“服务论”等一系列既定认识提出质疑。1980 年 1 月，邓小平在《目前的形势和任务》中果断指出：“不继续提文艺从属于政治这样的口号，因为这个口号容易造成对文艺横加干涉的理论依据，长期的实践证明它对文艺的发展利少害多。”①文艺家与政治家在一个十分重大的理论问题上同声相应、达成共识，这是共同征取历史的经验和教训的结果，也是共同着眼于文学的现状与未来的结果。

走出政治的樊篱，以“为人民服务”“为社会主义服务”取代“为政治服务”之后，文学的服务对象、描写范围，最大可能地得以拓展和扩大，文学的导向也直指其长远和根本的目标，文艺的功能也更加放大与延展，“二为”立即而且不断地显示出其引导文学继续发展的巨大生机与无限活力。在文

---

① 《党和国家领导人论文艺》第 210 页，文化艺术出版社 1982 年版。

艺“为政治服务”的口号下，常常挥之不去的内容与题材的单一化、贫瘠化和表现手法上的公式化、概念化等问题，不仅得到了有效的克服，而且文艺的内容与题材空前地多样，文艺的表现手法极大地丰富，文艺创作很快由“伤痕文学”向“反思文学”“改革文学”过渡，及至80年代中期，在理论上以文学本体性问题和“新观念、新方法”探讨为标志，在创作上以“寻根文学”“先锋文学”“新写实小说”和“新诗潮”“探索戏剧”为代表，文学的理论批评和文学的艺术创作相继进入一个“百花齐放、百家争鸣”的新的繁盛时期。

从“为政治服务”到“不继续提为政治服务”，一个文艺口号的修正，经历了近40年的时间，可谓代价不小、来之不易，个中含带了历史与文学的曲曲折折的经验与教训，也浸透了几代文学工作者的心力与血汗，这不能不令人感慨，也不能不令人珍惜。

回到文学：不断深化对文学本身的认识

为文学“从属于政治”的认识所决定，五六十年代的人们，主要把文学看成是“社会生活的反映”，又进而看作是团结、教育人民的“工具”和打击、消灭敌人的“武器”。文学所具有的功能之一——政治的功能在这里变成了唯一。正是看出了这一认识的局限性，钱谷融在1957年发表了《论“文学是人学”》，邵荃麟等提出了“现实主义深化”理论，分别从人性视角和生活深度对“反映论”文学观和文学创作的浅尝辄止提出补救。这些曾是补台绝非拆台的文学见解，因为在“文学是什么”问题上有离经叛道之嫌，刚一露头便招致挞伐，从而使“反映论”和“工具论”的文学观念成为不可违拗的主体潮流，通行无阻，愈演愈烈，及至柯庆施的“大写十三年”的出笼和“四人帮”的“阴谋文艺”的登台，建立于朴素的“反映论”、狭隘的“工具论”的文学，就更加变质变味。

新时期之初，对文艺与政治关系的适时修正，使“工具论”逐渐退隐，但在对文学的基本认识上，却有另一个绝大的问题显豁出来，那就是已约定俗成的“反映论”是否就是文学本质的科学揭示。借助于文学与政治关系之后的文学与人性、人道主义问题的讨论，人们逐步把目光聚集于文学本质问题的探悉。起先，理论批评家相继揭出文学的本质“是客观生活和作家自我的结合体”，“文学是反映客观与表现主观的统一”等看法，着眼于对“反映论”文学观重视“客观”与“反映”而忽视“主观”与“表现”的补充与丰富；

后来,文学主体性理论提出"文学是人的灵魂学、人的性格学、人的精神主体学",完全立足于"人本"看文学,引起文坛内外的关注与争论。在这种不囿于"反映论"看文学的新观念的启迪下,从心理学、交流学、文化学、符号学等新的视角看取文学的各种各样的文学本质论纷纷出现,有关文学的根本看法由"一元"开始,走向了"多元"。

有关文学主体性理论的研讨,还引发了与"反映论"一脉相承的"现实主义"问题的讨论,以及文学批评中"我评论的就是我"的讨论。正是在这一理论背景之下,80年代中后期的文学,在理论批评上出现新观念与新方法的热潮,在文学创作上出现不同个性、不同倾向的作家作品的群芳争艳,文学在整体上因观念的深化带来实践上的活跃。

对文学"反映论"的反思的意义不可小视,而对因此形成的文学多元化观念尤其不能低估。它既使人们看到有关文学的既有认识,并没有终结文学的奥秘揭示,还需要更全面、更客观、更内在地去认识文学本身的有关问题;也使人们看到文学是一个多元素的组合体,任何人和任何角度对它的认识都不能说已穷形尽相。因而,"多元"实属必然。这样,文学观念由"外"向"内"走向深化,又由"一"到"多"出现分化,在"纵"与"横"两方面都构成一种多元多样的状态。

改善领导:切实改进党对文艺的领导工作

党一贯重视对文艺工作的领导,建国以后,分散的文艺状态形成统一的文艺战线,在面临新的时代、新的社会之后,党更是一直在加强和改善对文艺工作的领导。但从实际状况来看,在五六十年代,因为在文艺与政治关系上的认识偏差,也因为对于文学知识分子估价过低,以及主要以抓"批判"、搞"运动"的方式实施对文艺工作的领导,文艺工作长期处于时起时伏、时好时坏的不稳定状况。有时,为了改变这种状况进行的某些调整,如1956年提出"双百"方针、1961年制定"文艺八条"等,因为不能在根本上纠错抑"左",只能取得一时成效,带来的也是文学艺术的"短暂的春天"。

回溯五六十年代,文学进程中的鲜明标志多是一次又一次的"批判"与"运动",电影《武训传》批判,《红楼梦研究》批判,胡风集团批判,"反右"运动,丁、陈集团批判,反右倾运动,修正主义文艺思潮批判,《海瑞罢官》批判,一直到后来的"文化大革命——革命大批判"。批判运动频仍而且多数为党的最高领袖直接过问或亲自发动,这成为五六十年代党对文艺的领导的一个特点,也可能是最应吸取的一个教训。但这一时期,仍有一个耀人眼目而又影响深远的重大建树,那就是提出了“百花齐放,百家争鸣”的发展文学、繁荣学术的正确方针。“双百”方针虽然在提出之后的许多年未能得到真正的实行,但在当时毕竟树起了一面理想的旗帜,给人们勾勒出文学健康发展的美好图景。

党对文艺领导的切实改善,是在新时期之后。这一时期,随着政治思想领域和文艺大是大非问题上的拨乱反正,党进一步明确了文艺问题上的方针、政策,改进了领导的方式方法。在标志着新时期文艺工作的战略转移的全国第四次文代会上,邓小平在致辞中以简洁明了的语言为这一方针政策勾勒了一个基本雏形。这就是在文艺队伍内部,在各种类、各流派的文艺工作者之间,在从事创作与从事文艺批评的同志之间,在文艺家与广大读者之间,都要提倡同志式的、友好的讨论,提倡摆事实、讲道理,允许批评,允许反批评;要坚持真理,修正错误。“文艺这种复杂的精神劳动,非常需要文艺家发挥个人的创造精神。写什么和怎么写,只能由文艺家在艺术实践中去探索和逐步得到解决。在这方面,不要横加干涉。”1980 年 7 月 26 日《人民日报》的《文艺为人民服务、为社会主义服务》的理论,在传达和简述了党中央关于文艺总口号的新提法之后,进而指出:“为使文学艺术沿着正确方向不断繁荣起来,一定要坚定不移地、始终不渝地贯彻执行‘百花齐放、百家争鸣’的方针。我们的目标是创造和发展社会主义的新文艺,我们的方针是走群众路线,在人民内部充分发挥民主。艺术上的不同风格和流派可以自由发展,学术上的不同见解和学派可以自由争论。艺术和学术方面的是非,不能简单地靠行政命令来解决,只能通过自由竞赛和自由争论,靠实践的反复检验来解决。”这里边涉及“双百”方针、艺术民主和废止行政命令等要点,无一不涉及党如何领导文艺的大问题,完全可以看作是党在新时期领导文艺工作的方针与方法的概要表述。文艺方针政策的适时调整,既反映了党对广大文艺工作者的高度信赖,反映了党对自身工作失误的深刻反省,在总体上体现了党在文艺领导工作方面的进一步走向成熟;事实也表明,这种以“引导”为主的领导方式,在新时期一经提出便逐步确立,而且在实践中坚持运用,收到了十分明显的社会效果。

在 1979 年至 1980 年间开展的牵动文艺界内外的关于文艺与政治的大讨论,涉及文艺的方向及党对文艺的领导等诸多重大问题,讨论中各种意见纷纷亮相,不同看法针锋相对,甚至还出现绝对肯定文艺为政治服务的意见和绝对否定文艺与政治关系的意见。但无论是邓小平的讲话,还是《人民日报》的理论,就这一重大问题作决策性的结论时,都不轻易指责哪一方,而是在正面阐述自己的意见的过程中,据理说明各种不同看法,把大家引导到相对统一的大方向上来,不提"文艺为政治服务"与"文艺不要脱离政治"的辩证认识,成为文艺工作者的基本共识。1980年2月间召开的剧本座谈会,也是运用艺术民主精神"引导"创作的一个范例。当时,戏剧界和文艺界对《在社会的档案里》《骗子》《女贼》等着重描写社会和人性的阴暗面的作品有较大争议,这一问题也引起党中央的高度关注。但党和政府并没有像过去那样,以文艺批判方式简单对待,而是采用召开创作座谈会的方式,让参会的作家、批评家自由讨论,开展争鸣。胡耀邦同志参加会议并发表讲话,也是以一家之言发表自己对文艺如何反映现实、干预生活的看法,并告诉大家:"有些问题,应该鼓励大家畅所欲言,继续讨论,在文艺实践中求得解决。"结果会议不仅就几部作品存在的问题进行具体的分析论证,而且还就作品涉及的一些倾向性问题交换了看法,并在一些问题上求得大体相近的认识,收到了事半功倍的效果。随后进行的关于电影剧本《苦恋》及据以拍摄的电影《太阳与人》的批评,也是以组织有影响的文艺批评家撰写有理有据的批评文章的方式,让思想斗争始终在文艺批评的轨道上运行,结果既教育了作者本人,又消除了不良影响。

以文艺批评的方式引导创作,以艺术民主的方式领导文学,迄今已坚持运用了二十多年。在1996年12月的第六次文代会、第五次作代会上,江泽民总书记在讲话中代表党中央继续重申"百花齐放、百家争鸣"是符合社会主义文艺规律,是促进社会主义文艺繁荣的方针;特别强调:"正确地实行'双百'方针,就能有效地加强理论与创作的力度,推进文艺的发展与繁荣。"事实上,党在近年对文艺工作的领导中,恪守正确的指导思想和方针政策不动摇,在正确理解和坚决执行"双百"方针上率先垂范,使文艺工作者在个人心情舒畅和整体安定团结的基础上,持续走向创作繁荣和理论批评活跃的盛境。"政策和策略是党的生命",政策和策略也是文艺的生命。这是过去和现在两种不同的文艺形势揭示给我们的一个重要真理。

共和国文学50年,无论是从它的辉煌成就上看,还是从它曲折的道路上看,抑或是从它丰富的经验与教训上看,都不失为一座文学的宝库。我们从昨天走来,我们还要走向明天,拥有这令人荡气回肠的50年,我们就既有了一个没世难忘的旧的终结,又有了一个充满自信的新的未来。

1999年9月28日

乡土中国的时代影像

——中国当代乡土小说三十年概观*

摆在读者诸君面前的《中国当代乡土小说大系》，凡三卷，四百余万字；涉及一百二十四位作家的中短篇小说、长篇小说，共计一百五十余篇（部），均为1979—2009年间乡土小说的代表性作品。可以说，这个精心编选的大型选本，以点带面地反映了乡土小说三十年来在不同时期的主要成果，以及姹紫嫣红的总体景象，繁荣滋长的历史进程。

编选这样一套规模不小、字数也不少的三十年乡土小说作品大系，在我们是基于这样一种基本认知：当代以来的六十年，尤其是改革开放的三十年以来，当代中国在现代性与现代化的道路上迅猛前进，基本面貌发生了巨大而惊人的变化。但从社会的总体形态和生活的基本层面来看，一直在进行着乡土文明与都市文明的冲突与融汇、商业文化与农耕文化的博弈与对话，也即还处于由乡土中国向现代中国的过渡过程之中。而当代文学中的乡土文学与乡土小说，因为聚集了一批数量较多、质量又高的跨越数代的实力派作家，他们一方面在历时性地记述和描写着乡土社会这种由外到内的巨大演变，一方面又在这种艺术追踪中励精更始，推陈出新，带动着乡土小说写作不断发生新变，赢得了乡土小说与乡土文学的蔓蔓日茂、欣欣向荣。因此，当代的乡土小说，既由乡土一脉反映了社会生活深层变动中的主潮演进，又由乡土书写表现了当代文学自身的成功进取，显然具有社会与文学双重演进的时代影像之重要价值与特殊意义。

一　概念与总脉

描写乡村生活的小说，在现当代以来，一直有着看似相近却又不尽相同

---

* 此文原为《中国当代乡土小说大系》序言，农村读物出版社2012年版。

的称谓与概念，如“乡村小说”“乡土小说”“农村小说”“农村题材小说”等等。而概念的内涵与外延的差异，又在指称的作者与作品上有所区别。因此，不同的论者在使用一定的概念时，首先需要加以释义。

那么，我们为何选用“乡土小说”的概念，又是怎样认定这一概念的相关含义的呢？

“乡土”的概念，早在先秦与魏晋的典籍中就有出现。如《列子·天瑞》中就说“有人去乡土，离六亲”。又如曹操的《土不同》中也说“乡土不同，和朔隆寒”。前一个“乡土”，是“家乡”“故乡”的含义，后一个“乡土”，则是“地方”“地域”的意思。对于“乡土”的兼有这样两层含义的理解，一直延续了下来。到现代之后，“乡土”又与“乡村”交替并用，或含有“乡村”的意味。如费孝通在《乡土中国》的开首一句便是：“从基层上看去，中国社会是乡土性的。”这里的“乡土”的用意，显然更接近于“乡村”。

把“乡土”与“小说”连接起来，形成“乡土小说”的概念，是在近现代之交的“五四”时期。鲁迅先生于1921年发表的短篇小说《故乡》，被认为是现代乡土小说的先声与滥觞。当时一些寓居北京的作家受到鲁迅的影响，纷纷创作以回忆故乡为题材，以描写乡愁为内容的小说，成为一时的文学新风与小说时尚。鲁迅于1928年在《中国新文学大系·小说二集导言》中指出：“蹇先艾叙述过贵州，裴文中关心过榆关，凡在北京用笔写出他的胸臆的人们，无论他们自称用主观或客观，其实往往是乡土文学，从北京这方面来说，则是侨寓文学的作者。”之后，在鲁迅影响下出现的以文学研究会一些成员为主的小说创作，当时就被命名为“乡土写实小说”。1934年，沈从文在《学鲁迅》一文中就曾这样说道：“（鲁迅）于乡土文学发轫，作为领路者，使新作家群的笔，从观念拘束中脱出，贴近土地，挹取营养，新文学的发展，进入新的领域，而描写土地人民成为近二十年文学主流。”20世纪40年代，在毛泽东的《在延安文艺座谈会上的讲话》精神指引下，解放区文学应运而生，而其中的主要代表赵树理、丁玲、周立波、孙犁等人的小说创作，多以北方乡土为背景，农民斗争为内容，使“乡土”与“革命”内在地联结起来。而由赵树理的小说创作提出来的“赵树理方向”，影响一直波及当代。

进入当代时期之后，描写乡土生活的作品，不再被称为“乡土文学”“乡土小说”，而代之以“农村小说”“农村题材小说”的称谓。概念的这种变更，既有以新的概念与旧的文学相区别的意思，也有从生活到文学确实都发生了新的变化的因素。在自然化的乡土向体制化的农村急速演进的同时，描写这一“山乡巨变”的写作，其称谓由“乡土”更变为“农村”，就显得自然又必然。这一称谓一直延续到新时期之后。如 1982 年，宝文堂书店编辑出版了《农村短篇小说选》，《人民日报》文艺部编选、北京出版社出版了《农村题材短篇小说选》，1986 年，浩然编选、农村读物出版社出版了《中国农村小说大观》等。2006 年 5 月，中国作协、中共江苏省委宣传部和江苏省作协还在华西村联合举办了一次全国农村题材文学创作研讨会。但在当代文学研究和文学批评领域，乡土文学的提法却越来越流行和普遍。一些文学论文在指称农村小说与农村文学时，大都代之以“乡土小说”“乡土文学”。一些有影响的研究专著，也以“乡土”代替了“农村”。如丁帆的《中国乡土小说史论》①、陈继会的《20 世纪中国乡土小说史》②等。

我们在总体称谓上，选取了“乡土小说”这样一个提法。在其基本内涵上，采用以乡土题材为主的原则，但更倾向从整体性上来把握乡土文学的概念，既强调乡土题材、乡土题旨的双重要点，又重视乡土思念、乡土关怀与乡土批判的三位一体的意蕴。这样的宽严适度的“乡土小说”的理解与厘定，大于“农村题材小说”的概念，内含了“乡村小说”的概念，并与现代文学中的“乡土小说”接轨，能比较好地反映这类题材写作的历史与现状，发生与发展。

二　阶段与演变

与整个当代文学创作始终扣合着社会变迁与时代演进的节拍一样，当代三十年的乡土小说也是与它所表现的乡土社会现实密切相连，并随之嬗替而演变的。总体来看，三十年来的乡土小说的发展，也大致上经历了新时期（或 80 年代）、90 年代和新世纪三个阶段，而三个阶段的乡土文学，既相互衔接，又不断演进，各以不同阶段的自身特点与卓异风采，构成了当代文学创作中一段绚丽和耀眼的风景线。

新时期阶段

新时期文学发出的先声，是于 1977 年底出现的“伤痕文学”。“伤痕文学”除去领衔的《伤痕》《班主任》等少数作品外，很多作品大都属于传统的农村题材，如韩少功的《月兰》、李革的《王结实》、贾大山的《取经》、成一的

---

① 江苏文艺出版社 1992 年版。

② 中原农民出版社 1996 年版。

《顶凌下种》等。而随后兴起的“反思文学”,更是以农村题材为主体,如叶文玲的《心香》、祝兴义的《杨花似雪》、张弦的《被爱情遗忘的角落》和锦云、王毅的《笨人王老大》等,因为当时更为关注的是这些作品的主题意义与它们的批判意蕴,这些作品在题材上集中于农村生活的特点反而被人们忽视了。

让人们越出“伤痕文学”与“反思文学”的视界,而特别注意其题材与题旨的乡土意味的,是高晓声的《陈奂生上城》《李顺大造屋》等中篇小说,以及陈忠实的短篇小说《信任》、何士光的短篇小说《乡场上》、周克芹的长篇小说《许茂和他的女儿们》等。这些在 1979 年前后出现的农村题材小说,虽说还带有一定的“伤痕”与“反思”的意味与印记,但作品却把主要的着眼点放在了新现实中的新农人、新生活中的新问题,着意描写他们面对新的社会现实的精神苏醒与个性显露。这些作品或可看作是新时期乡土小说写作的第一波浪潮。

农村生活的变异,农民心气的勃发,乃至农村新人在精神上气质上的吐故与纳新,新风与旧俗在现实中的冲突与较量,随后成为乡土小说写作在一个时期里反复吟唱的主要旋律。如马烽的《结婚现场会》、张石山的《镢柄韩宝山》、赵本夫的《卖驴》、王润滋的《内当家》、刘绍棠的《蛾眉》、孙键忠的《甜甜的刺莓》等。1982 年,路遥的中篇小说《人生》发表,这部作品以农村青年高加林初涉人生时道路选择的两难,把一个与乡土密切关联的主题凸显了出来,那就是城乡发展的尚不平衡与所代表的不同文明,给置身其中的农村青年带来的青春的烦恼、选择的困惑。接下来,便是带有乡土文化的反思与批判意识的一些作品的接踵出现,如李杭育的《最后一个渔佬儿》、郑义的《老井》、叶蔚林的《五个女子和一根绳子》、韩少功的《爸爸爸》、王安忆的《小鲍庄》、刘恒的《狗日的粮食》、李锐的《厚土》、邵振国的《麦客》、张炜的《一潭清水》等,这些作品在看取乡土上,不仅把它当成是一种社会的基层生活存在,而且还把它看成一种传统文化的载体。撇开作品的具体臧否不论,它们在总体上都把锋芒指向乡土文化与农耕文明,开始以自己的眼光和方式,来发现和表现乡土中国的浑重与复杂,是显而易见的。由此,乡土小说便添加了一种新的写作角度,也呈现出了新的文化深度和人性内涵。

至此,新时期或 80 年代的乡土小说,就大致实现了由“伤痕”“反思”的卵翼破壳而出,立足于直面现实、关注问题的现实主义,又超越传统的写实现实主义过渡到文化批判与文明反思,有效地实现了乡土小说的三级跳式的长足发展。

90年代阶段

进入20世纪90年代之后，伴随改革开放的深入引发的经济热潮、商业大潮席卷而来，文学、文化领域受到很大冲击，一些文人作家纷纷“下海”，弃文经商，文学创作在起初几年一直不太景气。之后，随着知识文人精神状态的自我调整，文学领域里的小说写作渐渐恢复常态。但重新崛起的创作态势，又呈现出浓重的艺术追求个人化、分散化的倾向，新时期中一个文学浪潮接一个文学浪潮的热闹状况一去不回，以至有人惊呼文学进入了“无法命名”的时代。

但在乡土小说写作一脉，因为与政治思潮、商品大潮都有一定程度的疏离，也由于作家的坚守自我、甘于寂寞，似乎并没有出现中断或萎缩的情形，相反，无论是中短篇小说还是长篇小说，作家们的乡土写作，都在持续坚守中有所拓展，不懈笔耕中有所进取。但受个人化与分散化的影响，这一时期的乡土小说创作，在内容与形式上也表现得丰富而纷纭。这里，有以幽默的语言、混沌的叙事表现农村生活情趣与农民风趣性格的作品，如刘玉堂的《最后一个生产队》、张宇的《乡村情感》、赵德发的《通腿儿》、杨争光的《公羊串门》等；有直面乡土现实问题与乡民生存艰难的作品，如李佩甫的《无边无际的早晨》、陈源斌的《万家诉讼》、关仁山的《九月还乡》及刘醒龙的《凤凰琴》《分享艰难》；有歌吟乡间田园情趣与平民人性美好的作品，如铁凝的《秀色》、贾大山的《莲池老人》、迟子建的《雾月牛栏》、毕飞宇的《哺乳期的女人》、岳恒寿的《跪乳》、刘庆邦的《鞋》等。总之，乡土不再是单色的、静态的，而是多色的、动态的，同时也是错综复杂的，让人咀嚼不尽的。

这一时期乡土小说中的长篇小说写作，数量不是很多，但质量却再创新高，这就是那些从个人命运、家族文化的角度反思社会历史的作品，如余华的《活着》、路遥的《平凡的世界》、陈忠实的《白鹿原》、阿来的《尘埃落定》等。这些作品，从内蕴到写法，都是自出机杼，各有千秋，既在作家个人写作历程上卓有突破，也是当代长篇小说创作的重要收获。尤其是以陈忠实的《白鹿原》为代表的由乡镇看取传统、由家族反思历史的小说，从乡土出发，又超越了乡土，以丰沛的内涵、精湛的艺术，标志了乡土小说乃至当代小说创作的时代高峰，这样的耀眼实绩着实让人欣喜，委实令人称道。

因为个性凸显，写法多样，乡土作家90年代的艺术探索，使乡土小说的表现力与可能性，都变得更多了、更大了，这显然不啻是乡土小说创作的福音与荣耀。

新世纪阶段

比之其他时期，新世纪的文学文化领域，因为面临着商业文化、传媒文化与信息科技的多重冲击，更是一个众声喧哗、充满挑战的时期。经过近十年的碰撞与博弈，当代文坛已经一分为三，这就是以文学期刊为主导的传统型文学、以商业出版为依托的市场化文学（或大众文学）、以网络媒介为平台的新媒体文学（或网络文学），这样一个“三足鼎立”的状态，构成了与过去完全不同的新的格局。当然，这样三个板块并非半斤八两，平分秋色，总体来看，因传统型文学聚集了有实力的作家、高质量的编辑，在整体文学中的作用举足轻重，具有引领文学发展、标志文学进取的重要作用。

在新世纪的传统型文学中，虽然过去较为薄弱的都市小说、婚恋小说数量有所增多，质量也有所提升，但无论是中短篇小说，还是长篇小说，人们关注较多、影响更大的，仍然是乡土题材小说。而这在很大程度上，是由于乡土作家的抱诚守真和化压力为动力、抵御了来自方方面面的诱惑与搅扰，从而使乡土小说创作的势头并未有所减弱，质量也并未有所下滑，保持了一种依流平进、稳步前行的姿态，取得的收获依然是平实而丰盈的。

这一时期乡土小说的艺术镜头呈现出来的生活画面，既万紫千红、多姿多彩，在表现手段的运用上，也是各显其能，不一而足。严正的、诙谐的、温馨的、苦涩的、现实主义的、现代主义的，乃至后现代的，都花团锦簇，应有尽有。作家们从看取生活到表现生活，都显得更为灵动，高度自由。如毕飞宇的以细节真实揭现农村女性心理隐痛的《玉米》、夏天敏的以寓言方式书写农民沉闷生活的《好大一对羊》、葛水平的以冷峻故事表现山民心理较量的《喊山》、郭文斌的从童趣的角度描写贫苦乡间生活中的温馨亲情与人情的《大年》等。显而易见，作家们的视野格外宽广而又自有重点，作家们的笔墨自由灵动而又有自己的个性显现，多样化的叙事与多元化的观念，已经成为乡土小说写作中的一个基本定势。

而以自己的语言叙述自己的故事，以自己的故事讲说自己的发现这样的一些品质，则更为集中地反映在新世纪中一些乡土长篇小说之中。这些作品或在乡土的意蕴上生发别的意趣，或在乡土题材上再做新的文章，使作品在故事层面上充满十足的乡土味，但又在现状省察、历史反思、人性审视等方面，另有玄妙或别有深意。如孙惠芬的《歇马山庄》、铁凝的《笨花》、贾平凹的《秦腔》、蒋子龙的《农民帝国》、刘震云的《一句顶一万句》等。这样一些内容厚重、艺术精到的长篇小说，既拓展了人们对于乡土生活、乡土中国的既有认知，又使人们领略了乡土小说写作自身的无限可能与无尽魅力。

三　影响与意义

作为中国新文学重要组成部分的乡土小说创作，其影响与意义，并不仅仅在于它获得了自身的长足发展，使乡土小说写作一脉绵延不断，更在于它在自身不断进取的同时，又极大地促进了小说创作中的其他倾向，并积极地影响了当代文学的整体发展。

当代文学的“十七年”中，小说创作中一直是两大创作倾向引领风骚，尤其是在长篇小说创作中，那就是“革命历史题材”与“农村题材”。当代文学界把这一时期的长篇小说经典作品概称为“三红一创”，其中的《红日》《红岩》《红旗谱》是“革命历史题材”，《创业史》是“农村题材”。乍一看来，似乎“革命历史题材”绝对占优，细一分析，这也与“农村题材”不无干系，因为写的是“农村包围城市”的革命历程，而其中的英雄人物主人公，多是农民出身，他们的革命历程与英雄业绩，也是一个个农民顺应历史走向进步和成为英雄的过程。这在梁斌的《红旗谱》、孙犁的《风云初记》、刘流的《烈火金刚》、冯志的《敌后武工队》等作品中，都表现得既真实又充分。还有一些作品，如冯德英的《苦菜花》、徐光耀的《小兵张嘎》等作品，“革命”与“农村”水乳交融，几乎很难区分开来。可以说，正是乡土中国的变异与底蕴，才在根本上造就了在长篇小说创作中，“革命题材”与“农村题材”双峰对峙、相互辉耀的奇特现象。

新时期以来的三十年，小说与文学中的许多看似与“乡土”并无干系的现象，稍做分析就会发现它们与“乡土”，其实都有着这样或那样的关联。在新时期与八十年代期间出现的一些文学思潮和创作倾向，除去前边提到的“伤痕文学”“反思文学”外，“改革文学”与“寻根文学”都与乡土题材文学有着不解之缘。“改革文学”有两个题材重心，一个是工业，一个是农业，前者的代表性作品是蒋子龙的《乔厂长上任记》、张洁的《沉重的翅膀》、李国文的《花园街五号》，而后者的代表则有柯云路的《新星》、贾平凹的《浮躁》、张贤亮的《男人的风格》等。而关注农村改革与现实变化的现实主义倾向，在90年代中后期，又繁衍出以河北的“三驾马车”——何申、谈歌、关仁山及刘醒龙等为代表的“现实主义冲击波”倾向，而这种写作虽然在其着眼点上，越出了农村与农民，扩展到乡镇、学校、城市，但基层干部、小学教师、打工妹等人物的活动舞台，依然是“剪不断，理还乱”的乡镇生活与乡土社会。在他们身上，跃动着农人们的躁动的心理，折射着乡村变革的种种阵痛。

出现于20世纪80年代初期，至今余波不息的“知青文学”，其实也是以青春回望和精神还乡的方式，对乡土生活的别样再现，乃至对于乡土中国的深情致敬。20世纪60年代至70年代的知识青年的上山下乡，既是知识青年们更换了居住地，也是农村、农场增添了新成员；影响的不只是知识青年个人的命运历程，还有当地的农村、农场的此时此地的现实面貌。因此仅仅从命运的变异、成长的苦痛的角度来看待“知青文学”，是不够全面，也不够完整的。它们确实是真实而难忘的青春记忆，同时也是动荡时期的时代记忆，窒闷时期的乡土记忆。像竹林的《生活的路》、叶辛的《蹉跎岁月》、孔捷生的《在小河那边》、张曼菱的《有一个美丽的地方》、史铁生的《我的遥远的清平湾》、陈村的《我曾经在这里生活》、梁晓声的《这是一片神奇的土地》《今夜有暴风雪》等，在着意表现知识青年的理想主义、英雄主义的同时，也较多地描写了知青与农民、牧民等的深长情谊。之后的如乔雪竹的《荨麻崖》、彭瑞高的《贼船》、张抗抗的《隐形伴侣》、张承志的《金牧场》，以及阿城的《棋王》《树王》《孩子王》等作品，则立足于“知青文学”，又超越了“知青文学”，由“插队”生活所导致的人的艰难处世、人的特殊境遇，扩展到人的生存价值、人的生活意义等，以及由农村生活凸现出来的物质世界和精神世界之间的关系与矛盾。

因为“乡土”一词，既有“家乡”与“故乡”的第一层含义，又有“乡间”与“地方”的第二层含义，与乡村、乡土关联密切的重在描写地域民俗风情的小说，因为有着深厚的传统和杰出的作家，也与乡土文学一起，得到了长足的发展。甚至有的研究者把这种写作直接列入乡土文学行列。这种写作的典型代表是汪曾祺、林斤澜等，他们的小说写作，讲究用看不见技巧的方式，把一切融化于温馨的诗情或写意的小品之中。其实，一直以乡土文学作家自居并积极倡导“建立北京的乡土文学”的刘绍棠，与这一类写作也极为靠近。他自20世纪50年代跻身“荷花淀派”之后，以抱诚守真的方式坚持自己所认定的现实主义，在《蛾眉》《蒲柳人家》等作品中，着意表现京郊乡村的诗情画意与运河百姓的似水柔情，作品更为重视的是变中又不变的质朴而良善的民习与民俗、民风与民性。此外，近年来越来越为人们关注的地域作家群落，如河南的“南阳作家群”，宁夏的“西海固作家群”，云南的“昭通作家群”，四川的“达州作家群”，贵州的“黔北作家群”，无一不是由立足于乡土开始，从扎根于地方起势，来逐渐形成自己的特色和显示出自己的优势的。

与乡土小说有着直接的渊源，或由此出发别树一帜并取得重大成就的，是以长篇小说为主的家族小说写作。这一路小说写作，先由张炜的《古船》现出端倪，继由陈忠实的《白鹿原》、莫言的《丰乳肥臀》、阿来的《尘埃落定》的联袂冲刺，掀起长篇小说中波澜不断的创作新潮与高潮。从囊括生活、审察人性、反思历史、反观传统等方面看，如许作品已达到或接近达到家族小说乃至长篇小说在这个时代少有的艺术高峰。即以《白鹿原》为例，作品以乡镇村社为舞台，在白、鹿两家的世代纠葛之中，既折射了农耕文明的遗风，传统文化的影响，又映衬了中国社会的近代变迁与政治力量的较量与消长。家庭与家族，家族与民族，民族与家国，水乳交融地交织在一起，使作品在引人入胜的魅力中，充满咀嚼不尽的内力。有论者认为，“作为乡土小说的大叙事”，“(《白鹿原》)为当代乡土小说的史诗性写作树立了难以企及的标高”。[①] 这样的看法，我深以为然。这说明，乡土小说的写作，完全可能开辟新天地，营构大作品，问题在于作者自身的生活累积、文学造诣与艺术才分。

因为有广大的乡土社会的比邻与映衬，有雄厚的乡土文学的比照与参酌，近年来以描写都市生活为主的一些小说作品，也走出了以往的题材界限，在表现生活的广度与反思历史的深度上，都取得了以前少有的拓展与掘进。这些作品或者把都市与乡村勾连起来，书写城市与乡村生活在消弭差异中的积极互动，以及给置身其中的人们带来的人生的与精神的变化；或通过走出乡村的主人公的命运遭际，描绘随着历史前进的乡村变异，以及乡下农人走向现代文明的缓慢进程。前一种写作，可以孙惠芬的《吉宽的马车》、贾平凹的《高兴》等为代表；后一种写作，则以铁凝的《笨花》、赵本夫的《无土时代》最为典型。这些作品在乡土小说的写作上，有承继，有突破，有跨越，有创新，均为传统的乡土小说在新世纪里持续探索和精彩演进的最新成果。

经过三十年的探索与跋涉，当代乡土小说历经三个阶段的不断演进，已呈现出多意蕴、多旨趣、多主题的基本趋向。但若钩玄提要地加以梳理，也可以概括出三个相对集中的主题意向来，这就是直书现状、反思历史和回望家园。直书现状的写作，或者直面杂沓纷乱的现实，或者探悉躁动不安的心理，在向人们传导乡村变动真实情景的同时，表现出对民生、民计的深切关

---

① 张懿红《缅想与徜徉——跨世纪乡土小说研究》，中国社会科学出版社 2009 年版。

怀;反思历史的写作,或者回思远去的年代,或追忆逝去的乡土,用历史回溯的方式带入审视的姿态,批判的眼光,其更为看重的是在启蒙民性中审问传统;而回望家园的写作,更带有浪漫主义的气息,他们或者怀恋旧时的田园风光风情,或者寻索现时的淳朴人性人情,背后起支撑作用的,既有素朴的理想主义色彩,也有对抗现代性的民族主义情味。这样一个三大主题的交叉并存又彼此互动,构成了当今乡土小说写作的大致格局,也使它构成了一个自具活力的艺术体系。

总之,乡土小说写作在三十年间,发掘自身的潜力,运用艺术的能量,追逐社会的脚步,感应时代的脉搏,一直在蓬勃发展,始终在高歌猛进。在这一过程中,作为创作主体的乡土小说作家们,也演练了自己的才情,形成了雄壮的队伍,尤其是在把握乡土现实和乡土生活上,拓展了已有的眼界,积累了丰富的经验,这种创作主体的整体性强化与综合性提升,显然更为重要,也更为可贵。而这,自然预示着已经焕然一新的乡土小说,依然有着无可限量的未来与无比光明的前景。

2011 年 5 月于北京朝内

在适应中坚守

——文坛现状的观察与思考

也许是形势变化快，也许是人在事中迷，眼下的文坛确实缭乱得让人难以看清，异样得让人难以读懂。但作为一个文学从业者，你又不能不尽力去察看，努力去读解。

这些年，看了许多现象，听了许多说法，自己也想了不少问题，积了一些想法，现稍加梳理形成此文，借《北京文学》的“进言”论坛，就教于文坛内外的方家。

一　文坛随着社会的变异而变异

文学进入新世纪后，确实在不断地发生着变化，而这种变化又以亦喜亦忧的方式呈现着：各种写法多了，佳作力构少了；作品种数与印数增了，艺术质量与分量却减了；小说改编影视的多了，经得起阅读的却少了；期刊的时尚味浓了，文学味却淡了；作家比过去多了，影响却比过去小了；获奖的作者多了，能留下来的作品却少了。如此等等，不一而足。

当下文学的这种变化，需要到更深的层次去寻找原因，诚如马克思所说的那样：“物质生活的生产方式制约着整个社会生活、政治生活和精神生活的过程。”“我们判断一个人不能以他对自己的看法为依据，同样，我们判断这样一个变革时代也不能以它的意识为依据；相反，这个意识必须从物质生活的矛盾中，从社会生产力和生产关系之间的现存冲突中去解释。”①文学发生新变的原因是综合性的，从根本上看是文学赖以存身的经济基础、文化环境和传播手段等都发生了剧烈的变动所造成的。我们不必细说经济基础、文化环境和传播手段发生了何等的变化，只需换用相对应的三个概

① 《政治经济学批判·序言》，《马克思恩格斯选集》第 2 卷第 82—83 页。

念——市场化、大众化和传媒化来加以表述，便一切都明了了。这三个方面是联结的和互动的。经济基础方面由高科技推导的生产力的迅猛发展和市场经济秩序的逐步确立为标志，已完全走出过去的计划经济的单一模式，表现出前所未有的活力。经济基础的这种变化，必然要反映到文化上来，而文化自身也需要面对新的经济基础寻求支点。因而，文化作为经济资源一种的可能性，文化产品的商品属性、文化生产的商业运作等，都在人们的重新认识中得到了发掘与拓展。人们发现，文化产品的最大效益是“两个效益”的结合，而“两个效益”落实到影视产品上是有多少观众，落实到文字产品上是有多少读者。于是，追求“观众”与“读者”的最大化，便成了文化、文学生产的题中应有之义，遂使“大众化”成为文化领域里愈演愈烈的基本趋势。在传媒手段方面，这些年最大的变化是报纸越来越多，影视越来越火，网络越来越热，而这些看来是处于优势的传媒，不仅面临着同类媒体彼此之间的无情争斗，而且还面临着异类媒体相互之间的残酷竞争。于是，怎样使自己的报纸、影视和网站“好看”“有人气”，以争取更多的受众，造成更大的影响，就成了这些媒体行业不由分说的“铁”的规律。

应该说，上述三个方面都是文学借以存身的基础和条件，文学置身的这种基础和条件的变异，不可能不深刻影响到文学领域里来。从我们最为直接的感受上看，文学的显著变化有三个大的方面。

其一，是作品多样了，写法多元了，背后透出的是关于文学的看法个个不一了。即以长篇小说为例，在每年问世的近千种新作中，有忧国忧民写现实的，有嬉笑怒骂写人生的，有怡然自得写成长的，也有玩世不恭写青春的。即使是写现实，有正面写官场的，有侧面写“反腐”的，有以平民姿态写乡土的，有以“小资”趣味写都市的；还如写爱情，有写忠贞之爱的，有写婚外之恋的，有写狂热自恋的，有的索性就写爱与性的游戏与迷离。可以说，现在的文坛，几近于想写什么就写什么，想看什么就有什么。创作上的这种由“一”到“多”的情形，90年代开始后就初露端倪，出现于1993年的“陕军东征”现象，既是第一个商业化运作的小说浪潮，又是由一批作品体现出不同写法的一个演示。发展到90年代后期至新世纪之后，这种“无主潮”“不可命名”的现象就更为严重。其实在这背后，是文学从业者有关文学功能观、趣味观随着时势在逐步发生变化。有的作家在坚持自己的文学观念，有的作家在更新自己的文学观念，而出生于70年代之后的作家，则在市场经济的新环境中开始建立和形成自己的文学观念。

其二，是文学期刊越来越陷入困境，而小说出版越来越市场化，网络文学更是越来越兴盛。文学期刊日益陷入困境，带有一定的必然性。它本身既是计划体制下的产儿，长期靠财政拨款支撑，又面临商品大潮的冲击和文化环境的变动，因而，订数越来越小，读者越来越少，并不足怪。问题在于面对这种困境，文学期刊普遍反应缓慢，束手无策，有的一个劲儿往时尚化的方向靠近，有的干脆就放弃文学改换了门庭。没有什么变化的日益萎缩，变化太大太快的乱了方寸，只有那些以“微调”方式逐步显露个性的，才慢慢地稳住了阵脚。而过去只是期刊阵地的一种延伸的文学出版，却因较早面对图书市场苦心经营，现已普遍走出生存困境，或面对困境已有了相当的自信。不少出版社注重整体形象的塑造和规模效益的形成，重视品牌的经营与打造，或以“畅销书”或以“长销书”一步步地拓展着自己的市场份额。这里边还包括了大量的原被称为“书商”“二渠道”的民间出版人，他们长期在文学与市场、“一渠道”与“二渠道”的双向两极中游走，已通过摸爬滚打成长为一支有经验又有实力的出版力量，文学类图书中的一些重头项目，有不少都是他们策划运作的。就文学出版而言，由各种文化公司和工作室构成的民间力量，在事实上已成为不可小视的半壁江山。以青年网民为对象的网络文学，因有“新浪”“搜狐”“网易”这样的门户网站提供阵地，更有按照自己的意愿和兴致设立的网站为基地（如“榕树下”“千秋”“文学视界”“新作家”“新生代”“中国写手”等等），这些年获得了异常迅速的发展。在今年遭遇“非典”之后，网络文学和其他网站都进而活跃起来。网络文学创作的自由性、发表的及时性和交流的互动性，都使它赢得了越来越多的青年网民的欢迎，许多网络写手也从中得到演练，成为影响甚大的文学新人。

其三，是新的文学写作者大量涌现，而他们中的不少人只写作品，不计身份，使得文学队伍庞大而繁杂，已有的文化、文学体制被逐步打破。这些不断涌现的文学新人，有些是借助文化、文学报刊由小文章、小作品的写作成长起来；有些是依托文学出版的商业运作，以长篇作品的写作为主；有的则是先在网络文学中打出名气，再转战到传统文坛的圈子里来。他们中的不少人，没有工作，没有单位，在城市里租下一间房子，埋首于自己的写作天地，基本上不知“作协”为何物，因而完全游离于现有的体制之外。事实上，社会生活的开放，文化环境的宽松，以及文学发表与出版的市场化运作、媒体化“炒作”，也给有追求又有才情的文学新人提供了越来越大的生存空间。而那些了解文学又熟悉市场的民营出版人，经常根据读者的需求和市场的反馈，向作者出题约稿和出资包装，使得他们在事实上在“作协”之外起着一种组织创作、沟通作者与读者和培育文学新人的多重作用。

总的来说,文学与文坛的变化已今非昔比,它已过渡到与80年代、90年代完全不同的另外一种新的格局。如果只看显露出来的文学现象——创作与作品本身,那无疑是皮相的,还必须要看到个中的深层次的变异。这种深层次的变异,概而言之,一方面是文化、文学现行体制的两元并立:体制内的管理以计划模式为主,体制外的操作以市场方式为主;一方面是文化、文学生产机制的多元共存:公有的、集体的和个体的,既有各自的方式和走各自的渠道,又在某些环节上相互借力,协同运作。这种体制与机制的与过去的最大不同,还可换一种方式来表述,那就是较之过去,在文学从业者、文学生产者等方面,成分构成上越来越趋于民间化,手段上越来越趋于商业化。不管你愿意不愿意,喜欢不喜欢,它已成为一种不争的事实正向我们走来。我们需要的,是直面它,正视它,并进而认识它,把握它。

二　滞后的观念与被动的管理

面对当代文坛的这种剧烈而深刻的变动,人们有一个观察与认识的过程,是自然而然的事情。但这个过程如果过于漫长的话,就会出现观念滞后的问题,并因观念滞后看不清形势,摸不准问题,从而做一些不切实际的事,说一些隔靴搔痒的话。

这种情形在文学批评之中最为常见。文学批评面对活跃异常的文学创作,时常"失语""缺席"和"不作为",是表面现象;背后的问题是,文学不再像过去只是审美的自足体,而含带了越来越多的商品属性,随之又在作品创作中带来题旨上、文体上的诸多变异。而一些批评家从观念到方法都很少相应地变化,仍然沿袭旧有的批评习惯,结果使得批评只能对应创作中的那些现实主义写法的作品,对其他的文学倾向和现象,很难看得明白,更难说得清楚。传统的文学批评在与媒体批评的相互竞争中,常常处于下风,委实不只是媒体批评有强势媒体支撑的外部原因,还有自身缺少活力、过于自闭的内在原因。比如,许多人都以80年代文学为坐标,总是以不变的社会学的文学观念来应万变,使得有关当下文坛"混乱不堪""人心不古""创作下滑"等似是而非的责怨不绝于耳。有的对新的文学现象看不惯,都市小说被指责为"小资写作",网络写作被指斥为"游戏文学"。有"长"又有"短"的"70年代写作"刚露头角,即以个别作品推论一般创作,用"美女作家""身体写作"的两顶帽子予以整体性的粗暴批评和简单否定。还有一些批评,从少数作品的消闲倾向,得出"文学离开改革享清福去了"这样大而无当的结论。有的甚至以“哀其不幸，怒其不争”的决绝姿态作了这样的断言：“文学远离了人民，人民当然也要远离文学。”其实，现在的文学创作相当多元与丰盈，你说缺少什么，立即有人举出作品来说这类作品并不缺少，而是你孤陋寡闻没有看到。现在，即使是长篇小说一类，一年有近千部之多，没有什么人能全部看过。因而，任何人的阅读因主客观条件的限定，都只能是局部的、片面的、有遗漏的。也因而，宏观概括和放言宏论都须慎之又慎，避免以一叶障目和以偏概全的失误，有意无意地造成夸大其词、危言耸听的后果。另外，文学作品多样了，文学看法多元了，我们谈论文学一定要有多元意识、共生意识，这是这个时代的批评家所理应具备的。

文学在这个时代发挥其作用的前提，是在这个时代的生存与发展。因此，凡是有利于、有益于和有助于文学在这个时代的生存和发展的举动与追求，都有其一定的合理性，哪怕是短暂的合理性。比如，一些文学刊物为自己的生计与存活所作的种种变革，文学出版为作品的扩大接受所作的商业运作和媒体炒作，等等。至于在文学与商业这两点之间取一个什么样的“度”更适当，那是在尝试和探索之后才能获知和把握的。有鉴于此，对于自己不欣赏、不喜欢但可能是文学生存所需要的努力，不要有意鄙薄和轻易否定，多一点儿宽容意识、共存意识，甚至是“与狼共舞”的意识与雅量。

在当下的文学界，观念更为滞后的，可能还是一些身居行业领导之位的管理者。我们有一些管理者，对于文学艺术基本上是外行，而又带有浓重的在过去的意识形态下形成的思想文化观念。他们的首要一个问题，是误以为文坛的一切都在自己的掌控之中，以为文学是“作协”的一统天下，新闻、出版是“新闻出版署”的一统天下，影视是“广电部”和“广电局”的一统天下，演出是“文化部”的一统天下，全然没有看到在这些行业领域之中，还有不少不在体制之内的从业人员，而且人数在增多、力量在壮大，且他们熟悉市场，是文化产业队伍中既有经验又有实力的重要构成。以为全在掌控之中，其实只有“半壁江山”或“大半壁江山”，这种自以为是的意识不说是危险的，也可说是有害的。因为胸中无数，导致了与现状隔膜，尤其是不可能与那些体制之外的文化、文学力量进行必要的沟通与对话，也就谈不上对他们施以有效和积极的影响，使所谓的管理实际上处于半落空状态。其次的问题是，我们的管理者因长期“管人”“管事”，熏陶就浓重的领导做派、官场作风。而这种做派和作风的表现，不是瞪大眼睛找问题，神经兮兮抓问题，就是亦步亦趋地“上传下达”，事无巨细地埋首事务。在忙了这样一些无可无不可的事情之后，那些更该去抓的工作，如面对现状深入细致的调查研究,联系现实提出问题和解决问题,放下领导的架子从服务的角度想一些大事和办一些实事,就基本上难以顾及了。

记得在1999年下半年中国作协的一次理论研讨会上,我就文坛已经出现的“民间化”趋向做了专题发言,提请有关方面注意当下文坛的变动。我在列举了一些现象的同时,指出要关注“民间”的趋向、引导“民间”的成长,使其作为健康力量为文化、文学的建设服务。但这个发言不想引起了原中国作协主要负责人的反感,在总结会议时两次予以严厉的批评。听着他的批评,我的直感是:这是典型的“鸵鸟”做法。我以为,发生在1998年间的一批青年作家不满文学秩序的“断裂”事件,发生在近期的湖南作协两位老作家坚决退出中国作协的事件,在某种程度上文学界长期以来积聚的各种问题的连续爆发,这难道还不能引起有关方面的警觉与重视吗?

三　文学精神也要与时俱进

当代文学在新时期重新复苏之后,经过80年代、90年代的探索与发展,已进入了21世纪的新的时代。这个时代从大的方面来讲,是“全面建设小康社会”和“实现中华民族伟大复兴”的时代。“全面建设小康社会,必须大力发展社会主义文化,建设社会主义精神文明。”①(江泽民《党的十六大报告》)在这样一个时代的战略中,文化与文学既是手段——在整个精神明建设中发挥重要而独特的作用,又是目的——在这一过程中使自身得到锻造与提升。客观地说,我们的文学还远远不能适应这个时代的要求,因而,我们肩负的使命比过去更大、更重、更艰巨。

文学由现代到当代的演进过程中,由“少”到“多”推陈出新地形成了自己的独特的精神。这种文学精神从可能达成共识的角度看,在“文本”的层面上,有真实性、个体性和创新性,从“人本”的层面上看,有人民性、启蒙性和悲剧性。它们的纠结、融汇和化合,构成了一个时代的文学的内在魂魄。但作为一个抽象的理念性的东西,文学精神要在具体的文学活动中发生作用,还须因地制宜,与时俱进。比如在今天这个时代,我们显然还需要在坚守这些基本精神的同时,根据变化了的时势与环境,强化制度创新意识,增强资本转化能力,把已有的文学精神拓变为主导生存与发展的能动内力。

---

① 江泽民:《全面建设小康社会,开创中国特色社会主义事业新局面》,《人民日报》2002年11月17日。

建设新时代的新文学，要立足于眼下的文学实际。应该说，随着经济基础、文化环境和传播手段的变动而变动的文学，较之过去，更见丰繁，更为复杂，尤其是市场化、大众化和传媒化的长足发展，使文学有了更大的挑战，也有了更多的机遇。事实证明，作为一种手段或现象，市场化、大众化和传媒化的兴起，于文学来说有如一把把“双刃剑”，它们对于文学的生存与发展，既有弊又有利，问题是我们如何认识、把握和利用，做到趋利避害，“为我所用”。

走出“80 年代情结”，是许多文学从业者的当务之急。以 80 年代为主的新时期文学，在劫后复苏中铸造了当代文学的新的辉煌。那种作品的覆盖力，作家的影响力，批评的战斗力，思想的穿透力，以及一个浪潮接着一个浪潮的波澜壮阔的主潮演进，都让置身其中的文学人振奋不已，自豪不已，陶醉不已。但这样一个文学的季节已经过去，文学经由“90 年代”的“个人化”阶段又进入一个“多元化”的生长期。我们必须面对目下的这个文学现实，及其他所依托的经济基础和精神状况，在不有意提纯这些文学生长的环境、不有意剔除这些文学生长的因素的前提下，看取文学的现状与问题，思索文学的前途与出路。

对于文学写作者来说，在目前的情况下，一方面笔下要有现实（或现实精神），在此基础上点勘时世，臧否人生；一方面要心里有读者，把作品写得“好看”“耐看”，以赢得更多的阅读和更久的流传。文学从业者个人可以有个人的文学选择，但由众多文学个体构成的文学整体，却应在主要的精神层面上贴近时代，贴近现实，贴近读者。如鲁迅所说的那样，既使文艺成为“国民精神所发的火光，同时也是引导国民精神前途的灯火”。① 在文学尽可能多地获取最大数量的读者从而力求代表民众又引导民众的意义上，我赞同周政保在《北京文学》2002 年第 3 期上的《从文学的存在理由说起——兼论小说怎样才能赢得更多读者》的文章的基本看法。

对于文学批评家来说，目前的任务更为艰巨。现在的文学创作，写法多，作品多，一些作品经由媒体的宣传炒作又有些面目暧昧。文学批评需要从审美的角度，如实地对作家和作品做出肯定与批评，给读者拿出文学专门家应有的看法。从文化生态的角度上说，合理的情形应该是：你什么都可以写，他也什么都可以出，但都要接受读者与社会的检验，尤其要接受作为优秀读者代表和社会良知体现的批评家的批评与评说，并以此影响读者的阅

---

① 《论睁开了眼看》，《鲁迅全集》第 1 卷第 332 页。

读，干预文学的生产（包括作者、编者和出版者）。现在的问题在于，作品越写越杂，出书越来越多，但却缺少有阵势、有影响的专门的书评家，已有的书评多属评功摆好性的广告式宣传。批评环节的这一严重缺失，造成了作品生产——流通过程的严重失衡。这样的机制性的问题，委实不是批评家自身能够解决的，实属管理部门应予承担的责任。

对于文学出版人、文学编辑者来说，在已从“供方”市场转变为“需方”市场的消费时代从事“文学供给”，有一个面向市场、赢得读者的问题，也有一个培育市场、引导读者的问题。文学期刊，说到底不是赢利的工具，既要苦心经营，又要自甘“小康”，不必急功近利与别类时兴刊物盲目攀比。在文学出版上，打造品牌和追求长远，比制造短期的、快餐式的“畅销书”更有效益，也更有意义；要有出版商的能力，更要向出版家去定位。图书有优劣之别，读者有高下之分，不能为单纯的经济利益所驱使，一味以低俗读物去迁就低俗读者，要在“有所不为有所为”的选择中，体现自己卓尔不群的品位、追求与价值。

文学的建设与振兴，是文学界的共同使命。在文学界负有管理和领导职责的人们，因所处地位的重要和关键，无疑有着更大的责任。我的感觉是，与其他领域相比较，文化界、文学界存在的矛盾和问题，都相对较多，但都没有得到相应的重视和有效的解决。现在包括文学界在内的全社会，从上到下都在认真学习和切实贯彻“三个代表”的理论，而无论是胡锦涛的“七一讲话”，还是李长春提出的“三贴近”，都以面对现状、高度务实的精神，为文化、文学界的新的发展指明了前进方向，提供了思想武器。问题在于，这样来自上方的一把把好“箭”，何时才能真正射到当下文化、文学之“的”？这是摆在文化、文学界同仁面前的一个悬念，也是我们要共同思考和认真对待的重要课题。

2003 年 9 月 8 日于北京朝内

“三分天下”:当代文坛的结构性变化

如何认识近年来文学的演变与当下文坛的现状,人们的看法沸沸扬扬,不一而足。在我看来,现在文坛的主要问题,已不是一般意义上的“文艺创作”问题,或“文艺批评”问题,而是文艺创作的环境氛围发生了巨大演变,文艺领域本身出现了新异的变动,现在的文坛与过去的文坛已经完全不同了。

当前的文艺与文坛的状况,可以说活跃与繁杂并存、机遇与挑战同在。这样的一个现状,是与从社会到经济到文化的“市场化”“全球化”“信息化”和“娱乐化”等大的背景、大的环境密切相连的。应该说,这种新的现实,不仅超出了原有的预想,而且大大超出了我们已有的经验,是一种全新的文学存在。因此,全面而客观地认识变化了的并且还在变化中的现状,是置身于其中的文学从业者的当务之急,也是文学、文化领域的领导者和管理者的当务之急。因为只有切实认清了现状,才能真正谈得上更好地把握现状。

一　文坛现状的“三分天下”

与以前的文学时期相比,进入新世纪之后的文学,因为社会生活的疾速发展和文化环境的剧烈变异,遇到的问题和面临的挑战,日益由外部深入到内部,这使得文坛不可能不相应地发生变化,而这种变化既是潜移默化的,又是极其巨大的。

我们过去的文坛,大致上是以专业作家为主体队伍,文学期刊为主要阵地,作协、文联为基本体制的一个总体格局。这样的一个当代文学的传统结构模式在进入新时期的80年代之后,就在种种革新与冲击之下,发生了一些显而易见的变异,如政治意识形态让位于文学本体理念,民间写作大量涌现,等等。而90年代以来的以市场经济为中心的社会变革,广泛而深刻地影响着社会生活的方方面面，这使得文学赖以存身的经济基础、文化环境和传播手段等都发生了前所未有的剧烈变动。对应着经济基础、文化环境和传播手段的变化，市场化、大众化和传媒化联袂而来，并形成了一种基本定势。可以说在被动应变和主动求变的两种动因之下，文坛开始发生结构性的变化。比如，几十年来基本上以文学期刊为主导的传统型文学，已逐渐分泌和分离出以商业出版为依托的市场化文学（或大众文学）、以网络媒介为平台的新媒体文学（或网络文学）。

传统型文学或主流文坛，在过去，基本上就等于整个的文坛。由作协、文联系统举办的各类文学期刊，是文学作者学习写作和发表成果的基本阵地，也是文学读者阅读作品和瞭望文坛的唯一窗口。一个作者要从事文学、进入文坛，在文学期刊上发表作品和演练自己，这是唯一的必经之路。现在则不然，一些作者可经由出版运作直接出书，一些作者可在文学网站自由发表作品，文学的进路与出路都较过去更多了。但文学期刊仍然以严肃文学的坚守，高质量作家作品的推出，成为整体文坛的重要构成和中心所在。这可由三个方面来看：一是由各级作家协会和有分量的出版社主办的文学期刊，联系着长期从事创作的各类文学作者，尤其是一大批造诣较高、影响较大的专业作家，这使它集聚了当下文坛最为重要的创作力量；二是文学期刊因为作者素质高，办刊专门化，所发表的各类作品都代表了同个时期的重要成果和最高水准；三是文学期刊本身也在不断变更，过去相对圈子化的现象开始有所打破，一些过去忽略了的领域如长篇小说、散文随笔、青少年文学等，都有专门的文学期刊开始涉猎，这使得文学期刊在代表性与影响力上都有新的提升。所以文学期刊这一块，虽然在整体上的影响不如过去，甚至经常面临生存困境，但它仍然是当下文学的主体构成部分。

市场化文学是在文学图书的大众化出版与商业性营销的过程中逐渐浮出水面的。文学出版在新时期以来得到了较大的发展，但长期以来都只是文学期刊的延续与补充。在以前，一个作者如不具有一定的知名度与影响力，是很难出书的，只有那些在文学期刊上发表了一些作品并造成一定的影响之后的重要作家，才有可能结集出书。而长篇小说作品，也往往是先在文学期刊上连载，再行出书。但进入 90 年代之后，情况便发生了明显的变化。因为出版行业的逐渐市场化，尤其是民间力量介入出版后进而强化了市场运作与媒体炒作，文学出版开始由过去的以作者为主转而走向以读者为主，一些文学名家的力作经由“炒作”，大幅度地提高了印数，一些无名作者的作品也可经由精心包装，走进图书市场甚至成为畅销作品，文学出版由此进入了市场化的新阶段，而且逐步形成了以长篇作品和大众读物为特色的文学图书阵地。因为门槛较低和“炒作”介入，文学图书的出版一直存在着数量与质量不成正比，质量上又参差不齐的诸多问题。

新媒体文学从现在看，主要是网络文学，但从发展看，手机文学也在蓄势待发，极有可能借助其新的功能的开发获得长足发展。网络文学与博客写作是近年随着互联网的飞速发展而迅速崛起的一个领域。借助于网络平台，一些文学爱好者和写作者，或建立自己的写作基地、文学网站，或参与一些门户网站的写作竞赛，先经由网络媒介造成一定的影响，尔后又转而出书，或跻身于主流文学创作行列，或成为流行文学和时尚写作的新贵。网络写作的长处与短处，都在于它的写作的“自我”，发表的“自由”；这既可能使那些别有才情的作者脱颖而出，迅速成长，也可能会使那些重“名”不重“文”、“自鸣”不“自知”的写手得以寄身甚至成名。自从博客写作这种新的形式出现之后，以种种非文学的、非常规的手段吸引受众，博取眼球的倾向，大有愈演愈烈之势。虽然网络文学总体来看还在成长与发展之中，并且泥沙俱下，良莠不齐，但因为网民数量的急剧增长和年轻网民的普遍介入，其影响却越来越大和越来越广。

当下文坛这种正在一分为三的情形，带有相当的必然性。这样一个走向的动因，无疑是综合性的，并非单靠文学本身所能促动和形成。我们需要做的，或者我们应该关心的，不是这样一个格局该不该有、好与不好的问题，而是必须面对这样一种已经存在的现实，在走近它和认识它的过程中，就其如何良性生长和健康发展做出我们实事求是的预见和力所能及的努力。

二　批评自身的“三分”趋向

置身于多变又缭乱的环境，经受着潮起潮落的冲击，文学批评不能不受到一定的影响，从而也使自己发生某些微妙的异动与显见的新变。

概要地考察批评的变化与现状，可以说当下的文学批评显然是在不断分泌和逐步分化，甚至也有“一分为三”的趋势，这就是以传统形态的批评家为主体的专业批评，以媒体从业者及媒体文章为主角的媒体批评，以网络作者尤其是博客文章为主干的网络批评。这样三种类型的批评的共存与共竞，构成了当今文学与文化批评的基本态势，并以各自的方式与特色支撑着新局和影响着受众。

传统形态的文学批评，大致主要由两类批评家构成。一类是就职于高等院校、科研机构的当代文学教研工作者，他们或者有着较好的文艺理论根基，或者有着深厚的现代文学功底，他们的文学批评更多地体现出文学研究的特质，在话题的选取与论题的阐述上，也相对地以沉稳扎实见长。研讨当代文学中一些相对稳定的现象与一些比较重大的问题，是他们的强项之所在。另一类是供职于作协、文联系统和一些文化部门的文学批评从业者，他们因为较多地阅读作品和长期跟踪文学现状，对于文学发展中的动向与走向，文学创作中的新人与新作等，更有兴趣也更为敏感，常常在及时性的论评与“现场感”的解说中，表现出审美的敏动与批评的灵动。这样的两种批评群体与批评类型的相互联结与彼此呼应，构成了当下传统形态文学批评的基本阵势，一些专业的文艺报刊，一些专题的作品研讨，是这种文学批评的两个基本阵地与主要活动方式。

媒体批评，是伴随着近年来媒体的强势崛起和持续发展逐步凸显出来的。它的基本队伍构成，主要是有关报刊、网站与电台、电视台中专事文学、文化新闻及文艺副刊、读书栏目的记者与编辑，以及背后依托的各类媒体平台。如许媒体也可做多种角度的细分，如就其主办身份与主要面向而言，有专业类的，有行业类的，有党政系统的，有大众市民的；就其发表与传播的形式而言，有纸质的，有网络的，有视频的，有音频的。当这些不尽相同的媒体，涉及文学与文化领域的现象的采访与报道之后，便会显现出媒体行当所特有或所通行的一些基本取向，那就是从找“焦点”造“热点”的职业需要出发，把现象话题化，把事情事件化，更有甚者，可能还会在引申之后趋向戏剧化，引向娱乐化。无论是一部作品的问世，还是一种倾向的发生，媒体是否关注和怎样关注，都显得十分重要。同一场座谈研讨，同一部作家作品，都会出现角度不一、侧重不同的报道与评说，这都与不同的媒体人和不同的媒体平台密切相关。有时候，作家写了什么，评论家说了什么，人们也只有通过媒体的介绍才能够略知一二。而通常经由媒体报道出来的，也是经过了一定的选择，经过了媒体人的浸润。因为媒体是舆论的工具，信息的管道，所以媒体批评对于社会受众的影响广泛，具有某种不可替代性，成为传统形态文学批评的重要又必要的补充。

网络批评原来并不怎么彰显，原因在于这类批评的文章与言论并不多见，即便有一些近似于批评的文章，也往往被那些作品性的写作与炒作所遮蔽。但近年来，这种状况由于网络传媒的趋于成熟和博客写作的愈演愈烈，得到了相当程度的改变，网络批评逐渐显露端倪并迅速发展起来。它的基本表现形态，主要为门户网站、文学网站中的批评性文章和博客写作中的批评性言论。这些文章与言论的作者，包括了各色人等，其中还不乏专业人士，但因为网络写作的自由与率性，以及某些时候的隐身与匿名，这些文章与言论，普遍以犀利、尖刻和酷评见长，并带有相当的草根性与民间化倾向。因为博客写作的普遍性、互动性与链接性，使得网络批评活力四射，影响也越来越大。无论是批评一种现象，评说一部作品，谈论一个人物，抑或是自我声明，自我辩诬，自我澄清，网络文章与言论都会在网际迅即传播，广为流传，并为纸质传媒所迅即转载和广为扩散，为更多的人们所知晓。从目前的情形看，网络批评的内容还比较纷纭与庞杂，带有极其强烈的个人化色彩和随意性特点，其普遍涉及的内容与总体上的倾向，与其说是一种文学批评，不如说是一种文化批评、社会批评。但刚刚生成和正在成型，却表现出极强的生长力、影响力与辐射力，个中包含的能量、潜质与前景，却是完全不可小觑。

文学批评的这种分泌与分化，已是一种客观存在的现实，但在看到这种变化了的现实的同时，还必须清楚地认识到，这些不同的批评在其内在分量上并非半斤八两，不分轩轾。传统形态的文学批评在当下的文学、文化活动中，仍扮演着举足轻重的角色，这不仅在于它在介入创作、解读作品中显得更为内在和深入，还在于它以专业的性质和美学的品质在总体文学批评与文学活动中，无可替代地在起着主导性与引领性的作用。

客观地看待当下的文学批评，应该说遇到了前所未有的挑战。文学批评遇到的问题，既有批评本身进取不够的原因，更有背后的文化环境发生异动以及对象本身陡然增多的原因，总之是各种内外因素综合构成的。因此，谈及文学批评问题时，我们需要讲两句话，那就是文学批评既需要改进和调整，也需要理解与支持。

文学批评现状存在的问题，为文坛内外所广泛关注，2008 年更成了一个热点话题。问题确实存在，也迫切需要改进，比如，面对世俗化的文化环境和缭乱的文学现状，批评家需要增大社会责任心，增强历史使命感，并以知识分子的良知、审美高端的感知，观察现状，洞悉走势，仗义执言，激浊扬清。要超出对于具体作家作品的一般关注，由微观性现象捕捉宏观性走向，由代表性现象发现倾向性问题；该倡扬的要敢于倡扬，该批评的则勇于批评，对于一些疑似有问题的倾向和影响甚大的热点现象，要善于发出洞见症结的意见和旗帜鲜明的声音。要通过这种批评家自身的心态与姿态的切实调整，强化批评的厚度与力度，逐步改变目前这种文学批评宣传多于研究、表扬多于批评、微观胜于宏观的不如人意的现状。比如，为着适应不断变化的文学现状，批评家在观念上、方法和语言上，要及时地吐故纳新，不断地与时俱进。比如有的批评家的思想与情绪还停留在80年代，没有完全走出“新时期”的情结，这使得他们在看取现状和表述问题时，都有一定的滞后性，明显地与当下现实相错位或相脱节。还有活跃于当下文坛的多数批评家，在知识结构与理论准备等方面几十年“一贯制”，少有新的吸纳和大的变化，因此在面对超出已有经验的新的文学现象时，要么是文不对题，要么就失语、缺席，显得力不从心和束手无策。

但文学批评中这些问题的出现，有着复杂的原因，这些问题的解决，也需要综合性的手段。要看到现在的批评所面对的对象，不仅增多了，变大了，而且也新异了，复杂了。过去的文学批评，基本上面对的是一个相对单一的传统文学与文坛，而现在的批评在传统文学或主流文学之外，还要面对市场化的文学、网络文学或新媒体文学。如果要如实描述现在的批评与现状的关系，可以说是缩小了的批评，在面对一个放大了的文坛；相对传统的批评，在面对一个活跃不羁的文坛。这种事实上的不对等和不平衡，正是批评的难处与挑战之所在。因而，批评问题的解决，需要人们的理解与多方面的扶持。

三　诸多问题与严重挑战

文学在其发展变化之中，产生新的矛盾，出现新的问题，是难以避免的，甚至带有一定的必然性，并不足为怪。需要的是，不断去发现问题和解决矛盾，以求得新的平衡和新的进取。但目前文坛存在的问题，似乎并没有得到有关方面的发现与重视，且有愈演愈烈之趋势。这些问题从宏观方面来看，主要表现在三个方面。

第一，对于新兴文学板块关注不够，市场化文学与新媒体文学都缺少应有的研究与批评。

自20世纪90年代中后期以来，因为出版的日益市场化，文化的趋于娱乐化，在文学出版中，根据大众阅读的需要，有针对性的策划和运作相应的图书，越来越成为出版行业的流行趋势与通行规则。这使文学出版开始由过去的以职业作家尤其是少数名家为重心的旧的定势，转向以一般读者甚至是大众读者为重心的新的定势。在这种趋势之下，除当代文学的少数名家继续成为图书市场的稳定主角之外，适应青少年读者的青春文学，流行于网络的类型文学等，都纷纷粉墨登场，成为图书市场上新的宠儿。这样两大类文学作品，依托网络与传媒的传播，依靠年轻读者的追捧，在文学图书销售中遥遥领先，在实际的文学阅读中影响甚大。如以《杜拉拉升职记》为代表的职场写作，以《驻京办主任》为代表的时政文学，以《鬼吹灯》为代表的悬疑小说，在几年前出版之后，一直稳居近年来图书销售的前列，印数累计都在百万册以上。为了形成品牌，利用资源，这些作品的作者与有关的出版社联起手来，继续打造续集，而这些续作也从之一写到了之四，而且推出之后，照样畅销，持续不衰。

与这种新兴文学板块迅速发展形成反差的，是有关文学批评的严重缺席。可以说，几年来，对于这样一些行销于市场的图书，无论是单个作者与单部作品，抑或是一种倾向，一个类别，都没有什么评论性的文章加以分析和论说。这种缺席，有两个显见的原因，一是主流的文学批评家不了解又不屑于去介入，以为这些作品少有文学性，不值得去认真关注。而那些喜欢这些作品的人们，又没有能力站在更高的角度去分析和品评。但畅销不衰和读者甚众，一定有其原因，这种原因也许包含了文化性的因素，还包含了社会性的因素；也许包含了积极性的因素，又包含了消极性的因素，恰恰需要从文学与文化的角度做出有见解力与说服力的分析与评论，从而对这类作品的写作、出版与阅读的各个环节，产生相应的影响。

第二，价值标准多元而混乱，没有形成一定的共识，不同的观念之间也缺乏沟通与宽容。

近些年随着人们思想观念的变革与开放，旧的观念不断变更，新的观念不断产生，各种观念都有存在的可能与生存的空间，整体上真正走向了多样与多元。但同时产生的严峻问题是，谁人都可声扬自己的观点，坚持自己的观念，都认为自己掌握了真理，对不同的观念或者不以为然，或者不屑一顾，不同的观念相互抵牾，甚至在不同的区域与板块流行不同的观念。这使得那些有关文学的基本的、整体的和长远的观点与观念，在相当程度上受到了冷落、遮蔽与淡化，使文坛不同群体、不同板块之间，相互不通气、不服气，也相互不理解、不理会。

市场与媒体在相互借力中的勃兴与盛行，并不只是简单的经济活动、单纯的媒介活动，它们还携带和负载了一定的价值观念，并在实际运行过程中对人们的思想观念发生潜移默化的影响作用。比如，市场交换原则所连带着的实利、实惠的价值取向，市场化出版所体现的只追求读者众多，而不太顾及内容的功利化原则，媒体（包括纸面、影视与网络）所极力倡导的“娱乐至上”，所尽力推行的“吸引眼球”策略，看起来是为了争取和服务更多的受众，其实背后是把受众换算成点击量、销售量，乃至订阅数、印刷数，最终还是落实在最大经济利益的获得上。这里边应该有的一些必要的尺度，在一些急功近利者那里，完全失却了。这样一些文化人、媒体人，实质上成了文化与媒体外衣包装的生意人。

这种行为与观念的盛行，对当下文坛造成了巨大的冲击，而且不只是表面上的，更有深层次性的。在这样一些似是而非的观念与理念的冲击与影响之下，那些本该确定不疑的属于规律性与基本性的观点与观念，现在反倒不那么明朗，不那么响亮，甚至让人们不无疑惑了。比如，在文学创作上，作者要不要葆有“责任感”；在看待文学的功用上，要不要坚持“寓教于乐”；在文学的商业运作中，要不要强调“社会效益”；在文学阅读上，要不要提倡“怡情益智”；等等。在这样一些基本问题上的看法不一，各行其是，彼此又缺少理解与通融，使得目前在文学活动中缺少一种必要的主导，也使当下的文坛缺少一种应有的和谐。

第三，文学阅读需要引领，对于不同的阅读需求要做具体分析，不要一味强调“适应”与“满足”。

文学阅读的背后，是众多的读者。读者是林林总总，形形色色的，需求也五花八门，不一而足。就不同年龄层次的读者、不同文化层次的读者来说，阅读的需求就很不相同，阅读的趣味也大相径庭。一般来说，年轻的读者更喜欢在阅读中寻求宣泄与娱乐，文化层次不高的读者，则更愿意在阅读中寻找热闹与消遣。白领读者，愿意在职场小说的欣赏中反观自我，女性读者，更愿意在爱情小说的品味中寄寓梦想。这些种种需求，或专于快感，或偏于实用，不能说不合理，不适当，但其中显然也存在着高下之分，雅俗之别，而越是囊括了不同层次读者的大众化的取向，就越偏于“尚俗”，乃至“低俗”，这也是显而易见和毋庸讳言的。

因此，对于不同的读者，不同的需求，既要做具体的分析，也要有自己的定向，如果只是不加分析地去“适应”和“满足”，只能向低俗的方向一路下滑。这样的结果，必然会使图书市场低俗的作品大行其道，并统领市场，而在总体上影响文学创作的质量和整体文学的健康发展。所以，在面向读者和服务读者的时候，不同的环节都要有一个包含了低端更包含了高端的整体读者的概念，甚至要选取一种就高不就低、就雅不就俗的人文立场与基本尺度，至少用一种中性的姿态，在适应读者中引领读者，提高读者，使文学、文化产品既在经济建设中释放一定的能量，也在精神文明建设中发挥独特的作用。

从多种意义上都可以看出，当下文坛的问题，不只是创作的问题，批评的问题，或生产的问题，传播的问题。它虽然主要表现为文学的问题，它在根本上却是一个文化的问题，教育的问题，社会的问题，时代的问题。这样去看待和理解问题，我们才有可能认识和把握文坛丰繁而复杂的现状，进而促动文学和谐与健康地发展。

（原载《文汇报》2009 年 11 月 1 日）

新世纪文学的新风貌与新走向

——走进新世纪文学考场

跨过2009年,走进2010年,文学便在新世纪运行了整整十年。十年的文学之路非比寻常,十年的文学样貌也时移俗易。在我看来,2009年在很多方面都具有其一定的标志性的意义。那么就从2009年说起,就新世纪以来的文坛风貌与文学走向,从较为宏观的角度谈谈自己的观察所见与思考所得。

2009年的四个焦点

表面上看,2009年的文学不像往年那样,事件连连,热点不断,而是呈现出一种平顺、平稳和平实的总体姿态。但实际上2009年的文学并非不丰不杀,可以说是在活跃不羁中暗潮涌动,甚至在风起云涌中预示了一种物换星移的新的可能。我把自己的这种感受概括为四句话,这就是:传统在坚守,类型在崛起,资本在发力,格局在变异。这样几个焦点性的问题的提出,也应是2009年文学与文坛的实情的一个基本描述。

传统在坚守

传统文学也即体制化文学,或以严肃文学为主的主流文学。这一块在2009年,是在过去的基础上持续发展的,收获也是一如既往的平实。总体来看,没有比过去更好,也没有比过去下滑。从中国作协的工作情形看,今年是有明显起色的,比如高度关注"80后"与网络写手等文学新人,更为看重网络文学、类型文学,等等,都比过去更见活力,更有力度。作为文学创作标志性体式的长篇小说,从新闻出版署得到的数字表明,2009年在总量上获得了前所未有的发展,出版各类作品3000多部,据说实际的数量可能还要大于这个数字。去年的长篇数量是1200—1500部，今年翻了一番。主要的原因在于，相当多的网络写作与类型化作品转化成为纸质作品，使长篇的总量陡然增大。专业作家、传统写作这一板块，2009年间的变化并不显著，但也有一些值得注意的现象。比如，一些文学名家回到现实，回到故事，实现了又一次漂亮的转身，如刘震云的《一句顶一万句》、莫言的《蛙》等；阿来用小说笔法重述藏族英雄史诗，写出了诗意化的小说《格萨尔王》；在直面乡土现实写出新意趣方面，则有高建群的《大平原》、秦岭的《皇粮钟》；在命运与时运的纠结中审视人性的力作，则有方方的《水在时间下》、苏童的《河岸》、徐贵祥的《四面八方》。既反映改革开放的历史进程，又反思当下的社会问题的，有阿耐的《大江东去》、曹征路的《问苍茫》、刘醒龙的《天行者》、王小鹰的《长街行》。官场文学在2009年也有明显的艺术突破，代表作有王跃文的《苍黄》、王晓方的《公务员笔记》。海外华人华文小说，在2009年也有新的亮点，如张翎的《金山》、李彦的《红浮萍》等。其他的文学门类，在2009年间，也都在波澜不惊的状态中暗含了某些新变。

类型在崛起

类型小说这些年从网络到市场逐渐流行起来，于今已成为网络写作与图书市场的主要品类。类型小说其实就是通俗文学（或大众文学）写作的另一说法，是把通俗文学作品再在文化背景、题材类别上进行细分，使之具有一定的模式化的风格与风貌，以满足不同爱好与兴趣的读者。类型小说到底有多少类型，因为区分不同，看法并不统一。结合现有的作品类型与流行提法，我把它归为十个大的门类，这就是：架空与穿越（历史）、武侠与仙侠、玄幻与科幻、神秘与灵异、惊悚与悬疑、游戏与竞技、军事与谍战、官场与职场、都市情爱、青春成长。如果再细分，还会更多。类型小说过去主要流行于网络之间，现在除去网络之外，还伸延到了传统文学的许多领域，当然在网络上，火爆的都还是类型小说。但2009年转化为纸质出版的力度很大。长篇小说在目前市场上最为行销的，也都是类型小说，主要是职场小说、官场小说。这类作品起印就是五万、十万，累计起来就更多，有的达到五十多万，有的上到一二百万。有的类型小说开头一本做火了，就不断出续集，有的已经续到了第五、第六，依然还很火爆。还有一些类型化的文学杂志也不断增多并陆续出版，如，武侠类，玄幻类，惊悚类，青春文学类，等等。类型化作品当然并不等于低俗，但靠题材类型与故事类型取胜本身，就使它天然地属于通俗文学、大众文学。在这背后，是阅读的分化，趣味的分化，甚至是“粉丝文化”的表现,再进一步说,是关系文化,利益文化。有人提出要研究“粉丝经济”,这确实是一种越来越显见的事实。

资本在发力

在过去的文学、文化领域,说到“市场”很多,少有“资本”一说,但现在事业发展了,事情变化了,资本找到文化、文学了。因为市场要做大、扩展,文化要生存、发展,相互就找到了对方,便由此形成了目的不尽相同的利益联盟。现在看得最为明显的,是民营书业的大力发展,它们通过做各类畅销书集聚了相当的经济实力之后,纷纷与一些出版社建立深度合作关系,批量出书,然后再与影视公司合作搞影视,把一个作品的商业价值与潜能充分地加以挖掘。还有以盛大公司为代表的文学商业集团,先以收购几大文学网站的方式整合网络文学资源,把好的网络文学写手网罗在自己旗下,进行明星化的打造,使之成为不同类型写作的旗手与偶像,继之又超出网络写作,既由做文学竞赛、文学评奖发现和网罗文学新人,又由版权代理、作家经纪、作品内容延伸开发等吸引知名实力派作家,这种盯人作业与精心发掘,实质上是从根本上着眼和着力于文学产业链的开发与培育的需要。最近,盛大公司以控股的方式重新打造“榕树下”文学网站,就是以作家为资源,以文学为龙头,与影视公司、电视台、唱片公司、游戏公司联手合作,开发系列文学文化产品,并在辐射力与影响力上争取做到最强和最大。在这背后,是盛大文学背后的庞大的资金投入。据说,盛大文学的母公司在美国上市已有七十亿市值,今年又注册了新公司在美国上市,市值近五十亿。它们每年约投入盛大文学公司一个亿,这样的资金投入,是国内的其他文化、文学部门无法比拟的。

格局在变异

关于现在的文学格局,我曾有过“三分天下”的比喻,现在看来,已是意识越来越显见的现实。我们过去的文坛,大致上是以专业作家为主体队伍,文学期刊为主要阵地,作协、文联为基本体制的一个总体格局。这样的一个当代文学的传统结构模式在经历了 80 年代、90 年代,进入新世纪之后,因为文学赖以存身的经济基础、文化环境和传播手段等都发生了前所未有的剧烈变动,对应着经济基础、文化环境和传播手段的变化,市场化、大众化和传媒化联袂而来,文坛在被动应变和主动求变的两种动因之下,开始发生结构性的变化。比如,几十年来基本上以文学期刊为主导的传统型文学,已逐渐分泌和分离出以商业出版为依托的市场化文学（或大众文学），以网络媒介为平台的新媒体文学（或网络文学）。

今年有两个重要现象很值得注意，一个是全国的电子出版数字出版业产值超过七百五十亿元，首次超过传统图书出版业六百亿元的产值，成为国内出版业的主力军；一个是“微博”由年初的二百万，年底增长到了四千万。这样一个迅速成长，加强了博客写作的强势发展。这些实际上都是重要的信号，是格局在演变的信号。今年有关网络文学官司，网络文学侵权案件的事件频频发生，这些乱象的背后，其实也是格局演变的一种表现。

传统文学依然有影响，有活力，这自不待言，但影响在缩小，活力不及别的新兴版块，却是一个事实。传统文学不是一切都好，新兴文学不是一切都坏，两个方面需要互相学习长处，弥补短处，以适应新的读者，新的环境，新的时代。如何在挑战中寻求新的机遇，在坚守中获得新的成长，或者说进而增强应变的积极性与主动性，已是一个必须面对的严峻问题。

新世纪文学的四个要点

到 2010 年，文学走进新世纪已整整十个年头。十年在历史的长河中，只是短短的一瞬间，但在解放后的六十年文学中，它占据了六分之一，在新时期以来的三十年文学中，它更占据了三分之一。问题还不仅仅在于时间的长度，而还在于因为这十年社会生活的急剧变革与现代科技的高速发展，文学本身像登上了一辆高速行进的列车，十年间在多个方面都取得了超乎想象的拓展与进取，在主要的形态与基本的格局上，发生了与前不同和前所罕有的巨大变化。可以说，十年的新世纪文学，不仅在这个时间段使自己成长得有模有样，而且极大地改变了当代文学的基本风貌与发展走向。

新世纪文学在新的变异中逐步形成新的格局，人们有各种各样的概括与描述，我的“三分天下”，即以文学期刊为主导的传统型文学、以商业出版为依托的市场化文学（或大众文学）、以网络媒介为平台的新媒体文学（或网络文学）的“三足鼎立”的观察与看法，现在看来，已是越来越确定也越来越明晰的一个现实存在。

其实，在这样的一个文学新格局的背后，是文学的环境、氛围的变异，是文学的生产与传播的转型。因此，只就文学创作与文学批评来看取新世纪文学，已经显得有些表象；单就文学事象、文学活动来把握新世纪文学，也显得很不够。新世纪文学显然在不断地延展与陡然的放大之中，已非单一、单纯的文学领域里的自给自足的现象，它必然又自然地连缀着社会风云、经济风潮与文化时尚，正成长或变异为一种混合形态的新型文学。而使之发生新变并形成新质的，我以为主要是四个因素或四个要点：“民间化”“商业化”“青春化”与“分群化”。

“民间化”

“民间化”也即非体制化、非主流化，这在写作群体、写作姿态几个方面都有明显的表现。过去的文学创作者，大都隶属于作协、文联系统，或环绕于这样的文艺体制周围。这样的一种相互关系，使得体制与作家之间，有着一种有形与无形的勾连。一方面，作家的自我意识之中，内含了一种组织认同感，集体归属感；另一方面，作协、文联通过发展会员、服务成员，也保持了对于文学创作力量的基本掌控。但这样一个传统方式与基本形态，在新世纪的十年间，被逐渐突破和完全打破。先是一些自由撰稿人、自由写作者的出现，并借助于市场化的出版与娱乐化的媒体，他们获得了自己的生存空间，这使体制外的写作人才不断浮出水面；后是依托门户网站和文学网站的网络文学写手蜂拥而来，在体制外形成了新的文学群体。这些体制之外的文学写手的作品写作，因为目的各异与门槛过低等原因，在自发性与芜杂性中，天然地带有一种民间性、草根性，这也使文学从业者的队伍，变得庞大而庞杂起来。从已获知的信息来看，中国作协会员大概有八千人，加上地方作协会员、行业作协会员三万多人，体制内的作协会员大约不超过五万人。而在体制外，仅盛大文学旗下的起点中文网、红袖添香网、晋江中文网、榕树下四家网站，就有注册作者七十多万人。全国的文学网站有五千多家，每家网站按照一千人计算，网络写手也有五百多万，如每家按一万人估算，则网络作者就有五千多万。五万与五千万，这种数字上的悬殊差异，是让人为之震惊的。如此众多的网络写手群体，无疑是文学活动的重要力量与巨大后援。但如此庞大又庞杂的“民间化”文学力量，我们应该如何走近与沟通、怎样运用与借重，却是一个绝大的新课题。这样一个文坛难题，至今无有下文，确实需要有关方面认真研究，努力解读。

“商业化”

商业化的表面形式是文学出版的商业运作，文学传播的媒体炒作，这已是当下文坛一个不可改变的既定事实与基本常规。文学生产中的出版环节，因为要面向市场，争取受众，并使自身得以生存和发展，需要遵循市场规律、运用经济杠杆和追求经济效益，这是事情的必然。新世纪十年中，市场意识与市场方式在文化、文学领域里，得到前所未有的开掘与发展。比如由图书发行起家的民营书业（也即“二渠道”），普遍与一些出版社进行深度合作，相互联手谋求出版的最大效益，使得文学出版全面商业化、产业化。比如上海盛大网络发展有限公司建立“盛大文学有限公司”，这种以“公司”给“文学”命名的方式，本身就是典型的商业行为。而盛大文学在先后收购起点中文网、红袖添香网、晋江中文网、榕树下、小说阅读网之后，既以高回报的点击稿酬培养自己旗下的网络写手（据知，月收入百万元的作者有十多位，月收入有十万元的有近百位），又以高额奖金的方式征集与征购社会上的好的和比较好的文学作品（如以三千万元的资金投入开办“全球写作大展”，奖掖各类题材的优秀之作），使其一系列的文学行动与活动，充满着“商业”的浓重气息，跃动着“资本”的幢幢身影。“商业化”的强势而来，更大的问题是对文学从业者心态的巨大影响，使得文学之外的利益动机，成为众多文学写作者心照不宣的意图与希冀，包括一些著名的文学人、小说家在内。近年来在文坛发生的多家争一作、一稿许多家的出版纠纷，背后都是经济利益作祟的结果。“商业化”的成型与定势，对于一些年轻的写作者来说，也增添了利益上的诱惑，使得他们在文学理想的追求上，不易聚精会神，难得别无旁骛。文坛不仅由此变得错综复杂了，文学人的内心由此也搅扰得躁动不安了。

“青春化”

青春化也即年轻化。在过去的文学时期，年轻的写手不断涌现和加入，使得文学在代际衔接上，一直在按部就班又继往开来地向前发展。但在新世纪里，文学中的新秀蜂出与过去的新人接续大有不同。首先是“80后”的一代新人，用写作追求与阅读兴趣的整体互动，介入了当下的文学活动，他们把他们的喜好与个性，用写作与阅读的文学方式一并显现出来，并对整体的文学添加了新异的成分。这种新异，最为显见的这个群体在年龄构成上的年轻化，他们在出道之初，普遍为初中、高中在校学生，或相同学历的同龄人，这种新异中更为重要的，是他们在写作中的以“我”为主，张扬个性，追求真实，在注重宣教的文学功能之外，又彰显了以宣泄为主的文学功用。因为他们以校园为背景，以成长为主题，并在写作中追求与同龄读者的密切互动，使得青春文学如雨后春笋一般地在文坛疯长，一直牢牢占据文学图书市场的销售前列，于今已成为当代文学类型中的最为大量的重要构成。“80

后”的萌生与涌现，成长与成熟，不要单看几个影响甚大的偶像型的明星作者，他们既有一个个性鲜明又整体丰繁的写作群体，还有一个注重感受、热衷阅读的读者群体，这样一个庞大的“80后”文学群体的添加与介入，使得当下文坛从写作者到阅读者，整体上都变得更为年轻化，更具青春性。

“分群化”

分群有分泌的因素，更是分离的结果。因为文学共识的破裂，也因为文学个性的显现，文学人在新世纪的十年中，不断地分裂、分化，又不断地结集、重组，从而使相对整一性的文坛，变成格外多元的文学群落，这已是一个不争的事实。从写作者的角度来说，有体制内的作家，有民间化的写手，有传统型的创作，有大众化的写作；从文学批评来看，有传统与专业的批评，有市场与媒体的批评，还有网络与博客的批评，等等。从在网络文学和市场文学中占主体的大众化的文学写作来看，不同的作品依照不同的题材与故事模式，分成许多个写作类型，仅形成气候和比较流行的类型，就有：架空与穿越（历史）、武侠与仙侠、玄幻与科幻、神秘与灵异、惊悚与悬疑、官场与职场、都市情爱、青春成长等十类。在这种不同的作品类型流行的背后，其实是不同的写作追求与阅读取向的各成系统的分离与分立。阅读的因素及其近些年的变化，我们过去关注得很不够，常常用一种经验型的自我想象去臆测读者，以为读者仍然一如既往，其实读者早就不但换了人群，而且变了口味。在新世纪十年中，读者以顽强显示阅读取向的方式，在反馈和反映着他们的意愿与意向，也以他们忠实于某些写作的执着选择，在成全着、支撑着如“80后”们的写作、如类型小说的写作等。这些一些新的文学倾向，是作者与读者、偶像与粉丝共同营造的产物。因此，分群的背后，无疑也是观念的分解与彰显，趣味的分泌与张扬，这实际是当下文学在不可阻挡地走向多样化与多元化的内在动因。

“民间化”“商业化”“青春化”“分群化”，使新世纪文学打上了它特有的时代印记，使它呈现出了与以前的文学时代完全不同的独有风貌。但显而易见，这样的一些动因与动力的存在与作用，又使新世纪文学充满了得未曾有的复杂性、可能性与不确定性。因此，在当下群英称雄、千姿百态的文学活动中，如何增大积极引导的因素，加大正面价值的力量，如何让这样一个异常活跃又无比丰繁的文学现实，向着更为理想的状态过渡，向着更为健康的方面倾斜，向着更为和谐的方向发展，这对于置身其中的文学从业者的定力与能力，尤其是身负组织与引领作用的有关方面和相关领导的智慧与能量，也都是一个空前未有的考验与检验。在这个意义上，新世纪文学，也即新世纪考场。

观察者的四点建言

无论是从2009年的文学情况来看，还是从新世纪十年的文坛演变来看，文学在从业者的身份、姿态上，写作的方式、样态上，诸多方面都发生了与前不同的深层变动与格局变异。这当然既有文学的环境、氛围移动的影响等外部的原因，更有文学自身发展与进取的内在原因。这种新的文学现象，既超出了我们的已有经验，又属于全新的文学现实。

面对这种新的文学现状，我们在很多方面不适应、不对位、不配套，甚至缺少必要的准备，缺乏应有的了解，是很让人为之忧虑的。根据笔者多年的观察与思考，我以为在观念、机制、批评与教育等几个方面，我们都需要作出切实的调整与有效的增强，以便适应新的情况，应对新的问题。

1. 观念问题

在具体的文学实践与不断的观念碰撞中，人们的文学观念发生分化与更变，从而越来越纷繁，越来越多样，这是一定的和必然的。从我们当下的文学、文化现状来看，既可说是八仙过海，各显其能，也可说是乱花迷眼，乱云飞渡，几乎无奇不有，无所不包。这种既缭乱又繁荣的现状的背后，是不同追求的相互交错，不同观念的交相汇流。而这样一些众多的追求与背后的观念，因为市场化、媒体化的共同作用和暗中诱导，由向某些方面的不断倾斜，已经出现了观念上的混乱与生态上的失衡。比如，文学图书出版中的片面追求市场占有率，而使某些题材作品过于集中，少数名家无形中垄断图书市场和客观上霸占出版资源，新人新作很难浮出水面；一些图书舍本求末，粗粮精作，以奢华的外在包装掩盖空虚的内容，等等；还有在某类网络写作超越道德与模糊是非的倾向大行其道（如一些玄幻、仙侠作品），博客写作中为吸引受众的有意媚俗、媚恶，等等。就不同代际的人们来说，在观念上也都有一个吐故纳新、取长补短和相互宽容的问题。比如，立足于传统文学的人们，不要满足于已有的文学成就，以为自己步入文学的高端，对新的文学现象另眼旁观，甚至不屑一顾；而踌躇满志的文学新人们，也不要轻视文学经验，否定文学传统，以自我作古的姿态藐视一切，以“断裂”为荣，以“割裂”为快。在面对巨大而悠久的文学传统，活跃而不羁的文学现实的时候，不同的人们都有一个在继承中发展，在适应中坚守，在学习中进取的必要与空间。

我们应当承认立足于某些“欲望”的市场原则、媒体规则的观念，有其一定的合理性、有效性。但只有这样的只要赚钱的市场观，“娱乐至上”的文化观，自以为是又莫衷一是的文学观，显然远远不够和很不全面。我们还应该有更高的欲望与愿望诉求，那就是着眼于长远、对接着理想的价值观念。因此，在当下的社会文化生活与文学活动中，强化人文内涵，在大众媒体中，倡扬人文导向，使有正面价值的人文精神成为社会的文化时尚与精神风尚，是解决目前价值观念混沌和主体导向不彰显的一个迫切需要。

2. 机制问题

机制问题，首先是文学体制要面对更变了的现状，增扩容纳性，增大凝聚力。随着体制内外的年轻文学从业者的逐渐增多，以及体制外的文学从业者的背靠书商与盘踞网络，文学队伍的构成与分布已与过去大不相同。由作协、文联这样的体制化体系所掌握、所联系的作者，在数量上只占社会文学力量的一部分，更多的文学写作者与工作者将以各种方式存身和游弋于体制之外。这就要求负有组织联络全国文学工作与活动的现有的文学体制，既要了解当下青少年阅读兴趣的变化，与青年文学作者和文学爱好者进行有效的沟通，也要明了文坛内外发生的种种变化，关注传统文学之外的类型化文学、新媒体文学的动向，与他们的作者进行深层次的文学互动。在一种有现实针对性的积极主动与彼此互动的工作中，使现有体制起到一种“桥梁”的作用，同时也使文学体制本身增强活力与弹性。

机制方面的另一个问题，是在文学、文化环境越来越市场化的情境之下，怎样利用市场与具有市场特点的手段，而不是行政的手段，来介入和影响文学的生产与传播。现在每年出版的长篇小说已经达到了三千部，但真正值得一读和留得下来的作品却为数寥寥，长篇小说之所以数量与质量不成正比，是因为这三千部作品的产生完全是市场化文学出版的自然成果。如何以建立基金、设立奖金的方式，对那些内容比较厚重又不被市场看好的作品在出版前予以适当的资助，对那些确实优秀的文学图书在出版后予以一定的彰奖，在自然性市场化之外还有主导性的扶助与引导行为，是一个亟待解决的问题。只有以适当的方式介入文学生产过程，才能使文学的生产避免完全被市场所掌控和左右。目前在文学生产的主动性介入上，基本上还是一个空白，这是比体制的缺少弹性更为重要的问题。

3. 批评问题

客观地说，文学批评是很不适应文学现状的。面对俗化的文化环境和缭乱的文学现状，批评家需要增大社会责任心，增强历史使命感，并以知识分子的良知、审美高端的感知，观察现状，洞悉走势，仗义执言，激浊扬清。要超出对于具体作家作品的一般关注，由微观性现象捕捉宏观性走向，由代表性现象发现倾向性问题；该倡扬的要敢于倡扬，该批评的则勇于批评，对于一些疑似有问题的倾向和影响甚大的热点现象，要善于发出洞见症结的意见和旗帜鲜明的声音。要通过这种批评家自身的心态与姿态的切实调整，强化批评的厚度与力度，逐步改变目前这种文学批评宣传多于研究、表扬多于批评、微观胜于宏观的不如人意的现状。

但文学批评的更大问题，是缩小了的批评，在面对一个放大了的文坛；相对传统的批评，在面对一个活跃不羁的文坛。这种事实上的不对等和不平衡，正是批评的难处与挑战之所在。

因而，文学批评需要自立与自强，也需要人们的理解与支持。

比如文学批评的队伍既需要壮大，又需要纳新。现在从事文学批评工作的，因为没有一个彼此联系的机制与方式，实际上是散兵游勇式的一支队伍。现在活跃于文坛的批评家，主要由 40 年代、50 年代和 60 年代的人们所构成，70 年代的极少，80 年代的基本没有，这与文学创作上的六代同堂（从 30 年代到 90 年代）和越来越年轻化，构成了极大的反差。批评的队伍需要年轻化，有活力，而批评的人才又需要既综合又特殊的素质，因而很难依赖自然成长，需要有一些发现和培养新人的措施与办法。另外，文学批评在活动的阵地、传播的工具、资讯的提供等方面，也需要具备一定的条件，得到有效的支持。现在的文学批评类文章，主要发表于一些专业性的报纸和文学理论批评刊物，而这些报刊的受众主要是业内人士，因此其影响基本上囿于一定的圈子，社会性的影响极其有限。而受众较多，影响较大的电视、网络和市民报纸，基本上没有文学批评的立锥之地。如有，也是以媒体批评和媒体报道的"娱乐化"方式对专业的文学批评进行"为我所用"式的择选、删改与加工。这样的大众化的传播资源，辐射面广，影响力大，如何也"为我所用"地为文学批评服务，或起一些配合、呼应的作用，委实是值得我们认真考虑的。

4. 教育问题

这里所说的教育，是指文学教育，包括学校的语文教育、社会的文学宣教等等。从一些机构对于中小学学生的文学阅读的几份调查来看，现在的中小学学生乱读书、读闲书的现象相当普遍，一些爱好文学的学生弄不清作品与读物、写手与作家的基本区别，因此在“我喜欢的作家”的回答中，竟然闹出郭敬明与郭沫若并肩、韩寒排在韩愈前边的笑话。中小学的语文教育偏于知识性，课内外的文学阅读流于自然性，因为不够对位，缺乏引导，使学生在这个打基础的重要阶段，就缺少对于写作、对于文学的应有的认识与正确的理解，文学传统的链条在这一初阶的重要环节上就发生了不应有的断裂。中小学的语文教育，如何走出八股化，具有创新性，在向学生教授文学基本常识的同时，教习好我们的文学传统，使学生在人生成长初期阶段打好必要的文学根基，是确实需要好好加以反省、认真加以改革的。

同样不可忽视的，是社会的文学宣教工作。现在的社会的文学宣教工作，实际上是由一些媒体来扮演的，如报纸、电视、网络等。而媒体因为吸引眼球、魅惑大众的自身利益所决定，总是把“娱乐”不由分说地放在第一位，这使它们不只是向人们提供大量“娱乐化”的内容，还使它们把一切对象都做了一种“娱乐化”的处理，用“娱乐化”的方式传播一切。因此，从这样的媒体和媒体传播那里，人们看到的只是一个充斥着奇闻逸事、奇谈怪论的被“娱乐”所包装、所加工的文学与文坛，一个严气正性又丰繁多样的实在的文学，一个活跃不羁又总体向上的真实的文坛，实际上被遮蔽了，被扭曲了。社会的文学宣教工作，如果就这样仰仗这些媒体来完成，不只真实的文学与文坛有被“娱乐化”的危险，而且人们的情趣也有滑向肤浅化、游戏化的可能。这种明显低俗的倾向与影响，只会与我们本有的理想目标背道而驰。因此，把社会的文学宣教，当成是培养人们阅读能力、提高人们精神素质的重要手段，从而纳入社会主义精神文明建设的大工程之中，切实抓紧抓好，看来是刻不容缓，势在必行。

我曾在一篇《“三分天下”：当代文坛的结构性变化》的文章中，说到当下文学问题的超文学性与复杂性，我愿在此重申我的这一观点，并以它作为本文的结语：

“从多种意义上都可以看出，当下文坛的问题，不只是创作的问题，批评的问题，或生产的问题，传播的问题。它虽然主要表现为文学的问题，它在根本上却是一个文化的问题，教育的问题，社会的问题，时代的问题。这样去看待和理解问题，我们才有可能认识和把握文坛丰繁而复杂的现状，进而促动文学和谐与健康地发展。”

（原载《文艺争鸣》2010年第6期）

时代进程的文学档案

——四十年小说创作成果巡礼

改革开放四十年来，文学随着社会生活的演变而演进，在为变革的时代描形造影的过程中，实现自身的不断突破与适时更新，以不同代际作家的接力创作，以不同时期各类创作的丰厚实绩，书写了当代文学发展中最为光彩夺目的精彩篇章。

即从文坛内外更为看重的小说创作来看，在“伤痕文学”率先登场亮相之后，小说创作就如同破闸而出的滚滚洪流奔腾不息，并在不同时期迭次掀起新的创作浪潮，引动着整体文学披荆斩棘，奋勇向前。更令人可喜的是，小说创作在四十年的波澜壮阔演进中，创获了十分丰盈的各类作品，积累了无比丰硕的重要成果，而这些作品又成为创作与生活相随相伴，文学与时代同频共振的最好证明。

先声夺人的短篇小说

被人们看作是文学“轻骑兵”的短篇小说，在新时期之初扮演了十分重要的角色。十年浩劫甫一结束，文学领域乍暖还寒，就在这个时候，刘心武的《班主任》、卢新华的《伤痕》等短篇小说扑面而来，以直面生活真实尤其是人们心理真实的写作，给人们带来振聋发聩般的冲击。这些作品以及随后而来的《最宝贵的》（王蒙）、《月兰》（韩少功）、《神圣的使命》（王亚平）等作品，在对人的坎坷命运的寻索中，既显示了现实主义的勇气，又贯注了人道主义的精神。这样的一个基调和一些底色，使短篇小说这一文体，实现了小中见大，轻中有重。

随后出现的“改革文学”，依然是蒋子龙的短篇小说《乔厂长上任记》开风气之先，紧接着是柯云路的《三千万》、何士光的《乡场上》、王润滋的《内当家》等短篇小说相继而来，这样的一个写作倾向，实际上也把“向后看”的文学创作，引到了“向前看”的新的路向。进入80年代之后，短篇小说更呈现出题材多元、写法多样的写作趋向。在连续开展几届全国优秀短篇小说评奖之后，张光年欣喜地告诉人们：“这三年先后获奖的短篇小说八十篇，标志着近几年数以千计的优良文学新作大量涌现，宣告着三中全会以来文艺上百花齐放的新局面开始形成。”

短篇小说在四十年的不同时期，都有惹人眼目的优秀之作，更有专心经营的文学名家。比如，谈到短篇小说创作，人们不能忘记汪曾祺、林斤澜、乔典运等老作家的卓越贡献，也不能忽略李锐、邓刚、刘庆邦等实力派的创新性拓展。还应看到，除去短篇小说的自身成就，短篇小说作为小说创作的基础文体，在培养新人、演练作家、促动中篇小说和长篇小说创作发展等方面，都有着不可替代的重要功用。

长足崛起的中篇小说

中篇小说在“十七年”时期，数量不是很多，质量也并不突出，有些默默无闻。但自1979年起始，中篇小说犹如狂飙天落，异军突起。究其原因，是它在反映生活和描画人物上，有较大的空间和更多的可能，而我们的作家由于具有坚实的生活积累和厚实的艺术储备，需要运用中篇小说的形式来表达感受，宣泄自己。从这个意义上说，中篇小说在新时期的崛起，可谓恰逢其时，实属风云际会。

因为积累丰厚，有备而来，“归来者”作家率先在中篇小说创作上表现出独有的优势，代表性的作家作品如：王蒙的《蝴蝶》、从维熙的《大墙下的红玉兰》、鲁彦周的《天云山传奇》、张一弓的《犯人李铜钟的故事》、宗璞的《三生石》、张贤亮的《绿化树》等。这些作品里的主人公，个人命运与时代命运紧密勾连，都堪称“典型环境里的典型人物”。随后，“知青文学”作家紧跟而来，也纷纷在中篇小说创作中一显身手，并由此奠定了自己最初的文学地位，代表性的作家作品如：王安忆的《流逝》、贾平凹的《腊月·正月》、路遥的《人生》、张承志的《黑骏马》、梁晓声的《今夜有暴风雨》、铁凝的《没有纽扣的红衬衫》等。军事文学在新时期的引人注目，也主要是中篇小说创作，如邓友梅的《追赶队伍的女兵们》、李存葆的《高山下的花环》、朱苏进的《凝眸》、刘兆林的《啊，索伦河谷的枪声》等。

相较于短篇小说，中篇小说在表达生活感受和展现艺术才情上，有较大的空间与一定的优势，因此成为一个时期青年作家必欲尝试的小说文体，这也使一些青年作家由此崭露头角，一些创作倾向也由此破土而出。当时的青年作家莫言，由《透明的红萝卜》和《红高粱》两部中篇，成为一个时期的当红作家。而当时的"先锋小说""寻根文学"与"新写实"等倾向，也都是以中篇小说力作，令人印象深刻，引人广为关注。代表性的作家作品如马原的《冈底斯的诱惑》、苏童的《妻妾成群》、格非的《褐色鸟群》、阿城的《棋王》、韩少功的《爸爸爸》、池莉的《烦恼人生》、方方的《风景》、刘恒的《伏羲伏羲》等。

持续增长的长篇小说

如果说新时期之初是短篇小说先行，80 年代是中篇小说崛起，那么，90 年代则是长篇小说的兴盛。长篇小说在 80 年代年产量大致在百部上下，进入 90 年代之后，每年都增量百部左右，到上个世纪末期，年产量便达到了一千多部。长篇小说长足发展的背后，有商业运作介入长篇出版的因素，更有从作者到读者都更为看重长篇小说，并把它视为文学创作成就的主要标志的原因。总之，在多种动因的合力促动下，长篇小说保持了一个稳步发展的基本态势。

80 年代中，长篇小说创作的题材尚不丰富，有影响的作品，主要集中于两类题材，一个是直面改革时代的现实题材，一个是包含了古代与近代的历史题材。在现实题材方面，有影响的作品有周克芹的《许茂和他的女儿们》、古华的《芙蓉镇》、李国文的《冬天里的春天》、张洁的《沉重的翅膀》等；而在历史题材方面，则有姚雪垠的《李自成》、凌力的《星星草》、徐兴业的《金瓯缺》等。

1982 年，根据茅盾生前遗愿和捐赠稿费设立的茅盾文学奖，在长篇小说的发展中具有着重要的作用与意义，那就是长篇小说有了全国最高奖，而能否获奖成为考量作家创作水准与成就的重要标志。1982 年开评的茅盾文学奖，以每届评选 4—5 部作品的节奏，于今已评选了九届，彰奖了 44 部作品。不能说这个奖的评选没有遗珠之憾，但客观地看，获奖作品大致上是不同时期作品的选优拔萃，大体上反映了长篇小说新时期以来的发展状况与艺术水准。

以茅盾文学奖获奖作品来观察长篇小说创作，可以说在题材与写法的多元多样中，家族历史题材的写作，现实题材的写作，收获的佳作力构较多，文坛内外造成的影响也较大。在家族历史题材方面，陈忠实的《白鹿原》、阿来的《尘埃落定》等，都以丰厚的思想意蕴与精湛的艺术表达的有机融合，已被人们视为当代长篇小说的经典之作。现实题材方面，路遥的《平凡的世界》、张平的《抉择》、贾平凹的《秦腔》、周大新的《湖光山色》、刘醒龙的《天行者》、李佩甫的《生命册》、格非的“江南三部曲”、刘震云的《一句顶一万句》、张炜的《你在高原》等，都以独特的生活蕴含和独到的艺术视角，使作品打上不同作家鲜明的艺术印记，又使作品成为解读我们这个时代的典型文本。

类型多样的网络小说

依托于网络信息平台的网络小说，在20世纪90年代后期崭露头角之后，经历了一段时间的探索与蓄势，在进入新世纪之后，以不断走向类型化的演变，找到了合适的路子，获得了极大的发展，如今已繁衍为类型众多、作品丰繁、受众广泛的超级文学板块，并在自身不断进取的同时，给整体的文学带来各种各样的影响。

类型文学根据其写作取向，可以分成两个大的倾向来看。一个大的倾向是虚构性创作，属于这一倾向的，有科幻与玄幻、武侠与仙侠、穿越与架空、神话与修真、惊悚与灵异等；另一个大的倾向是写实性创作，属于这一倾向的，有官场与职场、都市与校园、言情与婚恋、军事与历史、谍战与特战等。在这些大的类型中，还会有小的分类，这使网络小说的类型丰繁多样，并仍在不断衍变。

网络小说中影响较大的作品，主要集中于虚构性写作方面。其中文学成就较高一些的，是科幻小说，代表性作家作品如刘慈欣的《三体》、王晋康的《天父地母》等。因为与游戏、动漫等形式的联姻，玄幻类作品被改编得最多，影响也最大，此类作家作品有唐家三少的《斗罗大陆》、天蚕土豆的《斗破苍穹》、我吃西红柿的《星辰变》、萧鼎的《诛仙》等。而一些后宫历史小说，因作者借鉴传统文学元素又在影视改编上比较成功，作品因而也声名远播，如流潋紫的《后宫·甄嬛传》、桐华的《步步惊心》、海宴的《琅琊榜》、蒋胜男的《芈月传》等。

相较而言，现实题材在网络小说中数量不多，质量也一般，但这种“一头沉”状态近年来也有所改变。较有代表性的作品，如阿龙的《复兴之路》、齐橙的《大国重工》及郭羽、刘波的《网络英雄传》等。这些作品给人们带来的信息是可喜的,那就是网络小说写作也可以在现实题材上有所作为,而且已经在蓄势待发。

（原载《光明日报》2018 年 12 月 16 日）

新人形象与时代影像

——七十年小说创作一个侧面的回望

在中国文联、中国作协成立七十周年之际，习近平总书记发来热情洋溢的贺信，并在贺信里高度评价了七十年文艺战线的丰硕成果："广大文艺工作者响应党的号召，积极投身社会主义革命和建设、改革开放伟大实践，创作出一批又一批脍炙人口的优秀文艺作品，塑造了一批又一批经典艺术形象。"这样的评价符合实情，也至当不易。回顾七十年的文学创作尤其是小说创作，出于不同时期的经典作品衔尾相随，构成了经典作品川流不息的流动长河；而那些独特而典型的人物形象簇拥而来，也构成了人物形象交相辉映的艺术长廊。

小说创作以讲述人生故事、塑造人物形象见长。七十年的小说中的现实题材创作，正是通过一个个鲜活而新颖的人物形象，特别是富于时代气息的新人形象，向人们报告着新的时代阔步行进的确切气息，传达着社会新人在生活中茁壮成长的可喜信息。从这个意义上说，新人形象已成为新中国文学尤其是小说的标志性符号，循着他们的身影与足迹，我们在回顾七十年小说创作的巨大成就的同时，也可借以重温那些令我们热血沸腾、心潮澎湃的辉煌历史。

质朴引人的农村新人形象

新中国的成立，标志着新民主主义时期的结束和社会主义时代的开始。"社会主义制度的建立，是我国历史上最深刻最伟大的社会发展，是我们今后一切进步和发展的基础。"进入新的社会，建立新的制度，使祖国山河改天换地、万象更新。但在小农经济根深蒂固而传统文化又影响深厚的广大农村，却要经历一个除旧布新的艰难转型过程。长于农村题材创作的一些小说家，为了亲历和见证这一变化过程，更好地把握变动着的农村生活与农民心理，纷纷以下乡兼职、落户农村等方式，深入到农村与农民之中，创作出了一批表现农村新生活，描写农村新人物的优秀之作，使得农村题材在建国后的“十七年”，成为小说创作中与革命历史题材双峰对峙的艺术高峰。

决心写出“表现中国农村社会主义革命中社会的思想的和心理的变化过程”的柳青，经过在长安县皇甫村六年多的工作实践和生活体验，在这样坚实的生活积累和超凡的艺术想象的基础上，写出了史诗性的作品《创业史》。这个作品精雕细刻般地塑造了农村各个阶层的代表性人物形象，其中尤以梁生宝的形象令人眼前一亮，耳目一新。经历过童年苦难生活的梁生宝，在解放后获得了新生，他高兴地喊道：“世事成咱们的啦。”正是这样的翻身做主人的主人翁意识，使得他把追求自己的幸福与为庄稼人谋幸福的目标统一起来，以脚踏实地的奋斗影响着周围的群众，引领着他们前进，成为立足于坚实大地，产生于群众之中的社会主义新人。

农村题材的中短篇小说创作，在“十七年”间也产生出许多优秀作品，其中一些作品也主要以新人形象的着意塑造而让人过目难忘。王汶石的收入《风雪之夜》的短篇小说，几乎就是农村新人形象素描的集锦，尤其是《新结识的伙伴》，由全乡劳动竞赛中的邂逅与交往，张腊月与吴淑兰两位性格不同又同样出色的妇女队长的形象跃然纸上。两个人既相互钦羡，又暗中较劲，既相互竞争，又暗中取经。一系列精彩的对手戏，充分展示了两位队长各有光彩的性格特征，也反映了社会主义时代的新型女性不让须眉的全新精神风貌。同样堪称典型形象的，还有李准的短篇小说《李双双》中的主人公。李双双不愿只做丈夫孙喜旺的“屋里人”“做饭的”，参加集体劳动积极肯干，批评落后思想不留情面，在她身上，除了中国妇女的勤劳、坚韧的美德之外，分明还散发着无私公道、泼辣敢闯的思想作风，在一定意义上是正在成长中的农村先进妇女的代表。她既体现着农村妇女的觉醒与进步，也显示着农村生活的新变化与新走向。

浩然的长篇小说《艳阳天》，通过京郊一个合作社麦收前后发生的一系列矛盾冲突，勾勒出农村合作化时期火热的生活画卷，精细地刻画了农村各个阶层人物的思想性格与精神风貌。讲故事注意细节，写人物注重个性，是《艳阳天》在艺术上的重要特点。尤其是作者着力塑造的肖长春这个形象，对落后势力毫不妥协，对贫困农民百般关爱，强烈的原则性与浓厚的人情味的有机融合，使得这个中国农村的先进分子充满着正直又淳朴的精神魅力，这也标志着一代农村新人在生活熔炉的冶炼中的日臻成熟。

求真务实的新型工人形象

工业战线在建国后得到了迅速的发展，并日益成为体现新的建设成就、展现新精神风貌的前沿领域。一些较为熟悉工业领域的作家，或者以城市生活书写见长的作家，都在“十七年”时期写出了一些引人注目的作品，并塑造出了一些有过硬的技术本领又有强烈的主人翁意识的新型工人形象。因为工业战线更需要知识和技术，其中的先进分子必然是熟悉技术的行家里手，这样一些新型工人形象，往往又带有知识分子的某些鲜明特点。

从50年代起一直在鞍山钢铁公司深入生活的艾芜，为工业战线的蓬勃景象所引动，在1957年发表了长篇小说《百炼成钢》。这不仅是建国后较早出现的工业题材作品，而且由钢厂围绕生产劳动的种种矛盾斗争，塑造了一批鲜活的工人形象，其中的青年炉长秦德贵堪为具有新人素质的典型形象。这个从农村进入工厂的青年，不仅刻苦钻研技术，成为革新能手，而且以热诚的态度和坦荡的胸怀，为人处世和应对一切矛盾冲突。一心为着快速炼钢，全力维护整体利益，以国家主人的姿态活跃在生产战线中，表现了新中国产业工人的优秀品质和崭新风貌。

工业题材创作中，故事引人入胜，人物又饶有新意的，是张弦在1956年创作的短篇小说《甲方代表》。这个作品主要描写的，是检查员白玫和技术员路野在工作中的矛盾与情感上的纠葛。作品由白玫在工作中与情感上认真到较真，与路野的盲目自大致使工作出现偏差，情感有了嫌隙，表现了青年一代在对待工作上的不同态度，尤其是用对比描写的方式，写出了白玫在工作和爱情的两难选择上，有理想又有原则的人生追求。这是小说作品中较早出现的青年知识分子工人形象。作品此后被改编为《上海姑娘》的电影，在当时的文坛内外产生了较大的社会影响。

建国之后的很长一段时间，杜鹏程深入到铁路建设工地，写出了一系列脍炙人口的短篇小说。如《工地之夜》《平常的女人》等。但他这一时期更重要的作品，是中篇小说《在和平的日子里》。作品不仅写出了发生在工程建设中的诸种矛盾，而且在与蜕化变质的干部梁建的对比描写中，塑造出了阎兴这个新型的工人干部形象。同样在经过战斗的锤炼后转入了工业战线，梁建把工作当作个人牟取私利的手段，而阎兴则把工地当成新的战场，以身先士卒的劲头克服工作中的难题，也用以身作则的行为化解着同事间的矛盾。作品把人物始终置于矛盾冲突的旋涡之中，充分揭示了阎兴不带任何杂质的集体主义精神，以及高度自觉的历史责任感。

勇于开拓的改革者形象

文学进入新时期，“伤痕文学”“反思文学”率先拉开小说创作的序幕，“知青文学”“归来者文学”随之而来，小说创作在80年代初期呈现出百花竞开的景象。但从捕捉生活的新变动、塑造时代的新人物的角度看，“改革文学”更具有标志性的意义。也是从“改革文学”开始，一个时期小说创作上“向后看”的写作，由此实现了“向前看”的重大转折。

“改革文学”最为重要的代表性作家，是有着多年工人经历和工厂生活的蒋子龙。他于1979年创作的中篇小说《乔厂长上任记》，以十一届三中全会开启的社会主义现代化建设为背景，写某电器公司经理乔光朴毛遂自荐，自愿出任电机厂厂长，并在上任后面临技术落后、体制僵化、观念保守的种种老大难问题，以严格的科学精神和认真的实事求是的态度，在上级领导的支持下，大刀阔斧地实行改革，义无反顾地破旧立新，终于把落后又混乱的电机厂治理得井井有条。作者笔下的乔光朴，明智果断，知难而进，他所卓具的敢作敢为、敢干敢闯的不凡魄力和英雄气概，使他已超越一个一般领导干部的水准，属于名副其实的改革家。这个人物形象的出现，也有着特别的意义。他向我们展示了改革者的能量与作用，也向人们显示了改革的时代已然到来的确切信息。

张洁的长篇小说《沉重的翅膀》，是较早反映改革开放题材的长篇小说。作品描写了改革初期发生在重工业部的复杂斗争，通过副部长郑子云等人的锐意改革与部长田守诚等人的墨守成规所产生的尖锐冲突，作品展开了广阔的生活画面，并在显见的矛盾冲突和隐性的心里较量中，用心用意地写好人物，成功地塑造了一组改革者的形象，尤其是副部长郑子云、厂长陈咏明等改革者，讲究工作科学化与用人贤能化的结合，以扎扎实实的工作成效破除官僚主义的桎梏，更是熠熠生辉，光彩照人。作为第一部改革开放题材的长篇小说，《沉重的翅膀》无论是对现实生活的把握上，还是人物形象的塑造上，都为日后的小说创作提供了新鲜的经验。

在反映改革开放的沸腾生活的同时，又塑造出别具新意的改革者形象的，还有柯云路的长篇小说《新星》。作品以北方某省的古陵县为舞台，紧紧围绕乡村基层政体改革中两种势力的明争暗斗，在尖锐的矛盾冲突中，写出了新任县委书记李向南为政的清正廉明和改革的不避锋芒。而正由这种敢于在基层体制改革上勇往直前，勇于在铲除腐败势力上义勇大胆，才格外突出地表现了这个年轻干部的远大政治抱负、积极生活态度，以及志存高远的理想主义情怀。这个作品在改编为同名电视剧播出时，在当时创造了极高的收视率，这也使李向南成为妇孺皆知的“李青天”。李向南这个人物的塑造成功和《新星》这部作品的走红一时，有着诸多的原因，但根本的一点，还是作者带着充沛的政治情怀去写作，而这正好触及社会的敏感神经，切中了时代的跃动脉搏。

自立自强的青年新人形象

进入新时期尤其是 80 年代之后，随着改革开放的深入发展，社会生活发生着日新月异的变化，人们的精神面貌也在悄然发生着改变。作为社会基层中最为敏感和最具活力的群体，得风气之先的青年一代，无疑是人们了解社会生活种种变动的晴雨表和风向标。一些擅长描写青年题材的作家，在这方面，不仅写出了一些引人注目的小说力作，而且也塑造出了一些引人激赏又令人难忘的青年新人形象。

铁凝的中篇小说《没有纽扣的红衬衫》，描写了 16 岁的女中学生安然，因为喜欢没有纽扣的红颜色的衬衫，而令不少人侧目而视，并危及她的“三好学生”的评选；但她宁愿不当“三好学生”，也不愿改变自己的本有心愿。安然看起来是在执意喜欢一件红衬衫，实际上是在以坚持自己喜好的方式，向那些不能容受新鲜事物的陈规陋习挑战，以此来显示自己的独有个性和求新求异的精神。虽然还是一个高中学生，但安然对于天性和个性的顽强坚守，使得这个学生形象蕴含了不少时代新人的气息，令人觉着可爱又可敬。

一直对现实生活保持高度关注的蒋子龙，在《乔厂长上任记》之后，又接连写出了《赤橙黄绿青蓝紫》和《锅碗瓢盆交响曲》等青年题材作品，塑造了一群生动活泼的青年形象，其中尤以《赤橙黄绿青蓝紫》中的刘思佳格外独特和典型。刘思佳虽然只是一名钢厂的汽车司机，但却抱负远大，不安现状，他勇于扑火救人，却不以英雄自居；他地位卑微，却依然为企业的改革发展尽心竭力。这一切，都把一个普通工人中的奋进者，描画得栩栩如生，又熠熠生辉。刘思佳如同一个报春鸟，向人们预告随着社会改革的发展一代改革新人也在日渐成长的喜人景象。

描写改革开放在中国农村的艰难进取，并塑造出具有时代气息的新人形象的作品，当推路遥的长篇小说《平凡的世界》。刚刚从少年成长为青年的孙少安、孙少平两兄弟，封闭的环境与贫困的家境，使他们既直不起腰也抬不起头，而逐渐向他们走来的改革开放使他们看到了命运改变的契机。少安、少平虽然在爱情上和事业上都不断遭受坎坷与挫折，但他们抓住每一次机会不懈努力，顽强抗争，少安终于成为远近闻名的农民企业家，少平也如愿进城当了工人。作品在社会的时代转型和个人的命运转机的紧密勾连中，写出了改革大潮呼唤新人、新人引领改革新潮的辩证关系。而少安、少平因为紧紧“扼住命运的咽喉”不放手，不松懈，也成为农村青年励志和有为的典型，给广大青年读者走向自立和自强，树立了效仿的榜样，提供了有益的助力。

小说要写好故事，写好人物，优秀之作更要切近生活热流书写鲜活的中国故事，感应时代的脉搏塑造新颖的人物形象，是七十年来一些经典小说作品提供给我们的重要经验。重温和汲取这些重要而宝贵的文学经验，对于我们在新时代创作出“无愧于时代、无愧于人民、无愧于民族的优秀作品”，无疑是多所启迪、大有裨益的。

（原载《人民日报·海外版》2019 年 8 月 15 日）

生活与创作双重演进的时代缩影

——七十年农村题材小说创作发展巡礼

建国七十年以来的小说创作领域,农村题材既出精品力作,又出文学大家,无疑是当代文学中处于主流地位的一个重要方面。“十七年”间的长篇小说创作,农村题材与革命历史题材均以作品数量较多,文学品质较高,构成了相互辉映的两座高峰。在改革开放的四十年以来,农村题材依然保持了稳步发展的强劲势头,在第一届到第九届茅盾文学奖的评选中,有三十八部优秀长篇小说获得彰奖,其中农村题材小说就有二十多部,占据了获奖作品的半数以上。

从现代延伸而来的乡土文学,在建国之后被“农村题材”取而代之。是因为此后的农村生活,已由自然化的乡村变为了集体化的农村,而后在改革开放的四十年,“乡土文学”的提法又开始流行,也是由于农村生活的不断演变和围绕它的文学写作的不断拓展,使得“农村题材”的称谓已颇显狭窄。但实际上,“农村题材”与“乡土题材”并无本质意义的区别,论者使用什么样的概念,既根据需要也出于习惯。我这里对于两个概念的使用,“农村题材”更多指称“十七年”时期的此类写作,“乡土文学”主要指称新时期以来的此类写作。

毋庸置疑,建国以来的七十年,尤其是改革开放以来的四十年,当代中国在社会主义现代化建设的道路上迅猛前进,社会的现状与人们的精神都发生了巨大的变化。但从文学文化的层面来看,乡土文明与都市文明的冲突,商业文化与农耕文化的博弈,以及两者在冲突与博弈中的对话与融合,仍然是社会演进的总趋势与生活形态的基本面。当代文学的农村与乡土题材写作,在具有坚实的生活基础和深厚的文化传统的同时,还聚集了跨越数代的实力派小说家,他们一方面在跟踪和记述这种由外到内的巨大演变,一方面又在这种艺术求索中不断推陈出新,这不仅带动了农村题材小说创作的持续性繁盛,也促进了整体性的小说创作向纵深发展。因此,七十年的农村和乡土题材小说,既由“农村—乡土”一脉反映了社会生活深层变动中的主潮演进,又由“农村—乡土”的出色书写表现了当代文学自身的成功进取,显然具有社会生活与文学创作双重演进的时代缩影的重要价值与特别意义。

抒写新生活,描画新人物

随着新中国的宣告成立,社会主义制度随之全面建立。“社会主义制度的建立,是我国历史上最深刻最伟大的社会发展,是我们今后一切进步和发展的基础。”①新的时代迎来新的制度,新的制度催生新的生活,但在小农经济根深蒂固而传统文化又影响深厚的广大农村,这种除旧布新的转型却要经历一个艰难的过程。那些长于农村题材创作的一些小说家,为了亲历和见证这一变化过程,更好地把握变动着的农村生活与农民心理,纷纷以下乡兼职、落户农村等方式,深入到农村与农民之中,创作出了一批表现农村新生活、描写农村新人物的小说作品,使得农村题材在建国后的“十七年”成为小说创作中枝繁叶茂的“常青树”。

建国之后的农村题材创作,短篇小说首先扮演了跟踪新变化、描写新生活的报春鸟的角色。其中最为主要的代表,是马烽、李准、王汶石等熟悉农村生活又造诣深厚的实力派作家。建国前就开始创作的马烽,50 年代后以农村题材创作为主,而且写出了在当时令人耳目一新的《韩梅梅》《三年早知道》等短篇小说。这些作品或者歌吟在新的生活中成长起来的农村青年一代,或者描写在互助合作运动中受到教育的传统农民,作品常常由生机盎然的生活气息,托举出鲜活生动的人物形象,而且人物通常既个性鲜明,又天性幽默,由此也表现出作者十分熟悉生活和擅于描画人物的不凡才情。李准由《不能走那条路》引起文坛的关注,由此他潜心农村题材创作,相继写出了《冬天的故事》《农忙五月天》等描写集体生产劳动给农民带来种种变化的作品,循着这一路向,他创作出了《李双双小传》,赢得文坛内外广泛赞誉。这篇作品由李双双和孙喜旺两夫妇日常生活的矛盾纠葛,写出了李双双这个正在成长中的新型妇女形象。这个形象的意义在于,她的自我意识的萌动和人格独立的争取,都在于时代带来了新机遇,社会提供了新舞

① 《两个历史问题的决议及十一届三中全会以来党对历史的回顾》第 92 页,中共党史出版社 2013 年版。

台，因而她的满含底气的积极进取，实际上也携带了时代的新风。一直在关中平原深入生活的王汶石，从 1956 年起，相继写出《风雪之夜》《沙滩上》《新结识的伙伴》等短篇小说，他的创作稳扎稳打，篇篇都质量上乘。尤其是《新结识的伙伴》，由一次劳动竞赛会上的相遇相识，写了吴淑兰、张腊月两位妇女队长的不同性情与上进精神。两位各有所长的妇女队长看似互不服气，暗中较劲，实际上又以此种方式取长补短和相互学习。一系列的生动有趣的对手戏，把两位新型妇女向上向善的传统美德与争强好胜的进取精神，都揭示得丝丝入扣又神采奕奕。

对于农村生活更为全面的反映和更为深刻的揭示，还主要是由长篇小说来进而实现的，农村题材长篇小说创作方面，比较有分量也比较有影响的力作，先后有赵树理的《三里湾》、周立波的《山乡巨变》、柳青的《创业史》和浩然的《艳阳天》等。

对农村生活十分熟稔的赵树理，在《三里湾》的写作里充分发挥了自己熟悉生活、了解农民的艺术特长，作品把创办农业合作社的矛盾与斗争作为背景，而把主要笔墨放在人际关系的矛盾纠葛与家庭内部的观念冲突上，通过微波细澜的日常生活，来表现新的时代带来的人际关系的变动、人们心理的异动，及其在碰撞与摩擦中的磨合与调整。

周立波的《山乡巨变》，通过湖南一个山乡从初级社到高级社的建立，书写了农民从私有制的小农向集体制的农民转变的艰难过程，但由作品所着力描写的邓秀梅、刘雨生等先进分子，以及他们身上葆有的精明强干的能力与春风化雨的魅力，让人们看到了走在潮头的基层干部和先进农民的坚定引领。作品难能可贵的，是在日常化生活纠葛的演绎中，又葆有一种鲜明的地方特色和浓郁的民俗风情。

柳青的《创业史》，是他长期落户长安县皇甫村的生活体验与艺术锤炼的出色成果。这部作品依然是以合作化运动为背景，但作者把更多的笔墨用在了描写面对合作社这个新体制、新事物，各个阶层的人们的心理接受过程。这里包括了坚定的先进分子，犹疑的中间人物，顽固的落后分子，也包括党内的保守分子。无论是哪一类人物，作品都刻画得血肉丰满，栩栩如生，尤其是带头人梁生宝，对走集体化道路坚定不移，对犹疑者、后进者、掣肘者也循循善诱和积极影响，充分表现出了新中国的新农民的思想气质与精神风采。由于卓具矛盾冲突的尖锐性与思想蕴含上的深刻性，作品超越了写作时代的某些局限，而成为人们认识农村生活变迁和农民心理转变的经典性作品。

浩然的小说写作起步于50年代,成名作是短篇小说《喜鹊登枝》,但他影响更大的作品是长篇小说《艳阳天》。作品通过京郊东山坞农业合作社麦收前后发生的一系列矛盾冲突,勾勒出合作社时期朝气蓬勃的生活画卷,精细地刻画了农村各阶层人物的精神面貌和思想性格,精心地塑造了萧长春、焦淑红等在大风大浪中成长起来的农村新生力量代表。由于作品的写作时间处于60年代前期,不可避免地受到当时的"左倾"思潮的影响,但在时时紧绷的"阶级斗争"的主线之外,作品又由连绵而来的矛盾与冲突,使故事一波三折,跌宕起伏,人物形象生动传神,活灵活现,从而使作品具有60年代的时代气质和艺术气息的鲜明特点。

捕捉新的矛盾及引发的讨论

社会主义革命和建设的持续进行和不断深入,都会在广大农村有所体现,并在农民心里激起各种回响。但农村社会的由"私"向"公"的转化,农民生活的由"旧"到"新"的变化,对于广大农民来说,是完全新鲜的事物;对于主导这场革命的组织者和领导者来说,也没有现成的经验可以借鉴。因此,带有一定的实验性的方针和政策,也要到现实中去经受实践的检验。所以,就有"农民群众高兴不高兴"的问题确实存在。而在广大农村,也因传统观念与固有习惯的交互作用,总有落后分子屡见不鲜并难以改变。"十七年"间的一些农村题材作品,在切实跟踪和如实反映农村状态和农民心态的过程中,也触及一些不切实际或带有左的偏向的政策和做法带来的新的矛盾,也触碰到一些后进分子不思进取的现实问题,因而也引起了一些评价上的争议与有关问题的讨论。这种现象甚至始终伴随着农村题材的小说创作时隐时现,为我们观照农村题材创作所不可避绕。

为了走出一个时期对"写中心"的教条性提倡,对"写真实"的片面化理解,50年代中出现了一些在农村题材写作上满含新意与锐意的作品。但这些作品在发表之后,都受到不同程度的批评与批判,并引起一些评价争议与问题讨论。这样一些备受指责的作品,主要以赵树理和"山药蛋"派作家的作品为多。

一直与生活保持着密切联系的赵树理,在60年代初期写出了《套不住的手》《实干家潘永福》等短篇,无论是老农民陈秉正的戴不住手套的一双手的劳作不休,还是基层干部潘永福的摒弃虚假一套的苦干实干,作品里透露出来的都是为人处世的实事求是,农村工作的务实求真,背后暗含的是对当时的“浮夸”时风和虚假作风的反讽与抨击。这样的不避锋芒的作品出现在“大跃进”余波未平的时期，无疑是需要勇气的。但作家并没有停止他的观察与思考，随后，他又写出了以落后人物为主角的《锻炼锻炼》，把镜头对准“小腿疼”和“吃不饱”两个落后农村妇女，通过她们的借故躲避集体劳动，处处事事要奸溜滑，揭示了一些落后妇女变化的艰难、进步的困难的现实问题。差不多同时，西戎也写出了短篇小说《赖大嫂》，描画了一个“无利不起早”的自私妇女形象。从多角度地反映生活，多层次地塑造人物上看，从提请人们注意社会主义改造的长期性与艰巨性来看，这些作品是对当时农村题材写作中某些缺失的必要补充，有一定的现实意义。正是看到了这样一些意义，这些作品除去得到一些评论者的积极评价外，还在1962年于大连召开的农村题材短篇小说创作座谈会上得到肯定。但好景不长，在随后的极左思潮抬头之后，这些作品又被冠以写“中间人物”的名号，受到了不应有的对待与批判。

1962年于大连召开的农村题材短篇小说创作座谈会，是“十七年”间围绕农村题材创作的一次重要理论探讨。为了开好这次会议，侯金镜、康濯等对几年来反映农村生活的小说进行了广泛的阅读，康濯写了长论《试论近年间的短篇小说》并在大会上发言。文章对反映农村题材的短篇进行了全面而概括的讨论，高度评价了赵树理的《套不住的手》《实干家潘永福》等作品。在这样的基础上，主持会议的邵荃麟在总结发言中提出了“写中间人物”和“现实主义深化”的主张。他指出，1959年以来的文学创作，写人民内部矛盾的比较少，而如何反映人民内部矛盾，是农村题材最主要的议题。他认为回避矛盾，粉饰现实，不可能有现实主义；而不以现实主义为基础，也谈不上浪漫主义；关键在于向现实主义深化。而现实主义的深化，又必须克服人物塑造上的简单化和单一化问题。他还认为，先进人物、英雄人物反映了我们的时代精神，强调写他们是应该的。但现实生活中的人物两头小，中间大，中间状态是大多数，而矛盾往往集中在他们身上。文学作品要反映现实生活中的矛盾，就不能不写他们；文学的主要教育对象是中间人物，也应该注意写他们。邵荃麟提出的“写中间人物”和“现实主义深化”的主张，因为概括了许多作家评论家的意见，在当时赢得一些人的赞同，也引起较大的反响。可以说，这是由农村题材创作提出问题又超出了农村题材领域，旨在更大范围内克服创作中的弊端，引领创作进而深入发展的一次重要理论出击。但到1964年，邵荃麟的颇有见识与勇气的文学意见，被视为“资产阶级的文学主张”，遭到全国范围的批判。1966年出笼的林彪和江青合伙炮制的《部队文艺工作座谈会纪要》,更把“写中间人物”和“现实主义深化”打成“反革命修正主义文艺主张”,并纳入所谓的“黑八论”。由于这种难以抗拒的“极左”思潮与运动的干扰与破坏,“山药蛋”派的作家们,在创作上几起几落,他们的创作特色未得到应有的发挥。这一流派作家的创作追求,也并未完全得到实现。这是“山药蛋”派的悲剧,更是一个时代的悲剧。

农村变革的鼓与呼

1976 年 10 月粉碎“四人帮”的胜利,使国家进入新的历史发展阶段。而 1979 年 12 月召开的党的十一届三中全会,“确立了解放思想,开动脑筋,实事求是,团结一致向前看”的指导方针,“作出了把工作重心转移到社会主义现代化建设上来的战略决策”,使党和国家实现了具有深远历史意义的伟大转折。改革开放的春风徐徐吹来,安徽小岗村以大胆试行包干责任制的做法,拉开了农村改革的序幕。作为社会的敏感神经的文学,在“伤痕文学”“反思文学”依然意犹未尽的时候,一些小说家就开始在农村题材上潜心耕耘,在 20 世纪 70 年代后期,写出了一批反映农村新变化、绘描农民新人物的短篇小说和中篇小说,使得农村题材不仅接续上了“十七年”间的深厚文脉,而且在新历史条件下,又有新的突破和新的拓展。

何士光的短篇小说《乡场上》,是较早反映农村变革给普通人带来希望的小说力作。原本“顶没有价值的庄稼人”冯幺爸,被村支书叫来指证一场纠纷时,没有顺从村支书的暗示行事,而是公正地指出了事情的原本真相,原因在于“国家实行责任制”,“放开了庄稼人的手脚”,他觉得自己可以不听从任何“神明”,终于挺起了自己做人的腰板。作品由一桩小事为由头,写出了社会变革给普通农人带来的人的觉醒。这一时期先后出现的周克芹的《山月不知心里事》、赵本夫的《卖驴》、邹志安的《喜悦》等短篇,都侧重于描写庄稼人随着农村变化而发生的或显或隐的觉悟与觉醒。而高晓声的《李顺大造屋》《陈奂生上城》,则由命运不济的普通农人的种种折腾,反映了农村的深刻变化和农民艰难行进的身影。

农村题材的中篇小说创作,卓有特点又较有影响的,是贾平凹的《小月前本》《鸡窝洼的人家》《腊月·正月》等。三部中篇小说,都是以小山村为场景,书写农村小青年为着改变命运奋斗的小故事。

《小月前本》里的门门、小月,《鸡窝洼的人家》里的禾禾,《腊月·正月》里的王才,都是并不起眼的小角色,但他们却并不甘于平庸,或者敢于创办小吃店，或者勇于走出小山村，哪怕遭受挫折，也不屈不挠。他们之所以敢闯敢干，无所畏忌，都在于改革开放带来了新的机遇与生机，敏感又活泼的他们，愿意在新鲜事物的尝试中释放自己的天性，安放自己的未来。路遥在这一时期写作的中篇小说《人生》，虽然主要的笔墨在写农村知识青年高加林面临人生与爱情的选择既心动不已又犹疑不决的艰难抉择，但作品里对时代气息的渲染性勾勒，对于城乡交叉地带的贯穿性描写，也把改革开放怎样改变着城乡生活的面貌，如何鼓荡着置身其中的青年农民的心性，描写得真切动人又鲜活迷人。

农村题材的长篇小说中，较早又集中地涉及改革开放给农村农人带来命运转折的作品，是贾平凹的《浮躁》、路遥的《平凡的世界》。《浮躁》以陕西南部的仙游川为背景，写这里的人们在过去的生活贫困和官员腐败的双重压力下，几乎喘不过气来。改革开放的到来，为他们提供了改变命运的绝好契机。退伍还乡的金狗，既看准时机，利用媒体的力量揭露腐败官员，又把握时运，组织河运队，挺立于改革潮头勇敢前行。作者以金狗、小水、大宝、福运等年轻农人的自省自立和自强，写出了在州河土地上新生力量的成长与成熟。路遥的《平凡的世界》，因立足农村又超越农村、书写苦难又战胜苦难，出版以来，一直热度不减。这部作品主要描写的，是改革开放前后十年间的农村生活变迁。作品里的孙少安、孙少平两兄弟，由于家境贫苦，出身贫寒，在“文革”时期备遭磨难。而实行改革开放之后，孙少安由搞承包、办砖厂，走向了脱贫致富；而孙少平也如愿地离乡进城当了工人，走向更为广阔的天地。可以说，少安、少平的人生转折，既跟他们自己的奋力拼搏、坚忍不拔有关，更跟时代的变迁、社会的转型密切相关。正是时代的替嬗演变，给他们提供了前所未有的契机。作品既描述了当代农村青年的事业打拼与人生奋斗，也歌吟了成全他们的理想与追求的改革开放的时代。

面对转型的忧与思

由于城乡的差异和发展的失衡等多种原因，我国农村在改革进程和转型过程中，也出现了一些新的矛盾与新的问题。比如，青年壮年外出打工，劳动人口锐减，留守老人与留守儿童增多，传统的乡土文化式微，等等。与乡土有着千丝万缕联系的当代作家，对这些都看在眼里，急在心里，并在农村题材小说创作中，不同程度地涉及这些现象，不同方式地触摸到这些问题，并由笔下故事的起承转合与人物的喜忧哀乐，来体现自己的种种反思与忧思。

贾平凹在直面农村现状的写作方面，除去《浮躁》之外，还有《高老庄》《秦腔》《带灯》《无极》等作品行世。这些作品都不同程度地触及了农村在剧烈变化中的某些缺憾和某些失落。如“重农”由“重商”所替代之后，农村变得不伦不类，人际之间感情淡薄，传统文化快速衰亡，等等。这些作品中，最具代表性的是《秦腔》，作品在家族传人夏天义无可奈何地走向衰落与传统的“秦腔”也日渐式微的相互交织的故事线索里，吟唱的显然是传统的农耕文明已辉煌不再的一曲挽歌。

在作品中表达了相似主题的，还有高建群的《大平原》、王华的《花河》等。《大平原》主要描写高氏一家从河南逃难到陕西后在黄龙山安家求生的故事。高家的几代人经历了动荡、饥荒和战争，迎来了和平时期，但却因各种原因走向四面八方。第三代高家传人黑建原来位于城乡之交的住处，也因纳入了开发区已不复存在。乡村意义上的家，就这样无疾而终了。作品在农耕文明随着时间的流逝中，表达了一种说不出、道不明的惆怅。王华的《花河》，以女性视角切入现实，通过栀子、百合、映山红等几位花村女性的沉郁生活，反映了联产承包三十多年来农村由喧闹的田野变为寂寥的空巢的现实景象。进城打工的花村的男人们，经不住城市的各种诱惑，不是有了性病便是有了心病；而留守村里的花村女人们，长期得不到情感的慰藉，无边的压抑使得她们性与情的释发都走向了变态。原本的意愿是两全其美，最终的结果却是两败俱伤。看到这样一些场景与情景，无不让人心里发紧，眼睛发酸，并随着作者的笔触去思索花村的男人与女人们的今后命运。

还有一些农村题材长篇小说作品，因作者秉持了既审视现实又反观传统的深邃视角，作品在看似新异的故事中，内含了深沉的诘问。如孙惠芬的长篇小说《歇马山庄》，由青年女性的爱恨情仇，中年女性的婚姻困顿，老年女性的固守传统，写出了乡村女性各自的精神苦痛与人生坎坷。作品像是颂歌、挽歌与悲歌的多种元素混合而成的女性命运的交响曲。关仁山的《天高地厚》，写到蝙蝠村虽然迎来了改革开放时代，但天灾与人祸交织构成的种种障碍，仍使梁双牙、鲍真等农村新人在清理“空心村”、承包“腰带山”等方面步履维艰。改革需要新人的引领，新人需要成长的环境，这一切似乎还处于氤氲不明的状态中。但让人们看到希望的是，梁双牙他们没有灰心，没有气馁，他们在以自己的不懈的努力搭建自己的舞台，也在以新的方式重建与土地的关系。周大新的《湖光山色》，书写了商业大潮和“重商”时风给农村青年带来机遇也造成迷茫的故事。从北京打工回乡的楚暖暖与志同道合的旷开田成婚后，两人瞅准开发楚长城所潜藏的机会，又开办公司，又大建民居，一味向着放纵私欲的邪路走去，结果导致两人离婚，旷开田也因涉嫌犯罪锒铛入狱。作品由暖暖和开田的故事，提出了如何致富和致富之后怎么办的问题，先扬后抑的故事，读来也令人为之深思和深省。

七十年的农村—乡土题材小说创作，还有多向度的延伸性发展，如 80 年代的“寻根小说”、90 年代的“家族小说”等等。同时，农村—乡土题材的小说创作，也一直与现实主义相随相伴，在这一方面涌现出了不少力作佳构，也积累了不少宝贵的文学经验。但即便是这样一个线条粗疏、挂一漏万的概要描述，也可看出农村—乡土题材小说在七十年间，追踪着生活的脚步寻找艺术节奏、感应着时代的脉搏放飞艺术想象的蓬勃发展。这使人们有理由相信，走过这七十年的坎坷又辉煌的历程，拥有着立于丰富创作实践的文学经验，农村—乡土题材的小说创作，依然有着可以寄予厚望的光明前景，并为构筑新时代的文学高峰作出自己新的贡献。

（原载 2019 年 9 月 2 日《文艺报》）

文学经验梳理

社会主义文艺体制的建构

1949年7月召开的中华全国文学艺术工作者代表大会,实际上掀开了新的中国文学历史的第一页。在这次代表大会上,长期分离的解放区和国统区的两支文艺队伍汇合一起,具有不同倾向的一切进步与爱国的文艺工作者欢聚一堂,构成了有史以来中国文艺工作者的空前大团聚。这次大会的最主要的意义在于:“五四”以来分散形态的“新文艺运动”也即“统一战线的文艺运动”(郭沫若语),由此进入“新的人民的文艺”时代(周扬语);与会的文艺界人士在文艺思想、文艺方向上形成共识,即把毛泽东《在延安文艺座谈会上的讲话》所提出的文艺方针确定为全国今后文艺运动的总方向;提出面向人民革命胜利的新的现实,为建设新中国的人民文艺而奋斗的新的任务;组建了全国性的文联领导机构及各文艺协会的领导组织。新中国文学由此拉开了自己的序幕。

作为新中国社会事业的一个重要部分的新中国文学,随着社会生活的巨大变化而不断演进,建构社会主义文艺体制的任务也必然提上了议事日程。一方面,大规模的社会主义革命和社会主义建设,使社会生活发生着这样和那样的新的变化;一方面,党和政府不断对文艺工作提出新的要求,希望文艺工作者为新的经济基础的巩固与发展努力服务。这一切都要求新中国的社会主义文艺体制的及早形成和尽快建立。而由于这一文艺体制的全新性质以及在认识与把握上的某些偏失,在社会主义文艺体制的建立之中充满了各种曲折,从而使体制建构的过程实际上也即体制的探索过程。

总体来看,社会主义文艺体制的建立,大致经历了两个大的阶段,即“十七年”与“文革”阶段和“新时期”及“新时期以后”阶段。前一个阶段,以毛泽东的《在延安文艺座谈会上的讲话》为指针,旨在为政治服务、为工农兵服务的方向之下,使文艺工作者成为无产阶级革命队伍的特殊成员,使文艺工作成为社会主义革命的前沿战线。但因烽鼓不息、运动不断,导致了

"左倾"思潮的愈演愈烈,乃至出现了十年"文革"那样的大的悲剧。后一个阶段,以党的十一届三中全会精神和邓小平理论为指针,旨在"为人民服务、为社会主义服务"的方向下,真正贯彻"百花齐放,百家争鸣"的马克思主义的方针,以"越走越宽"的文艺路子和"日益丰富多彩"的文艺题材和表现手法,使"我国文学艺术蓬勃繁荣,争奇斗艳"(邓小平语)。自然,前后两个大的阶段的文艺状况的迥然不同,是为当时的具体社会历史情势所主要决定的,但在文艺的指导思想和具体的体制建设上,对于文学艺术的客观规律尊重不够而且时有违背,显然也是不可忽视的重要元素。在这一方面,我们走过的道路和获取的经验与教训,都值得深刻反思和认真记取。

"一为"与"二为"

建立社会主义文艺体制,一个根本的问题是思想方向问题。思想方向作为内在的精神指向,决定一种文艺体制的基本性质。在新中国文学建立之初,周扬就在全国第一次文代会的报告中明确指出:"毛泽东《在延安文艺座谈会上的讲话》规定了新中国的文艺的方向。"①尔后,郭沫若在全国第二次文代会的报告中又指出:"毛主席所指示的文艺方向,已经成为全中国的文学艺术工作者的总方向。"②毛泽东的《在延安文艺座谈会上的讲话》,主要是论述文艺为什么人、怎么为的方向问题的,既有"为人民大众服务"的一般提法,更有"主要为工农兵服务"的重点强调,还有"文艺服从政治""服从党在一定革命时期内所规定的革命任务"的具体要求。事实上,这一时期有关文艺方向的基本提法,主要是"一为",即"为工农兵服务",而在"反右"之后,"为工农兵服务"进而变为"为政治服务"。

在文艺方向问题上的根本调整,始于新时期中邓小平在 1980 年的《目前的形势和任务》有关"不继续提文艺从属于政治这样的口号"的论述。1980 年 7 月 26 日,《人民日报》就文艺的服务对象和思想方向提法的重大改变发表《文艺为人民服务、为社会主义服务》的社论,再次阐明以"为人民服务、为社会主义服务"的口号代替过去的"为工农兵服务""为政治服务"的口号的理由。由此,有关社会主义文艺方向问题的提法得以重新确立,这便是人们习称的"二为"方向。

---

①② 《中华文学艺术工作者代表大会纪念文集》,新华书店 1950 年版。

“一为”的形成过程

毛泽东的《在延安文艺座谈会上的讲话》，在“结论”部分第一节，讲到“文艺为什么人”的问题时，提出了要为四种人：“第一是为工人的”，“第二是为农民的”，“第三是为武装起来了的工人农民即八路军、新四军和其他人民武装队伍的”，“第四是为城市小资产阶级劳动群众和知识分子的”。紧接着他又批评了知识分子的小资产阶级立场，强调文艺工作者要把立足点“移到工农兵这方面来”。这样，第四个服务对象“城市小资产阶级劳动群众和知识分子”实际上就被排除在外，真正的服务对象就只有合三为一的“工农兵”了。在“结论”第三节，毛泽东进而论述了文艺工作与党的工作的关系，提出了“文艺从属于政治”“服从于政治的斗争”的论断。这样，从“为工农兵服务”到“服从于政治”就从为什么人和怎么去为两个方面，为革命文艺确立了根本原则，同时也给以后在政治化的方向上理解和实行文艺的工农兵方向提供了最初的依据。

“文艺为工农兵服务”“文艺服从于政治”的口号提出以后，确在当时的文坛令人耳目一新，它以对列宁文学党性原则结合中国情况的具体发挥，使革命文艺运动有了明确的前进方向，也有了统一的思想导向。但一些地方在贯彻落实这一方向时，也不断暴露出教条化的倾向。如当时的晋察冀边区，把为农民服务具体化为“穷人乐”方向，甚至提出“文艺为兵服务的方针”。在这里，总的文艺大方向被演化为对口服务的一个个小的方向。

周扬在全国第一次文代会上的《新的人民的文艺》的报告，完全以《讲话》精神来总结解放区的文艺工作，他在充分论证“这个方向的完全正确”时，着重从主题、人物、形式等方面论述了文艺的工农兵方向带来的种种新气象，这也使方向问题具体化为了创作问题。他在报告里还毫不含糊地指出，文艺为工农兵是唯一的方向，除此之外，别无其他，“如果有，那就是错误的方向”，①这是使工农兵方向定为一尊，成为唯一的方向的开始。

1950年前后，文艺界发生的关于小资产阶级人物可否作为文艺作品的主角的问题的讨论，关于如何争取小市民阶层读者的讨论，虽然涉及有关城市小资产阶级问题，但并未逾越《讲话》中所提到的服务对象范围，但先后被当作有意无意地怀疑“文艺为工农兵服务”的方向的表现，遭到毫不留情的批评。紧接着，又开展了旨在经过“具体而深刻的思想斗争”，“毫无异

---

① 见《中国当代文学史参考资料集》第30页，陕西师大中文系编。

议"地"接受《讲话》所指示的方向"的文艺整风运动。1952年5月《人民日报》发表《继续为毛泽东同志提出的文艺方向而斗争》的社论,指出:"毛泽东同志的文艺方针的贯彻执行,必须经过不断的思想斗争。"社论在重申文艺"首先应当为工农兵服务"之后,着重就怎么为的问题指出:"首先要划清无产阶级与资产阶级文艺思想的界线。这是当前文艺运动上的根本问题。"其后,又严厉批评了文艺脱离政治的理论观点和创作倾向。至此,关于文艺的工农兵方向,实际上已完全成为政治的方向和阶级斗争的方向。

文艺为什么人的问题愈来愈成为政治性的问题的意向,在时任中共中央宣传部部长陆定一"反右"时的一个重要讲话里,更表达得十分直截了当。他说:"我们党一向主张政治领导文艺,因此文艺应该受党的领导,应该为工农兵服务。"①这样,政治、党的领导、工农兵方向就成为三位一体的东西,不仅文艺为工农兵成了无可置疑的唯一方向,而且成为文艺工作者在思想上和政治上的试金石,事实上在它与"为党""为政治"之间,完全画上了连接号。

"一为"的局限性

应当说,毛泽东在民族斗争和革命斗争的空前激烈尖锐的延安时期,提出"文艺从属于政治""文艺为工农兵服务",确是必要的。当时,文艺作为革命斗争的重要方式之一,需要时时起到"鼓舞人民、教育人民、打击敌人、消灭敌人"的战斗作用,而提出这一口号之后,革命文艺也有了统一而明确的方向,文艺创作的面貌也焕然一新。但在社会主义建设取代了新民主主义革命之后,历史条件与社会环境均发生了重大的变化,仍坚持使用这样一个高度强调政治功利的口号,便日渐显出了其诸多的局限性。

建国初期,文艺由主要"为工农兵服务"变成只为"工农兵"服务,这样既在服务对象上剔除了工农兵以外的人民群众,也在主要描写对象上摒弃了工农兵以外的人物形象。这一时期,相继开展的关于短篇小说《我们夫妇之间》的批评和电影《武训传》的批判等,涉及的无不是像李克、武训这样的非主流人物可否成为文学作品的主角问题。这样的问题此后在关于《青春之歌》《三家巷》等小说和《早春二月》《达吉和她的父亲》等电影的论争与批判中,仍然或显或隐地演进着。其显而易见的后果是,符合流行文艺方向要求的文学作品,大多内容贫瘠、题材单一,缺少生活实感和艺术魅力;而

① 陆定一《在作协党组扩大会上的讲话》,《文艺报》1957年第25期。

那些生活内容真切、艺术描写生动而又为人民群众所普遍欢迎的作品，却又常常得到这样和那样的批评与指责，这势必使文艺的路子越走越窄。

50年代中期以后，文艺为工农兵服务逐渐演变为文艺为政治服务，而且还表现为过于紧跟党的号召和紧贴中心任务，“写中心、唱中心、演中心”，使文艺创作更多地演绎政治与政策，造成了严重的公式化、概念化倾向。这种现象在1958年伴随着生产大跃进的“文艺大跃进”，进一步走向了高潮。在当时的文坛，不仅一批批歌颂“大跃进”的标语口号式的作品竞相出现，而且在文艺创作上也搞所谓的“大跃进”，提出“人人都是诗人”，“每县都要出一个郭沫若”等形式主义的口号，严重违背了艺术生活的特有规律。以周恩来1959年5月3日《关于文化艺术工作的两条腿走路的方针》的讲话为标志，党对文艺工作的初步调整，也正是主要针对文艺的路越走越偏的现状，有意纠“左”和刻意放活。林彪、“四人帮”在十年浩劫前后，从“大写十三年”到大抓“革命样板戏”，再到培植“阴谋文艺”，更是利用了文艺为政治服务的口号，并把其弊端发挥到了极致。他们一方面挥舞“大批判”“反复辟”的大棒，一方面又高喊为“无产阶级政治”、为“文化大革命”，顺理成章地就把文艺紧紧绑上了他们阴谋政治的战车，使文艺领域和整个社会生活陷入万马齐喑的黑暗，从而也使“文艺为工农兵服务”“文艺为政治服务”走向了令人痛心的悖论结局。

事实表明，文艺“为工农兵服务”、文艺“为政治服务”的口号，在社会主义时期实行以来，弊多利少，鲜有成效，而且容易被有意或无意地歪曲和利用。怎样用一个更为科学的口号取而代之，已成为摆在中国政坛与文坛领导人面前的一个亟待解决的问题。

“二为”方向的确立

粉碎“四人帮”集团，是当代中国社会生活的一个重大事件，也是当代中国文学事业的一个重要转折。“四人帮”一伙在政治和文化等领域，打着“革命”的旗号为所欲为和倒行逆施，使人们更加认清了极“左”思潮的实质及其危害。因此，人们在揭批“四人帮”、拨乱反正的同时，开始深入反思建国以来的文艺思想及文艺路线的有关问题。

1979年初，由《上海文学》《长江文艺》等刊物率先开展的关于“工具论”“从属论”的争论，因事关文艺与政治关系的根本问题，很快引起人们的关注，并迅速在全国铺展开来。到1980年，不仅许多报刊纷纷开辟专栏开展广泛讨论，有关的文艺团体还在庐山等地进行专题学术研讨。通过各种形式的讨论,大家对文艺与政治的关系形成了新的看法,取得了一定的共识。多数同志认为,文艺与政治是相互影响的关系,并非从属关系。建立于“从属说”“工具论”的文艺为政治服务的提法,是政治决定论和狭隘功利观在文艺上的反映。它忽视了文艺的相对独立性,把文艺与政治之间的复杂关系简单化、实用化。实践证明,它既不符合马克思主义的基本原理,又在实际执行中证明是有害的。现在应当根据变化了的政治、社会和文艺新形势,及时加以改变。但也有一些人持不同的看法,认为文艺与政治的关系是一种客观存在,文艺“为政治服务”的提法仍不失为有一定科学性的理论命题,问题是在执行过程中常常被扭曲。现在需要的是坚持和完善这一提法,并洗掉沾溅在这一科学命题上的种种污垢。理论论争中的这种分歧,反映了从领导层到批评家、作家对于文艺与政治关系的不同认识。怎样以一个更为科学的文艺口号统一大家的思想,体现新的文艺方向要求并真正起到调动文艺生产力和推动文艺发展的作用,成为当时文艺界人们所关注的一个焦点。在1979年底到1980年初期间邓小平多次讲话对文艺与政治关系进行部分修正的基础上,《人民日报》于1980年7月26日发表了《文艺为人民服务、为社会主义服务》的重要社论,社论明确告诉人们:“最近,党中央指出,我们的文艺工作总的口号应当是:文艺为人民服务、为社会主义服务。这个口号是在文艺界贯彻党的十一届三中全会方针,解放思想,拨乱反正,总结革命文艺运动历史经验的基础上提出来的,为我国社会主义新时期的文艺工作指出了正确的方向,我国各民族广大的文艺工作者,应当在这个统一的方向下,进一步团结起来,为繁荣社会主义文艺事业而共同努力。”从此,由文艺与政治关系的论争所引发,主导了新中国文艺事业数十年的“文艺为工农兵服务”“文艺为政治服务”的旧的“二为”口号,即由“文艺为人民服务、为社会主义服务”的新的“二为”口号正式取代。

新的“二为”方向一经确立,便不断显示出其引导文艺健康发展的巨大生机与无限活力。在旧“二为”口号下,常常挥之不去的内容与题材的单一化、贫瘠化和表现手法上的公式化、概念化,不仅得到了有效的克服,而且文艺的内容与题材空前地多样,文艺的表现手法极大地丰富,文艺创作很快由“伤痕文学”过渡到“反思文学”“改革文学”,乃至80年代中期,在理论上以文学主体性问题和新观念、新方法的出现为标志,在创作上以“寻根文学”“新写实文学”为代表,文学的理论批评和文学创作相继进入到一个“百花齐放,百家争鸣”的新的繁盛时期。

新“二为”取代旧“二为”之后

从“为工农兵服务”“为政治服务”到“为人民服务、为社会主义服务”，一个文艺方向口号的确立，经历了整整三十年的时间，可谓代价不小，来之不易，个中涵盖了历史与文学的曲曲折折的教训与经验，也浸透了几代文学工作者的心力与血汗。

事实上，由旧“二为”到新“二为”，表面来看，是一些字眼的更换，更深层次里，却是文学指导思想的新变。

新的“二为”方向中，以“人民”替代“工农兵”，使文艺的服务对象范围以及文学的描写范围，最大可能地得到了拓展和扩大。人民群众对于文学艺术的需要是多种多样的，而人民群众的性格构成与生活形态更是丰富多彩的。以这样一个丰繁多姿而又变动不居的精神世界和生活万象为对象，就使文学艺术在根本上植根于深厚的源泉和置身于广阔的天地，打掉了长期以来高悬在文艺工作者头上的这也不能写那也不能写的“达摩克利斯剑”，使他们放开身心地去写自己所熟悉的、所擅长的，创作的主客体双方在宽松与自由的状态之中，达到最大程度的切近与契合。

新的“二为”方向中以“社会主义”取代“政治”，则使文艺的导向直指长远而根本的目标，使文艺的功能更加放大与延展。正如《人民日报》《文艺为人民服务、为社会主义服务》的“社论”所指出的，“把为政治服务作为文艺的总口号，作为文艺的唯一任务，要求一切文艺作品都要反映一定的政治斗争，都要配合一定的任务，这显然是不合适的”。而“为社会主义服务，这个口号概括了文艺工作的总任务和根本目的，它包括了为政治服务，但比孤立地为政治服务更全面、更科学。它不仅能更完善地反映社会主义时代对文艺的历史要求，而且更符合文艺规律”。① “为社会主义服务”，就是要求文艺在社会主义精神文明建设中发挥多方面的能动作用，使文艺作品的创作、发表和评论，有一个最主要也即最基本的坐标，这也便于在更为广阔的意义上团结一切积极力量，调动一切积极因素，使文艺事业内在地与社会事业融为一体，共荣共进。

正因为新的“二为”方向在理论上的正确性与科学性，实践中也证明行之有效，十六年之后的1996年12月，江泽民总书记《在中国文联第六次全国代表大会、中国作协第五次全国代表大会上的讲话》中，再次郑重指出：

---

① 1980年7月26日《人民日报》。

“为人民服务、为社会主义服务，决定着我国文艺的性质和方向，为我国文艺的发展和繁荣开辟了无比广阔的前景，在社会主义现代化建设的整个过程中，始终是我们必须坚持的根本原则。”①江泽民同志的这段话，既代表了党中央对文艺方向问题的再度重申，也反映了广大文艺工作者在文艺方向问题上的共同心声。

由“改造”到“引导”

文艺工作者是社会主义文艺事业的构成主体和实践主体，因而，对文艺工作者如何正确地认识与使用，事实上就成为社会主义文艺体制建构中的又一个重要问题。

由于在一个时期对于知识分子问题把握的摇摆不定，建国之后，对于文艺工作者在政治上估价偏低，因而对他们的政治立场和思想倾向一直保持高度的警觉。在早期，为了保证中央和文艺界在文艺的政治方向上的一致性，主要以开展思想改造和文艺整风运动为主进行思想教育；在50年代中后期，则主要以一系列文艺批判运动为重心，在思想的教育中夹杂了政治的威慑。在这些时期，文艺工作者或者战战兢兢，或者唯唯诺诺，无不处于如履薄冰的境地。

文艺工作者作为被动主体的这一状况，在进入新时期之后，由于对知识分子的认识和对文艺工作者的估计重新回到正确的轨道，以及对于历史的经验与教训的记取，对于文艺工作者在思想倾向、政治方向上的问题，摒弃了随意“斗争”、动辄“运动”的方式，而代之以体现批评与自我批评精神的文艺讨论和文艺批评，逐步形成了通过文艺批评进行思想引导的基本做法，从而使广大文艺工作者获得了相对宽松的外在环境和相对自由的内在心境，并在自重、自立、自主的主体状态下，积极投入新时期的社会主义文艺事业的建设。

思想改造与文艺整风

建国初期，党和政府工作重心的转移和社会生活的巨大变动，都需要文艺方面作出有效的配合和有力的反映。文艺工作者在热情反映抗美援朝、

① 江泽民《在中国文联第六次全国代表大会、中国作协第五次全国代表大会上的讲话》，见《中国文联第一至第八次全国代表大会资料汇编》第530页，中国文联理论研究室编。

努力配合“三反”“五反”、积极进行戏剧改革等活动的同时，面对新的社会生活，在小说、散文、报告文学和诗歌等方面，都创作出了一批好的和比较好的作品，如白朗的《为了幸福的明天》、草明的《火车头》、赵树理的《登记》、谷峪的《新事新办》等小说，柯仲平的《从延安到北京》、胡风的《时间开始了》、石方禹的《和平最强音》等诗歌。但由于人们对于全新的社会生活有一个认识熟悉的过程，也由于新的文学观念和新的文学表现方法有一个探索、形成的过程，在文艺思想和文艺创作上，也出现了一些与新的社会形势、新的政治要求不相适应和不够谐调的现象。这些问题的出现本属正常，但当时党的文艺方面的领导层，既对当时取得的成绩估计不足，又对尚且存在的问题看得过重，并把问题归结于文艺工作者的思想落后，遂由北京开始发起了全国文艺界的整风学习运动。中国文联在 1951 年 11 月 17 日召开的扩大会议中指出：“文艺工作的这种落后的思想根源，就是忽视思想，脱离政治，脱离群众，迎合资产阶级小资产阶级的倾向，而为了战胜这种倾向，就必须采取整风学习的方法。”时任中共中央宣传部副部长的胡乔木，在北京文艺界的整风学习动员大会上，作了题为《文艺工作者为什么要改造思想》的报告，报告开宗明义便指出：“虽然 1949 年 7 月全国文学艺术工作者代表大会就已经宣布了接受毛泽东同志在 1942 年延安文艺座谈会上所指示的方向，但是这并不是说，不经过像 1942 年前后在解放区文艺界进行过的那样具体的深刻的思想斗争，这个方向就真的会被全国文学艺术工作者所自然而然地毫无异议地接受。”而“目前文学艺术工作中的首要问题，从根本上说，就是确立工人阶级的思想领导和帮助广大的非工人阶级文艺工作者进行思想改造的问题。不解决这个问题，其他问题的解决是不可能的”。①

北京文艺界的整风学习运动，进行了为期一个月的时间，丁玲、欧阳予倩、老舍、李伯钊等老作家纷纷表态拥护这次学习，要在联系实际中改造思想。整风学习会运用批评与自我批评的方式检查了思想和工作，批评了若干全国性文艺刊物的缺点，批评了资产阶级、小资产阶级的思想影响。随后，华北、东北、华东、中南和西北等大区的文艺界，均仿效北京普遍开展了类似的整风学习运动。全国文联根据这次整风的精神，于 1952 年 3 月在全国范围内组织作家、艺术家深入部队、工厂、农村体验生活。是年 5 月，在纪念毛泽东《在延安文艺座谈会上的讲话》发表十周年之际，全国各地的文艺

---

① 见《人民文学》1952 年 3 月、4 月合刊号。

界都在所举行的纪念活动中，联系当时的文艺整风，检查了文艺工作中的缺点及其思想根源，并表示将进一步改造思想、改进工作。作为建国以来规模和影响都颇大的文艺整风学习运动，虽然存在着要求过急过高、方法简单等弊端，但由于强调批评与自我批评，对于文艺工作者认识国情、认识自己，使文艺界理顺文艺思想和改进文艺工作，都发生了一定的积极的影响作用。

文艺斗争与政治运动

遵照毛泽东《在延安文艺座谈会上的讲话》的“文艺界的主要斗争方法之一，是文艺批评”的指示精神，建国之后有关文艺创作、文艺思想中的不同倾向和不同看法，一般都主要以文艺批评的方式进行争论和批评，如关于碧野的小说《我们的力量是无敌的》的批评，关于萧也牧的小说《我们夫妇之间》的批评，关于电影《关连长》的批评，等等。在这些作品的批评中，因为有把文艺问题政治化的倾向，因而未能给予作家作品以公正的评价，但总体上说批评仍没有溢出思想领域的范畴。

但由 1955 年开展的批判胡风集团起始，文艺界的思想斗争由文艺批评逐步变为政治批判，并常常扩大为一种群众运动。批判胡风，起先只是针对胡风的文艺思想和宗派倾向，后来由舒芜提供的胡风等人的书信，不仅充分暴露了胡风等人的非主流的小集团倾向，而且披露了他们对毛泽东文艺思想的严重不满，这就使问题的性质迅即改变，不仅胡风被打成了“一切反革命阶级、集团和个人的代言人”，而且把接近胡风、同情胡风和与胡风有过联系的人都打成胡风分子。在胡风事件之后的 1956 年 8 月，毛泽东在《同音乐工作者的谈话》中，不经意中就把资产阶级与知识分子联系了起来，他说：“对资产阶级、对知识分子的问题，处理不好的话，对革命事业是不利的。”“音乐家中的许多人在思想上是属于资产阶级的。”①这一思想到了“反右”反映得更为明显。毛泽东在 5 月 15 日写的供党内高级干部阅读的《事情正在起变化》一文，认为右派大约占知识分子整体的 1%到 10%。到 7 月 1 日，为《人民日报》作《〈文汇报〉的资产阶级方向应当批判》的社论时，更明确地指出，“右派进攻”是“资产阶级及资产阶级知识分子发动的一场战争”，嗣后，“反右派”的斗争迅速走向扩大化，全国共划定右派分子 55 万人，其中知识分子和文艺界的作家、艺术家占了相当大的比重。随着“反右派”斗争的进展，在文艺界把理论上的不同见解和创作上的不同现象，一概

① 见《党和国家领导人论文艺》第 19 页，文化艺术出版社 1982 年版。

斥之为资产阶级、唯心主义和个人主义的表现,有的作品被粗暴地冠以“反党反社会主义的大毒草”,许多有影响的作家、批评家、艺术家都受到不同程度的批判、斗争与组织处理。1957 年 9 月 1 日的《人民日报》社论《为保卫社会主义文艺路线而斗争》,更以总结经验的口吻,把文艺界对丁玲、冯雪峰等人的文艺思想的批判,上升为“是党的社会主义文艺路线跟反党、反社会主义文艺路线的斗争”。

由此,文艺界便失去了正常的文艺批评和思想斗争,所有不合群的艺术见解,不合辙的创作倾向,都无一例外地被看作是政治上的异端大张挞伐。从 1959 年文艺界的“反右倾”、电影界的“拔白旗”,到 1962 年的《刘志丹》小说案,1963 年和 1964 年毛泽东关于文学艺术工作的两个批示,文艺领域的问题越揭越多,文艺工作的成绩也被基本否定。到林彪委托江青召开部队文艺工作座谈会,极“左”思潮更乘时就势地主宰了文坛,肆无忌惮地横行霸道了。

从要求文艺坚持正确的政治方向到推导文艺走向极“左”的错误方向,这种动机与结果的大相径庭,在怎样正确估价文艺知识分子,怎样对待文艺思想问题,怎样按照文艺客观规律要求文艺和领导文艺等方面,都给人们提供了惨痛而深刻的教训,很值得认真总结。对知识分子的再认识与文艺政策的调整在粉碎“四人帮”不久邓小平实际主政之初,他就根据新时期党和国家的工作重心初步转移的需要,根据历史的经验和教训,根据知识分子队伍的实际情形,先在一次谈话中提出“要在党内造成一种空气:尊重知识,尊重人才,要反对不尊重知识分子的错误思想”,“要承认这些人也是劳动者”。① 后又在全国科学大会开幕式的讲话中正式宣布:“在社会主义社会里,工人阶级自己培养的脑力劳动者,与历史上剥削社会中的知识分子不同了。”“他们的绝大多数已经是工人阶级和劳动人民自己的知识分子,因此也可以说,已经是工人阶级自己的一部分。”②他还在 1979 年的全国第四次文代会上针对文艺界的知识分子全体指出:“我们的文艺队伍是好的,有这样一支文艺队伍,我们党和人民是感到十分高兴的。”“文艺工作者理应受到党和人民的信赖、爱护和尊敬。”③这些对知识分子的阶级属性的重新认定,对文艺工作者地位与作用的充分肯定,不仅使知识分子回归劳动人民的队伍,而且还各以自己的知识所长受到好评与尊重。广大文艺工作者由长

---

① 《邓小平论文学艺术》第 139—140 页。

② 同上,第 142 页。

③ 同上,第 247 页。

期当“他们”看待到现在的当“我们”看待，感到了极大的欣慰与鼓舞。从1979年开始，在“文革”前后被错误批判与处理的冤假错案，相继得以澄清与平反，被打散的文艺组织也得以重新恢复，被停止的文艺报刊也相继复办，党的知识分子政策开始在文艺领域里全面落实。

随着在政治思想领域和文艺大是大非问题上的拨乱反正，党在文艺问题上应采取什么样的方针政策，也成为新时期伊始的迫切问题。

在标志着新时期文艺工作的战略转移的中国文学艺术工作者第四次全国代表大会上，邓小平在致辞中以简洁明了的语言为这一方针政策勾勒了一个基本雏形。这就是“在文艺队伍内部，在各种类、各流派的文艺工作者之间，在从事创作与从事文艺批评的同志之间，在文艺家与广大读者之间，都要提倡同志式的、友好的讨论，提倡摆事实，讲道理，允许批评，允许反批评；要坚持真理，修正错误”。“文艺这种复杂的精神劳动，非常需要文艺家发挥个人的创造精神。写什么和怎么写，只能由文艺家在艺术实践中去探索和逐步得到解决。在这方面，不要横加干涉。”①1980年7月26日的《人民日报》的《文艺为人民服务、为社会主义服务》的社论，在传达和阐述了党中央关于文艺总口号的新提法之后，进而指出：“为保证文学艺术沿着正确方向不断繁荣起来，一定要坚定不移地、始终不渝地贯彻执行‘百花齐放、百家争鸣’的方针。我们的目标是创造和发展社会主义的新文艺，我们的方针是走群众路线，在人民内部充分发挥民主。艺术上的不同风格和流派可以自由发展，学术上的不同见解和学派可以自由争论。艺术和学术方面的是非，不能简单地靠行政命令来解决，只能通过自由竞赛和自由争论，靠实践的反复检验来解决。”这里边涉及的“双百”方针、艺术民主和废止行政命令等要点，无一不涉及党如何领导文艺的大问题，完全可以看作是党在新时期领导文艺工作的方针与方法的概要表述。这一文艺政策的适时调整，既反映了党对广大文艺工作者的高度信任，也反映了党对自身工作失误的深刻反省，在总体上体现了党在文艺工作领导方面进一步地走向成熟。

“引导”方式的坚持运用

“双百”方针、艺术民主和摒弃行政命令在理论上的认定，并不等于在实际中的确立。事实上，在建国后的许多时期，有关“双百”方针和艺术民主的提法都不断在党的领袖和文艺界领导的讲话中闪现，但却没有能够在

① 《邓小平论文学艺术》，第256页。

艺术工作实践中得到真正的和持续的实现。然而，因为在记取历史的经验和教训的基础上文艺界上下的团结一致，更因为党和政府恪守正确的指导思想和方针政策的不动摇，由“双百”方针、艺术民主等基本方针政策构成的对文艺工作者以“引导”为主的思想教育方式，在新时期一经提出便逐步确立，而且在艺术实践中坚持运用，收到了十分明显的社会效果。

在1979年至1980年间开展的牵动文艺界内外的关于文艺与政治关系的大讨论，涉及文艺的方向及党对文艺的领导等诸多重大问题，讨论中各种意见纷纷亮相，不同看法针锋相对，甚至还出现绝对肯定文艺为政治服务的意见和绝对否定文艺与政治关系的意见，但无论是邓小平的讲话，还是《人民日报》的社论，就这一重大问题作决策性的结论时，都不轻易指责哪一方，而是在正面阐述自己的意见的过程中，据理说服各种不同看法，把大家“引导”到相对统一的大方向上来，使不提“文艺为政治服务”与“文艺不要脱离政治”的辩证认识，成为文艺工作者的基本共识。

1980年2月间召开的剧本创作座谈会，也是运用艺术民主的精神，“引导”创作的一个范例。当时，戏剧界和文艺界对《在社会的档案里》《骗子》《女贼》等着重描写社会和人性的阴暗面的作品有较大争议。这一问题也引起党中央的高度注意。但党和政府并没有像过去那样，以文艺批判的方式简单对待，而是采用召开创作座谈会的方式，让与会的作家、批评家自由讨论开展争鸣。党中央总书记胡耀邦应邀与会讲话，也是以一家之言发表自己对文艺如何反映现实、干预生活的看法，并告诉大家：“有些问题，应该鼓励大家畅所欲言，继续讨论，在文艺实践中求得解决。”①结果会议不仅就几部作品存在的问题进行具体的分析论证，而且还就作品涉及的一些倾向性问题交换了看法，并在一些问题上求得大体相近的认识，收到了事半功倍的效果。同样，随后进行的对电影剧本《苦恋》及据以拍摄的电影《太阳与人》的批评，也是大致如此。对这部由人性探悉进入到政治反思的影片表现出来的某些思想倾向，一些文艺工作者颇有意见，党的高层领导也极为不满，邓小平同志也多次点名予以批评，同时也已有某些充满“文革”气息的火药味十足的批判文章开始发表出来。但从党中央到文艺界，都坚持不搞政治斗争，不搞批判运动，以组织有影响的文艺评论家撰写有理有据的批评文章的方式，让思想斗争始终在文艺批评的领域里运行，结果既教育了作者本人，又消除了其不良影响。

---

① 《党和国家领导人论文艺》第210页，文化艺术出版社1982年版。

以文艺批评的方式“引导”作家创作，迄今已坚持运用了二十多年，现在，党和政府对这一领导文艺的方式已驾轻就熟，广大文艺工作者也已习以为常。从“文革”前后两个时期总的情况比较来看，前一个时期以思想改造和政治批判的方式领导文艺和文艺工作者，使文艺工作者瞻前顾后，无所适从，抑制了文艺生产力的发展，使这一时期斗争翻去覆来，运动连绵不断，人们只求政治无过，不求文艺有功，整个的创作与批评呈现每况愈下状态；而后一个时期以艺术民主和文艺批评的方式引领文艺和文艺工作者，使文艺工作者身心放松，无拘无束，通过自由讨论、自由竞赛来坚持真理，修正谬误，文艺工作在个人心情舒畅和整体的安定团结的基础上，持续出现创作繁荣和理论批评活跃的局面。“政策和策略是党的生命”，政策和策略也是文艺的生命。这是过去和现在两种截然不同的文艺形势所揭示给我们的一个重要真理。

文学组织与作家的体制化

作为文艺体制的重要构成，新中国的文学组织从建立伊始，就得到了党和政府的高度关注和广大文艺界人士的积极参与。全国文联和全国文协（后分别改称“中国文联”和“中国作协”）从 1949 年的第一次代表大会到 1996 年的第五次（作协）、第六次（文联）全国代表大会，党和国家主要领导人都亲临大会并发表重要讲话。中国文联、中国作协的几届领导机构的组建，也多采用党和政府提出建议名单，由与会代表酝酿选举的方式进行，中国文联和中国作协并分别设有党组。

新中国广义上的文学组织，包括党政系统的文艺领导部门和全国文联、全国文协及地方文联、地方文协。关于它们之间的相互关系和各自职能，周扬曾在党的第二次全国宣传工作会议上作了如下描述：“党通过政府领导全国文艺生活，党从思想上、政策上、方针上给予政府文化部门工作的监督和指示，文联是文艺生产的合作社，任务就是组织自己的干部搞创作和学习，党则通过这个文艺团体进行文艺工作。党、政府、文艺团体要共同为发展社会主义、建设社会主义文艺以不辜负党和人民对我们的期望而努力。”①新中国文学的五十年，党、政、文几个方面大致上即以这样一种模式发生关系和处理工作。

---

① 见《周扬文集》第 2 卷，人民文学出版社 1985 年版。

从50年代中期开始，全国文联和全国文协为了适应新的社会的和文学的发展需要，不断进行系统化、专门化的组织建设，有影响的专业作家都相继纳入各种文学体制之内，从而形成了组织体系高度规范、作家队伍比较庞大的具有中国特色的社会主义文学体制模式。

党和政府的文艺领导机构

党一贯重视对文学艺术工作的组织与领导，在建国后文学艺术工作者在队伍上实现联合，在任务上求得统一之后，建立常设的文艺领导机构更是势在必行。

党中央对于文艺工作的领导，通常经由中共中央宣传部来执行。解放初期，中共中央宣传部设立了文艺处（下辖文学组、艺术组、电影组），总的领导不同的文学艺术门类。在部领导中，由一名副部长对文艺领导部门进行总协调。在建国后的相当一个时期，中共中央宣传部副部长周扬一直扮演这一重要角色。各省、市、自治区党委宣传部，也都设置了相应的机构，领导本地的文学艺术工作。“文革”后，中共中央宣传部组建了文学艺术局，下辖文学处、艺术处、理论处等部门，统一领导全国的文学艺术工作，各省、市、自治区的党委宣传部也相应作了调整，设置了文艺处，以便进行垂直联系和具体执行其职能。中央和地方党委宣传部的文艺领导机构，在组织上与同级政府的文艺领导部门没有隶属关系，但因为实际上党的地位高于政府的地位，党的宣传系统的文艺领导事实上处于政府部门之上，起着领导和指导文艺全局的主要作用。

政府部门的文艺领导机构，在中央是文化部，在各省、市、自治区是文化厅。这一系统的正式建立，始于1951年3月的第一届全国文化行政会议。此次会议通盘讨论并确定了中央文化部及各级文化行政机构的调整；各省、市、区的文教厅、局由主抓教育改为文、教并重，并确定在文教厅、局下根据不同情况分设电影、艺术、社会文化三处或单设文化艺术一处，并在正副厅、局长中一人专责领导。专署与县，则在文教科内指定或增设一至二人，专做文化、艺术工作。这样，文化行政机构从上而下地普遍地建立起来。在80年代，由于电影、电视的飞速发展，影视艺术与文化的工作急需增强，中央政府把原隶属于文化部的电影事业管理局与原单独建制的广播事业管理局合并，组建为广播电影电视部，统一管理和领导广播、电影、电视工作，各省、市、自治区也相继成立了广播电影电视厅。

在建国初期，党政系统的文化领导机构与文艺团体之间的关系一度不甚明确，当时的上海就曾因分工不清而影响了工作的开展。全国第一次文代会之后，征得中央的同意，上海作出了“文艺处的工作今后应该集中于文艺政策思想的掌握、领导和文艺机构的管理，而文联则应集中力量于组织和动员文艺工作者进行创作批评与自我教育，和组织各种群众性的文艺活动”的界定。这样的一个分工意向，也大致成为中央和地方的文艺行政部门与文学团体工作范围的基本分工。后来，随着文学艺术事业的长足发展和新的文学艺术现象的不断涌现，政府的文化领导部门主要侧重于艺术表演院、团，艺术专业院校，影视制作与发行和群众文化工作的管理与领导；文学艺术团体主要侧重于专业文艺工作者创作与理论批评活动的组织与管理；而党的文艺领导部门则在二者之上，进行思想导向的总把握与总协调。

文学团体的组织构成

新中国之初的文学团体，在全国和地方，主要是全国文联、文协和大区、省、市、自治区文联、文协。

全国文学艺术界联合会成立于 1949 年 7 月的中华全国文学艺术工作者代表大会，它是党领导下的全国文学艺术团体的联合组织，采取团体会员制，下辖全国性的文学、戏剧、音乐、美术、电影、舞蹈、戏曲、曲艺等团体及各省、市、自治区文学艺术界联合组织。成立之时，全国性的团体会员即有中华全国文学工作者协会、中华全国戏剧工作者协会、中华全国电影工作者协会、中华全国音乐工作者协会、中华全国美术工作者协会、中华全国舞蹈工作者协会、中华全国戏曲改进会、中华全国曲艺改进会，后来又有中国民间文艺研究会，共近 10 个全国性文艺团体。地方文艺团体则包括各大区的文联（1954 年撤销）和各省、市、自治区的文联，约有近 40 个地方文艺团体。1953 年 9 月第二次全国文学艺术工作者代表大会上，全国文学艺术界联合会改称为中国文学艺术界联合会，全国文联的简称遂改为中国文联。中国文联的职责是：对全国性文艺协会、研究会或学会和各省、直辖市、自治区文联负有协调联络和服务的责任，并代表各协会和艺术团体进行必要的对外文化交流活动。中国文联的任务是：团结和动员全国文学艺术工作者努力创作和学习，积极为中国革命和建设事业服务，在党的领导下，在马列主义、毛泽东思想指导下，努力实践文艺为人民服务、为工农兵大众服务的方向，发展和繁荣新中国的文艺事业；不断提高表演艺术水平，丰富人民群众的文化生活，指导群众的文艺工作，开展少数民族的文艺活动，加强同世界各国的文化交流，增进同世界人民的了解和友谊。在全国文联第二次代表大会上，地方文联的方针、任务也进一步明确下来，即不再是团体联合会，而是当地文艺工作者综合性的、自愿性的组织，主要任务是组织会员从事文艺创作和开展当地的文艺活动。

中华全国文学工作者协会在1949年7月建立时，属于文联下辖的全国文学团体。1953年9月，中华全国文学工作者第二次代表大会决定将"中华全国文学工作者协会"改组为"中国作家协会"，并通过"中国作家协会章程"。从这一届开始，中国作协名义上仍属中国文联的团体会员，实际上已独立建制，成为高于别的艺术团体、与中国文联平行的全国文学团体。新的"章程"规定中国作家协会为"以自己的创作活动和批评活动积极参加中国人民的革命斗争和国家建设的作家、批评家的自愿组织"，其主要任务是：组织作家创造具有社会主义思想和高度真实性的文学作品，加强对创作活动和批评工作的领导；在思想上和方法上，加强指导文学普及工作；努力培养青年作家，注意推进各兄弟民族的文学运动；用马克思列宁主义的观点和方法，批判地接受中国和世界的古典文学遗产，整理和研究古代及近代的中国文学，发扬中国民族文化的优秀传统，促进国际的文化合作，加强国际间的文化交流，积极参加保卫世界和平和进步文化的伟大斗争。第二次全国文代会之后，全国各地的文学团体依照这次大会的精神重新进行了改组。一些有条件的省、市、自治区，也将作协由文联分离出来，单独建制。这一体制一直延续至今。

全国和地方的文协改为中国作协和地方作协之后，经组织上的改组与强化，日渐成为团结和领导专业文学工作者的中心组织。1953年在第二次文代会后，中国作协在主席团之下设立书记处，处理作协的日常事务。为加强对创作、批评等文学活动分门别类的专业指导，先后组建了创作委员会、青年工作委员会、理论批评委员会、儿童文学委员会、民族文学委员会、外国文学委员会；80年代之后又根据需要增设了作家权益保障委员会和军事题材文学委员会。

在第一次文代会期间，当时的全国文协只有401名会员；到1996年的作协第五次代表大会，会员人数已增至5500名，连同20000多名各地方会员，可以说吸纳了一大批富于创造力的各个门类的文学工作者。

由于中国作协负有在党的领导下组织各种文学活动的重任，又由于一个时期党在文艺方向、方针上的偏失，中国作协在50年代、60年代时期，经常陷于一种不能不斗争又不能不调整的两难处境。它一方面要紧跟社会形势和政治需要开展文艺界的思想斗争、政治批判，另一方面又要切近文艺规律组织文艺创作，进行理论批评，往往出现当成错误去批判的东西实际上并无错误，当成正确去树立的东西实际上又并不正确，乃至“文革”前后，同其他文艺组织一起，先被毛泽东的文艺批示判定为“跌到了修正主义的边缘”，后更被林彪、“四人帮”一伙彻底捣毁。中国文联和中国作协在新时期重新恢复之后，由于党的整体方针政策的根本改变和邓小平理论的正确指引，重新焕发了青春，激发了活力，从文艺界的拨乱反正开始，组织文学工作者繁荣创作和活跃批评，使社会主义文艺事业随着社会生活的发展变化而大步前进，“为提高全民族的思想、道德、文化素质，鼓舞人民同心同德地建设有中国特色社会主义，为加强社会主义精神文明建设和满足人民群众的精神需求，付出了艰辛的劳动，发挥了重要的作用”？①

作家的体制化

新中国的文学团体在组建后的日臻健全完善和日渐处于中心地位，使团体本身走向专业化和行政化，也把广大的作家和文学工作者日益纳入了公有化、体制化的管理。

首先，各地作家协会在五六十年代以驻会作家的方式，在新时期以创作部、文学院的方式，集中供养了一批小说家、散文家、报告文学家和诗人，使这些人成为名副其实的专业作家。他们的工资收入、福利待遇，均由作家协会代表政府发给，他们也要以完成作家协会制订或认定的创作计划为创作任务，并定期参加作协组织的政治学习、业务深造和深入生活、挂职锻炼等活动。这些对于作家来说，去除了生活上的衣食之忧，可以专下心来从事创作，但因为创作是在一定的指令下进行，不免在一定程度上限制了作家在写什么和怎么写等方面切合自己所长的自由创造和尽情发挥，使文学创作在保障内容、题材与数量的同时，影响其应有的艺术质量。

其次，各地的作家协会以全国会员和地方会员的方式，联系了一大批在报纸杂志、艺术团体、高等学校和群众文艺等部门工作的文学创作、文学评论、文学编辑和文学教育工作者，并以扶助他们的创作、评论与教研工作，定期不定期地开展理论学习、作品座谈、下乡采风等活动，组织他们从事与作家协会的规划相关的文学任务，使这些文学工作者形成相对稳定的文学队伍，并与专业作家一起构成了主流的文学群体。

最后，全国和地方的作家协会还以鲁迅文学院和地方文学院等为中心

① 《邓小平文学艺术》第 259 页。

基地，经常举办文学新人创作进修班、培训班，在下属刊物开办创作函授和新作专号，召开改稿会、座谈会等方式，对有一定的创作潜力但尚未入会的文学青年进行重点扶植与培养，从而把有志于创作和评论的文学青年团结在自己的周围，在作协会员之外形成文学的后备梯队。而这些文学青年为使自己尽快崭露头角、早日入会，大多都向文坛的主流作家的创作取向看齐和学习，因而在高起点、大志向的文学追求中，他们中的一些人也不时显露出某些随波逐流的不足。

总之，各级作家协会的专门化，各类作家的体制化，在五十年以来的发展运动之中，有得又有失，有利又有弊，很难笼统而简单地予以判定。但在文学事业的进一步改革与前进之中，已经暴露出的这些问题，已引起了越来越多的人的关注与反思。

体制化与民间化的并存

新中国文学进入 90 年代之后，由于社会经济生活的巨大演进和人们思想观念的逐步开放，在有关文学体制的问题上，开始出现新的认识和新的现象。尤其是以各种方式出现的民间化趋向不断发展和壮大，已与体制化形态形成并存并立的态势。

首先是一些更具有民间色彩的文学团体的相继成立，如中国当代文学研究会、中国新文学学会、中国文艺理论研究会、中国报告文学学会、中国小说学会、中国俗文学学会，等等。这些全国性的文学团体，与中国文联、中国作协均无隶属关系，但所从事的工作却与文联、作协的工作密切相关。它们从本专业的实际需要和发展可能出发，积极开展有关的专业文学活动，如召开各种专题研讨会、作家作品研讨会、学术年会，举办专业或行业的文学评奖，进行大陆与台港澳的文学沟通和对外的文学交流，等等，在文联、作协很难具体顾及和深入的文学领域拓辟自己的天地，与文联、作协形成了互竞、互补的关系。

其次是许多崭露头角的文学新人和青年作家，只以个人创作的更大进取为目标，并不以加入作家协会为旨归；因而，在创作上颇具活力，作品也频频问世的他们，在组织上却与作协保持着一定的距离。新近还有大量的“自由撰稿人”不断“浮出水面”，他们更是只以个体的自由写作为乐、为荣，无意寻求文学组织的依靠，而大量的流行报刊和“二渠道”出版方式，则使他们这种个体生存方式成为可能。这些体制外的文学新人，以 60 年代、70 年代出生的青年作家居多，因为创作的环境与心境的绝然不同，他们的创作较多地表现出个人化的鲜明特征。

民间化文学趋向的出现与强化，一方面在于人们的思想观念的进而放开，一方面又在于商业运作对于文学活动的强力介入。思想观念的开放在于从事文学的一些人们并不看重已有的文学体制，相反更愿意保持一种民间状态，在民间的文化支点上介入文学；而日益发达的商品意识与手段涉足文学领域之后，使文学作品的创作、发表、出版与发行，有了体制外运作的可能，给民间状态的文学现象的发展提供了必要的条件和土壤。从90年代后期来看，各种相对纯粹的文学民间团体的活动日益活跃，各种民间状态的文学现象借助于商业运作长足发展，尤其是在文学出版方面的民间方式，几近与体制内的文学出版在图书市场的占有上平分秋色。总体来看，随着民间化文学趋向的良性发展，整体文学局面必然发生相应的变化，社会主义文艺事业也有可能同社会主义的经济基础一样，出现以国家体制为主、多种文学成分并存的互补和共荣的新格局。

文学创作的运作与管理

新中国的文学创作与文学批评等活动，与其行政化的体制相适应，在运作与管理等方面，一直带有计划性的明显特征。

文学活动的计划性，首先表现为通过政治学习、领导号召、理论引导等方式，力图达到文学思想的相对统一和文学观念的相对净化，形成一种主流化的文学要求和创作取向，以此主导整个的文学创作；其次，以具体的创作规划、刊物的用稿取向、文学批评的意向引导等机制，使包括专业和非专业的作家在内的主流作家，按照党的要求和社会需要进行文学创作，并以此带动和引领其他作家的文学创作。

在文学进入80年代之后，这种统一性、计划性的文学创作运行模式，因旧有因素的变异和新的因素的介入，开始被逐步打破，在一体化之外有了民间化，在计划性之外又有了市场性，从而使文学创作的运作方式由一元状态渐次走向多元状态。

作家协会的规划与运筹

1953年第二次全国文代会上"全国文协"改为"中国作协"之后，同时也把"组织作家、艺术家的创作和学习"作为主要任务，其中包括"组织关于创作问题的广泛的研究与讨论；组织艺术作品或表演的相互观摩和自由竞赛;开展文艺战线上的原则性的批评和自我批评;组织作家、艺术家对马克思列宁主义理论以及党和政府的政策的学习,按照各个作家的不同情况组织他们去参加各方面的实际的群众生活和群众斗争”。①

作为全国文学活动的组织协调中心,中国作协主要以专题工作会、作协理事会,特别是作协代表大会等辐射全国的重要会议,提出一定时期的创作任务,解决创作中出现的问题,表彰好的和比较好的作家作品,批评创作中的不良现象。如第二次全国文代会后,文联与作协在1953年底召开主席团扩大会议,决定组织和推动文艺界认真学习过渡时期的总路线,随后把1954年的工作计划要点确定为根据党的总路线的要求发展文艺创作。1955年底,根据党中央所作的《关于农业合作化问题的决议》,中国作协在第十四次扩大会议上,讨论组织作家深入农村等事宜,赵树理、周立波、王汶石等著名作家随后深入各地农村。1959年2月,中国作协召开文学创作工作座谈会,针对一个时期创作上的“为中心服务”、题材狭窄等问题,茅盾、老舍等指出文艺创作要“数量与质量兼顾,规律与劲头平衡,在体裁上力求百花齐放”。1962年,中国作协在大连召开农村题材短篇小说创作座谈会,提出要重视对中间状态人物的描写,力求“现实主义的深化”等问题。而在1960年召开中国作协第三次代表大会,在1965年召开的中国作协三届二次理事会,在1979年召开的第四次全国文代会,在1984年召开的中国作协第四次代表大会,在1996年召开的中国作协第五次代表大会,更是以总结一个时期的文学创作和提出下一阶段的文学总任务与总目标,对当代文学创作发生着举足轻重的影响作用。这些会议在当时的历史时期,都以阐扬一定的文学思想和提出一定的文学任务的主流声音,导引了作家的创作,指拨了文学的发展。在五六十年代的几次作协代表大会上,茅盾的主体报告还比较深入而细致地对一个时期的作家作品进行具体评点,使论及和未论及的作家,都从思想上和艺术上得到有益的启迪。

与中国作协相比,地方作协更多地扮演了一种具体管理作家创作的职能。对于专业作家,他们根据作家的不同情况,确定重点选题,安排他们挂职深入生活,提供必要的创作条件;对于业余作家,则以提出选题要求,举办短训班、研讨会、改稿会等方式,提高他们的创作水平。因而,在五六十年代,除了专业作家的创作之外,几乎各省、市、自治区都涌现出了为数不少的工农作家,如上海的胡万春、武汉的黄声笑、陕西的王老九等,在全国都产生

① 周扬《为创造更多的优秀的文学艺术作品而奋斗》,《中国当代文学史参考资料集》第141页。

了一定的影响。

八九十年代之后，一些地方作协在已有的老的专业作家之外，以创作中心、文学院或合同制的方式，聘任或联系了一批有创作潜力和发展前途的青年作家。这些青年作家在一定的时间内，享有专业作家的身份和相应的福利待遇，但要以完成与作协订立的创作选题合同为任务，并半年或一年考核一次，成绩优秀者继续聘用并给予奖励，考核不达标者则予以解聘。这种新出现的对于作家的契约式管理，在一定意义上引进了竞争机制，打破了专业作家的"铁饭碗"，更为强调作家的创作实力与实绩，带有积极的改革意义。

文学批评方式的导引

文学批评一直是当代文学的重要一翼，党和政府与文艺界领导部门都十分重视以文学批评的方式，对作家作品进行及时评估，并阐扬优长，批评不足，从而对一个时期的文学创作进行较为直接的导引。

在五六十年代，有影响的文学批评家，主要是党在文艺界的领导人和文艺部门、文艺报刊的负责人。他们本身所具有的地位，以及所隐含的为党代言的意向，使他们的批评必然发生重要的影响。像周扬对老舍的《龙须沟》的评论、对"大跃进"新民歌的评论，像丁玲对萧也牧的《我们夫妇之间》的批评，袁水拍对白刃的《战斗到明天》的批评，林默涵、何其芳对胡风文艺思想的批评，冯雪峰对《保卫延安》的评论，茅盾对社会主义现实主义的论说，等等，都以或"美"或"刺"，或"破"或"立"的鲜明意向，在当时产生了相当大的导向性的影响。另外，还有一些由创作现象引起的有关问题讨论，往往是一般的作家、评论家讨论起来之后，领导型的文学批评家最后出场作总结性评价，使得文学批评本身也充满了政治评判的意味，从而也在一定程度上掌握了文学批评的走向。

如果说"文革"前以文学批评导引创作，主要是一种意识形态的导引，还比较外在的话；那么，在新时期以来，则主要是"回到文学"的导引，文学批评之于文学创作更为内在了。这一时期，党和政府严格恪守邓小平的"在文艺创作、文艺批评领域里的行政命令必须废止"，"写什么和怎么写，只能由文艺家在艺术实践中去探索和逐步求得解决"的论述，对于创作中的一般问题，放手让作家、艺术家去自由探索，对于创作中出现的带有倾向性的问题，则以完全的文学批评的方式去明辨和解决。这种实事求是的精神与做法，高度尊重了文学艺术的客观规律，从而使文学创作在"为人民服务、为社会主义服务"的大方向之下，由"伤痕文学""反思文学"到"改革文学”不断演进，在80年代中后期更出现了内容、题材与表现形式的多元多样；而文学批评也以职业化、民间化的姿态，担当起兴利除弊的社会的和文学的责任，以一种自调节的功能与创作一起协调发展。

刊物与出版取向的影响

在文学创作的运作与管理上，另一个重要的方面是利用文学刊物和文学出版的取向起间接影响作用。

党和政府高度关注新中国的文学刊物工作，中国文联和中国作协更把文学刊物的创办与管理，当成自己重要的职责之一。全国文联在召开第一次代表大会之前的1949年5月，即由筹委会出面创办了理论批评刊物《文艺报》，并在1949年9月正式出刊。1949年10月，全国文协的机关刊物《人民文学》（月刊）创刊，毛泽东作了“希望有更多的好作品问世”的题词。此后，河北文联的《河北文艺》、北京文联的《北京文艺》、上海文协的《文艺月刊》、全国文协的《译文》《文艺学习》《诗刊》、中南文协的《中南文艺》、华南文联的《作品》等刊物，人民文学出版社、新文艺出版社、作家出版社等出版机构，相继创办和成立，到50年代中期，各省、市、自治区作协都有了自己的机关刊物。据邵荃麟的《文学十年历程》一文披露，截至1959年，全国各类文艺刊物已达86种。为了加强对文艺刊物的领导与管理，全国文协在1953年3月即在常委会之下，设立了以冯雪峰为主任的刊物委员会，负责研究、制定全国文协各机关刊物的方针、计划和检查落实情况。此后又不断召开会议和作出决议，对《文艺报》《人民文学》等文艺刊物进行整顿、调整与改进。

这些文学刊物在创刊伊始，都以刊发优秀作品、扶持文学新人、给人民群众提供有益的精神食粮为初衷。但置身于急风暴雨的阶级斗争接连不断的社会环境，既要服务于政治，又要顾及文学，时时都处于一种两难的处境。尤其是《文艺报》在1954年9月因轻慢李希凡、蓝翎的评《红》文章引起毛泽东的批评，随之进行整顿和改组后，所有的文学刊物都由此把保持政治敏感和思想警觉放在了第一位，更加强调刊物的思想性与战斗性。在文学作品的主题、人物、题材选择上，也主要以歌颂社会主义的新人新事，描写工农兵人物，反映工业、农业和革命斗争等主流观念为标准。在文学出版方面，除了以刊物的上述标准为标准外，还因机构较少，出书较严，多少带有论资排辈的倾向。除少数人外，一般的青年作家的作品很难列选和出版。

文艺界领导部门鉴于文学刊物和文学出版中存在的问题，曾先后在

1956年和1965年两次召开全国性的文艺报刊编辑工作会议，研究和部署如何贯彻“双百”方针和“二十三条”等问题，但这种“微调”的努力随之被更为强劲的“左倾”思潮所冲击，遂只能在随波逐流中维持生存。所以，以发表作品为主的刊物，那个时期只能先看政治，再求艺术，选发符合当时社会潮流的各类作品，在思想倾向上稍有离经叛道之嫌的决不问津。这种选稿用稿取向，势必直接影响作品的发表，间接影响作家的写作，从而最终使选稿取向事实上变成为一种创作取向。

刊物及出版与创作的良性关系的形成，是在新时期之后。经过“实事求是”的思想解放运动和文学思想观念上除旧布新的洗礼，作家、艺术家在创作上勇于创新求变，报刊编辑与出版者也敢于突破“禁区”。卢新华的《伤痕》、刘心武的《班主任》等相继在《文汇报》和《人民文学》上发表出来，新时期文学以“伤痕文学”为龙头，开始了一个浪潮接一个浪潮的巨大演进。在80年代，一些文学刊物和文学出版机构，不仅以对“双百”方针的出色履行，大胆发表和出版在思想上具有反思性、在艺术上具有探索性的大量优秀作品，还频频组织各种创作研讨会和作品座谈会，进而阐扬作品的特色及其所代表的创新倾向。这种求新、求变的编辑思想和选稿取向，反过来又鼓动了作家，影响了创作，使创作与发表形成一种积极互动的关系。党和文艺界的领导在如何利用刊物和出版体现导向和影响创作一方面，也在新时期作出了有意义的尝试。比如，中国作协委托《人民文学》举办全国短篇小说奖，委托《文艺报》举办全国中篇小说奖，以权威的文学刊物为依托，在年度小说的选优拔萃中，体现中国作协在小说创作上倡导的目标与方向。在文学出版方面，由中共中央宣传部主办的“五个一工程”奖，则是另一个典型的例子。党既需要文学“百花齐放”，保持多样化的局面，又要关注文学大的精神走向，倡扬“主旋律”的创作。“五个一工程”奖，以在五个主要方面的重奖“第一”的做法，鲜明而突出地体现了党在文艺创作上的主要导向。抓“一花”，放“百花”的思路与方式，体现了党在领导文艺工作方面的日臻成熟。

市场因素的调节作用

如果说“十七年”时期文学创作的运作与管理，带有较强的计划性的话，那么90年代之后的文学创作，显然因为市场因素的介入，计划性的运作与管理模式已被打破，文学的一些领域已出现市场化的倾向，并给文学创作带来一定的影响。

市场因素介入文学的现象之一，是出版业的“二渠道”涉足长篇小说的出版。长篇小说一般有着较为稳定的读者群，而且便于市场操作与“炒作”。由于“二渠道”做书通常采用高定价、低折扣的方式批销，零售商可有更多的获利，因而在一个时期里或出个人文集，或出多人系列，长篇小说陡然增多。据不完全统计，1996 年长篇小说有 500 部左右，1997 年增长到 600 部左右，而到 1998 年则猛增到 800 部左右。在这强势增幅的背后，长篇小说的商业操作起了不可小视的作用。“二渠道”介入长篇小说的出版，打破了长篇小说出书既难又少的局面，使得许多人都圆了“长篇梦”，但因审稿标准的降低，或只以是否畅销为标准，长篇小说在数量上增多的同时，出现了质量下滑的明显弊端。

市场因素介入文学的现象之二，是企业以资助的方式参与文学刊物的运作与主办。因为文学读者的分流和刊物成本的上扬，许多文学期刊靠逐年递减的国家拨款难以为继，迫使它们不得不寻求企业的资助。而企业的资助一般有两种形式，一种是十几家几十家企业联合起来，以理事会或董事会的方式，做刊物的经济后盾；另一种是某家大企业独家出资，与某杂志社共同主办刊物。采用这两种方式的企业，一般都不参与刊物的具体编务，但刊物却有为企业打广告、做宣传的义务，更有如何办好刊物以赢得更多读者的责任。于是，我们就看到，有的刊物开办名牌栏目，邀请名人主持，重价邀约名家；也有的刊物几家联合起来，以“联网四重奏”等方式吸引作者与读者。

市场因素介入文学运作的现象，还有作家文稿的竞价拍卖、企业出资举办民间文学奖、个人出资购买文学作品的影视改编权等等。总体来看，文学创作活动的运作在市场因素介入之后，增加了更多的可能性，在一定程度上支持和活跃了文学的创作，促进了文学的民间化趋向的发展，但也带来商品意识的渗透，使一部分文学创作沾带铜腥气，使文学运作在活跃不羁中颇显驳杂的问题。目前，文学创作的运作中市场因素介入的倾向方兴未艾，相信随着市场经济的健康发展，随着人们在文学需要上的去粗取精和文学管理的进一步成熟，这一倾向将会逐步由无序走向有序，由繁杂走向规范，从而对新时代的文学事业发挥其更为积极的作用。

（选自《共和国文学 50 年》，中国社会科学出版社 1999 年 8 月版）

为变革的时代描形造影

——改革开放四十年小说创作的几点经验

在改革开放四十年的文学演进中,小说创作一直扮演着十分重要的角色。新时期文学的第一声春雷,便是刘心武的短篇小说《班主任》。由此,小说创作像打开闸门倾泻而出的滚滚洪流,迭次掀起"伤痕文学""反思文学""改革文学""寻根文学"的阵阵波澜,并由短篇小说的先行、中篇小说的崛起、长篇小说的勃兴,主导了四十年文学锐意进取的历史进程,铸就了四十年文学成果卓著的丰繁盛景。

四十年来的小说创作,不仅在蹈厉奋发中继往开来,在持续演进中硕果累累,而且也在筚路蓝缕的奋进中积累了不少重要的文学经验。而这样一些得来不易的文学经验,正是小说创作在四十年间创造了文学辉煌的秘诀所在。梳理和总结这些难能可贵的经验,对于深入探悉四十年小说创作的成就的来由,乃至进而构造时代的文艺高峰,无疑是极为必要和至为重要的。

在贴近生活的写作中与时代同频共振

"文变染乎世情,兴废系乎时序。"刘勰的这句名言在揭示文学与生活的内在关系时,特别强调了文学与一定的时代生活的密切勾连。从文学的发展进程尤其是改革开放四十年文学演变的进程来看,文学总是感应着生活变化的种种动向,同时也在这种审美反应中更新自己。这便使得生活的脉动构成了写作的内在气韵,现实的气息构成了作品的基本底色,从而使四十年的小说创作在总体上实现了与时代精神的同频共振。

在十年浩劫甫一结束的新时期,文学在进行理论思想上的拨乱反正的同时,能在短时间内由"伤痕文学"开始文学创作上的复苏,是因为作家勇于直面新的生活现实,高度关注人的精神状态,注重以文学的方式传达人民的心声与时代的情绪。以《班主任》《伤痕》《神圣的使命》等为代表的短篇小说，以《天云山传奇》《犯人李铜钟》《芙蓉镇》为代表的中篇小说，在拉开“伤痕文学”“反思文学”的序幕的同时，也显示出文学因立足生活，紧贴现实，重新获得本该应有的思想内力与艺术活力。

四十年来的小说创作，在题材上丰富多彩，写法上丰繁多样，但现实题材始终占据着主流的位置，并以敏锐感知生活脉息，准确捕捉时代脉搏的灵动反映，跟踪式地表现了改革开放的历史进程的某些侧影，以及改革开放所引发的社会生活的深层变化与人们精神世界的悄然变动。蒋子龙的《乔厂长上任记》，不仅发出了“改革文学”的先声，而且把小说创作从“回头看”的倾向拉到了“向前看”的姿态，使得小说创作中回荡起时代新人的豪气与时代精神的正气。80年代之后，小说创作中接连出现“现实主义深化”“新写实”等写作倾向，乃至众多描写官场与官员、贪腐与“反腐”的小说作品，在一定程度上都可视为“改革文学”的延宕与余响。

随着改革开放的深入发展，从90年代开始，市场化体制、城镇化建设、信息化科技等交织而来，使得乡村与城市的变革都进入到一个新的阶段，也面临着许多新的问题与新的挑战。小说创作适应着这种描写对象的变化，也多角度地走向了直面现实写作的不断深化。乡村题材方面，路遥的《平凡的世界》、孙惠芬的《歇马山庄》、关仁山的《天高地厚》、周大新的《湖光山色》等，都从不同的角度描写了农村新人物，反映了农村新变化。而在乡村题材之外，则有孙力、余小慧的《都市风流》，阿耐的《大江东去》以及郭羽、刘波的《网络英雄传》等，分别从城市建设、工业改革和科技创新的不同维度，书写了不同行业与领域的改革故事，塑造了时代弄潮儿的不凡风采。这些作品也许还够不上全景性地反映改革开放的历史进程，但却以自己的方式，别样的故事，描绘了改革开放在不断改写现实面貌和人们心理状态的某些侧影。

着意塑造典型化的人物形象

作为叙事艺术的小说，描写人物是创作的中心任务，而人物的思想性格又是其核心所在。正是在这个意义上，恩格斯既指出“要真实地再现典型环境中的典型人物”，又强调“每个人都是典型，但同时又是一定的单个人，正如老黑格尔所说的，是一个‘这个’”。可以说，作品以人物为中心，人物力求典型化，是当代作家的基本共识与自觉追求。因此，在小说家们苦心孤谐地营构下，新时期以来的小说创作，涌现出了众多栩栩如生又血肉饱满的人物形象，并以他们独特的性格内力与精神魅力，让人们读时满眼生辉，读后久久难忘。

在新时期文学之初，一些"伤痕文学""反思文学"作品，一开始就是以人物性格的独特，人物命运的坎坷，让人们感受到了典型人物所具有的特殊力量。如刘心武笔下的谢惠敏、张弦笔下的荒妹、张贤亮笔下的章永鳞，以及高晓声笔下的陈奂生、李顺大等。随后而来的"改革文学"，也是以光明磊落又豪情满怀的人物形象引动人和感佩人的，如蒋子龙笔下的乔光朴、张洁笔下的郑子云、柯云路笔下的李向南等，他们由攻坚克难的改革斗争中体现出来的"斗士"风采，携带的正是这个时代所特有的沛然正气与崭新风尚。

在90年代的长篇小说的长足崛起中，一些作品在大浪淘沙中留了下来，并一直长销不衰，它们所凭靠的，都是经由典型概括和个性化手法塑造出来的性格鲜明又气韵生动的典型人物，他们在向人们显示他们不凡的个性的同时，也向人们展现着一定时代的精神气韵。如路遥的《平凡的世界》，通过孙少安、孙少平两兄弟相似的命运坎坷与不同的人生追求，反映了年轻一代农村青年的艰难成长，以及个人命运与国家命运的内在勾连。而陈忠实的《白鹿原》，则在白嘉轩、鹿子霖的明争暗斗的相互较量中，串结起家族衰落、乡土式微与历史变迁的多重意蕴，个性化的人物形象里凝结了诸多的文化符号与精神密码，令人思忖，引人咀嚼。

经由独特的人物形象塑造，来真实而独到地反映一定的时代生活的成功之作，还有莫言的《红高粱》里的余占鳌、张炜的《古船》里的隋抱朴、阿来的《尘埃落定》里的傻子二少爷、余华的《活着》里的徐福贵、徐贵祥的《历史的天空》里的梁大牙、刘震云的《一句顶一万句》里的吴摩西等。这些作品几乎就是以一个人物为中心，由独特的性格塑造和别样的命运揭示，来体现作家人性审视的深度与艺术概括的力度的。由于人物性格与人生命运的相辅相依，人物都成为当代文学人物画廊中的"这一个"，人物与作品不仅一同留了下来，而且小说日渐成为人们品读不休、评说不尽的经典文本。

沿着现实主义的路向不断拓进

现实主义因为具有细节的真实性、形象的典型性与描写方式的客观性的主要特征，适合着中国作家的写作追求，也贴合着中国读者的阅读需求，使得现实主义一直在中国当代文学中占据着突出的地位，并主导了不同时期的文学创作的发展演进，催生了一大批堪称优秀的小说作品。在这个意义上，也可以说，改革开放四十年的文学，尤其是四十年的小说创作，主导性的潮流就是现实主义的不断拓进，主要的成果就是现实主义的累累收获。

“伤痕文学”在刚一露面引起争议之时，陈荒煤在一篇评论文章中就敏锐地指出：“伤痕文学”“揭示了人们心上留下的伤痕”，“也触动了文学创作上的伤痕”。① 这一表述换个说法，也就是说：“伤痕文学”以直面人生与人心的方式，恢复了文学写作中的现实主义的传统。从这样的基点出发，小说创作中以直面现实、干预生活为旨归的现实主义写作，不仅在发展演进中逐步走向深化，而且历练了一茬又一茬的实力派作家，推出了一批又一批的经典性作品。

检视四十年的小说创作，可以说现实主义在其不断更新与多样发展中，主要促进了两类文学写作的长足发展，或者说两类小说写作运用了现实主义写法进而发扬光大。一类是家族历史与文化的创作倾向，这类小说以家族历史为主干故事，通过一个家族在一个时期的荣辱盛衰，来透视文化精神的异变，折射社会的变迁与时代的更替，代表性的作品如张炜的《古船》、陈忠实的《白鹿原》、阿来的《尘埃落定》、李锐的《旧址》、莫言的《丰乳肥臀》等。另一类是以“官场”“反腐”为特色的政治小说写作倾向，这类小说与改革开放为背景，以各级官场为场景，主写置身其中的各色人等面临的义与利的抉择、权与欲的交织、情与法的较量。这类小说的代表性作品有周梅森的《人间正道》《人民的名义》、张平的《抉择》《国家干部》、陆天明的《苍天在上》《大雪无痕》、周大新的《曲终人在》等。可以说，由于这些家族历史小说和社会政治小说运用了严谨的现实主义的写法，贯注了强烈的现实主义精神，这些作品做到了思想精湛与艺术精深的桴鼓相应，成为当代小说中比较靠近“传得开，留得下，为人民群众所喜爱”的较高标准的优秀作品。

在坚持现实主义方面，最为典型的例子，是路遥的《平凡的世界》。这个作品的写作与发表的 20 世纪 80 年代中期，文学界追新求异的热潮正如火如荼，在这种境况下，现实主义在一定程度上受到了冷落与鄙薄，但路遥没有任何犹疑，他毅然选择了严谨的现实主义写法，精心又用意地描写了孙少安、孙少平两兄弟的青春成长与人生打拼，并由此表现了改革开放给农村青年带来的命运转机。由于作品做到了为小人物造影，为奋进者扬帆，作品

---

① 陈荒煤《〈伤痕〉也触动了文艺创作的伤痕》，《文汇报》1978 年 9 月 19 日。

出版之后,不断重印,广受好评,一套三部曲年年都重印一百万套,已累计一千七百万套的印数,在当代小说长销作品中名列前茅。《平凡的世界》的持续热销,其实暗含了一个值得研究的文学课题,那就是我们需要重新认识现实主义,包括它自身的内涵、外延与意义,也包括它与中国文学的密切缘结,与中国读者的内在联系。

不同取向与写法的相互借鉴

作家有各自的造诣,各自的追求,写作有不同的取向,不同的写法,由此才造成文学写作在个性化基础上的趋于多样化。但任何取向与写法都各有长短,兼有利弊。因此,在坚持自我的同时不断汲取别家之长,弥补自家之短,就是文学写作中的题中应有之义。四十年来的小说创作,由于小说家们注重在学习与借鉴中自我更新,小说创作中的求新求变成为了写作的普遍风尚,也成就了作家的艺术成长与作品的新意迭出。

文学进入新时期不久,适逢改革开放拉开序幕,一些敏感的小说家们便在小说艺术上借别人酒杯,浇自己块垒,使小说创作不时吹来新人耳目的清风。最先引人注意的,是王蒙在《深的湖》《高原的风》等中短篇小说中对"意识流"手法的巧妙运用,因为"意识流"运用得出神入化,作品在对人物的心理流程的探幽索微中,实现了由主观感受折射客观世相的特殊效能。随后,一些超越传统文学写作范式的倾向相继出现,既使现实主义一统天下的局面开始打破,又使现实主义的写法不断刷新,其中比较典型的,如苏童、格非、孙甘露、余华等作家运用"先锋派"手法表现人物荒诞遭际与诡异命运的"新历史小说",阿城、韩少功、郑万隆、李杭育等作家把当下现实生活与人物精神世界中的"文化遗存"当作描写对象的"寻根小说"。严格意义上说,无论是"新历史小说",还是"寻根小说",都没有脱离现实主义的路向,但他们超越传统写法的文学实验,却显然使以现实主义为底色的小说创作,呈现出别样的色调和色彩,使得现实主义的写法更加开放了,又使现实主义的文学延展了。

在相互借鉴中为我所用,在文学写法上不拘一格,在 20 世纪 80 年代至 90 年代,成为小说创作中人们心照不宣的普遍追求,并使一些实力派作家在不断的超越中自我更新,逐步形成自己独特的艺术个性。如莫言在中外手法的兼收并蓄中,不断凸显的"毛坯式"的现实主义风格,贾平凹在古今手法的内在化合中形成的"文章体"的叙事特点,阿来在民族文化的交融杂糅中形成的“非遗性”题旨意蕴，刘震云巧用新闻元素编织小说故事所形成的“新闻性”小说叙事等，都是在小说艺术上由多方借鉴来熔铸自我的成功范例。

如果再把眼界放开一些，我们还会看到在当下的类型化网络小说写作中，一些偏于通俗的小说，实际上也在向传统文学的经典作品靠近，通过学习经典作品的意蕴营造，人物刻画，细节描写，使得一些历史题材的小说作品获得较高的文学品质，成为网络小说中具有雅俗共赏特点的优秀作品。这类作品中较有代表性的，有《后宫·甄嬛传》《步步惊心》《琅琊榜》《芈月传》等。这些作品的成功，既给网络小说的写作提供了有益的经验，也告诉人们在文学中，“俗”与“雅”之间并没有不可逾越的鸿沟，联通“俗”与“雅”，不仅确有可能，而且会别有洞天。

改革开放四十年的小说创作，在有声有色的发展与波澜壮阔的前行中，有很多经验性的东西可以梳理和总结，但最为重要的，是“向人民学习，向生活学习，不断进行生活和艺术的积累，不断进行美的发现和美的创造”。这是小说创作乃至文学创作，保持旺盛的活力，葆有充沛的魅力的根本所在。

（原载《人民日报》2018年11月27日）

现实主义:奔流不息的文学主潮

中国当代文学在建国以来的七十年里,感应时代的脉搏创意造言,紧随着社会的节奏砥砺前行,创作出一批又一批脍炙人口的优秀文艺作品,塑造了一批又一批光彩夺目的经典艺术形象,在不同时期都取得了令人瞩目的丰盈收获,总体上也形成了百流汇聚、浩浩荡荡的文学潮流。

对七十年来波澜壮阔的文学潮动细加检省,我们不难发现,现实主义既是当代文学起始的源流,又是七十年文学海纳百川的文学主潮。正是现实主义的写法的不断更新,现实主义精神的顽强坚守,使现实主义构成中国当代文学最为浓重的底色与最为强劲的主导,促进并带动七十年文学乘风破浪,勇往直前。从这个意义上说,回顾共和国七十年文学的发展,检索共和国七十年文学的成就,现实主义无疑是一个重要的观察角度,而且关乎中国当代文学的历史进程与基本经验,值得认真总结和深入探究。

在种种干扰中曲折行进

建国之后,新中国在完成社会主义改造之后,随之开始了大规模的社会主义的革命运动和经济建设。在文学文艺领域,怎样认识新的现实、如何把握新的生活等,人们有一个认识与探索的过程。因此,一些文学创作始终伴随着一定的文学论争,一次次的文学论争常常演化为一场场的政治批判,在当时就是一种常态性的现象。这种或来自“左”或来自“右”的看法与批评,必然对正常的文学创作构成一定的干扰,使得直面现实的现实主义创作,在充满争议和面临挑战中艰难行进。

从小说创作领域来看,现实主义创作在20世纪50年代,就以不同的特点与取向,在看取生活和表现生活上体现出了一定的多样性。如表现农村新生活、农民新人物的马烽的《结婚》、谷峪的《新事新办》、康濯的《春种秋收》等;描写爱情与家庭生活的问题的宗璞的《红豆》、丰村的《美丽》、邓友梅的《在悬崖上》、陆文夫的《小巷深处》等。但引起人们更大关注的，是1956年后伴随着“写真实”“现实主义深化”问题的讨论，王蒙、李国文等人相继写出《组织部新来的青年人》《改选》等作品之后。

《组织部新来的青年人》等作品所以引起人们关注，产生较大影响，主要在于作品针对生活与工作中存在的现实问题，通过年轻干部的痛切感受与深刻愤懑，对当时正在滋长着的官僚主义、教条主义的思想作风，给予了大胆的揭示，这既体现了作者直面现实的真切感受，也表现出了作者的现实主义勇气。但作品甫一发表，便引起了广泛关注，并引发了激烈的争议。这种文学论争发展到1957年，便逐步上纲上线到政治问题，作品与作者都受到了不适当的批评与处理，这不能不影响到文学创作向着生活深度的开掘的进取势头。

现实主义文学，一方面体现着文学创作中的新追求与新探索，一方面又在起着克服文学创作中严重存在的公式化、概念化倾向的作用。因此，现实主义创作只会时隐时现，而不会时断时续。在进入20世纪60年代之后，一些熟悉农村生活的作家，相继写作出在表现农村新生活上卓有新意的作品，如王汶石的《风雪之夜》《新结识的伙伴》、李准的《李双双》、赵树理的《实干家潘永福》《锻炼锻炼》、西戎的《灯芯绒》《赖大嫂》等。这些作品在表现农村基层干部的求真务实、农村先进分子的积极向上的同时，还提醒人们充分认识农村现实问题的复杂性与农民观念改变的艰巨性。应当说，在紧贴生活现实的写作中提出应予注意和解决的问题，正是现实主义文学的功用与责任所在，但事实上这样的文学探求在那一时期也常常步履维艰。

1962年，旨在推动文学创作的“现实主义深化”的大连“农村题材短篇小说创作座谈会”，以赵树理、西戎等人的作品为例证，来探讨短篇小说如何写好体现人民内部矛盾的“中间人物”，进而实现“现实主义的深化”。这次由人物描写入手来探讨“现实主义深化”问题的理论批评会议，本是一次由农村题材入手又超越农村题材范围的具有突破性意义的重要理论出击，但在随之而来的文学批判与文艺运动中，“写中间人物”和“现实主义深化”都被视为“资产阶级文学主张”，会议的主持者邵荃麟受到不应有的处理，涉及的作品与作者也由此受到了牵连，构成了一个不应有的时代的悲剧。由这样一些事件可看出，在“十七年”时期，现实主义文学的处境并非总是风和日丽，其创作的发展也绝非一帆风顺。但同时也向人们表明：无论遭受什么样的压力，历经什么样的风雨，现实主义依然还在坚韧生存和顽强生长，具有异常强劲的生命力。

闪耀着现实主义光辉的两类写作

“十七年”时期,现实主义的创作虽然在小说领域里辙遇干扰,遭受挫折,但在长篇小说领域,革命历史题材和农村题材的两类创作,却取得了丰盈的收获和不菲的成就。究其原因,一是这些作品主题正大,题材重大,适应了文坛内外的广泛需求,也为当时的流行文学观念所首肯;二是我们有一批生活积累扎实、艺术造诣厚实的实力派作家,他们在创作中倾其心力,精益求精,都写出了超水平发挥的代表性作品。以上诸多因素的合力并举,便构成了革命历史题材和农村题材长篇小说在“十七年”间双峰对峙的喜人景象,并使现实主义文学释放出耀眼的艺术光辉。

当代文学中从事革命历史题材创作的作家,大都是革命斗争的参与者与亲历者,作为革命的胜利者和斗争的幸存者,他们觉得有责任“塑造为人民造福,使大地生辉的一代英雄的形象”(杜鹏程),“让他们的事迹永垂不朽,传给劳动人民,传给子孙万代”(曲波)。本着这样的理念与激情,他们在名家名作的阅读与学习中汲取各种营养,以不懈的写作和不断的打磨,写出了为人们所喜闻乐见的精品力作。这些作品书写的都是革命斗争生活,但却各含不同作家的艺术个性,并在现实主义的探求上各具千秋。

人们习称的“三红”——《红日》《红岩》《红旗谱》,都是这一时期革命历史题材写作的重要收获。《红日》以我山东部队某军为中心,描写了我军在解放战争中的三场战役。作者几乎是用广角镜头,从军、师、团、营各级指挥员到普通战士,从前线哨所到后方医院,从野战部队到地方支前,以恢弘的场景和丰富的内容,描写了我军不同层级指挥员与坚定的政治信念有机融合的出色的军事素养,尤其是塑造出了军级指挥员沈振新、梁波的个性鲜明的光辉形象,出色地描绘了解放战争中上下一心、军民一心的动人景象,深刻揭示了我军所以战胜敌人的根本缘由所在。《红岩》所记述的,是解放战争时期特殊领域的特殊斗争,那就是在山城重庆进行地下斗争和狱中斗争。在作者的笔下,身处险境和身陷囹圄的共产党人,面对追剿围捕和严刑拷打,不仅毫不畏惧,而且斗志更坚,完全是以钢铁般的意志,在精神上压倒了看似不可一世的敌人。作品精心塑造的许云峰、江姐等人,在隐蔽斗争中体现出的坚定的政治信仰和崇高的革命气节,把本属悲惨的故事讲述出了悲壮的意味,使人读来心潮澎湃、荡气回肠。《红旗谱》所描写的,是农民革命者在斗争中觉醒与成熟的故事。作品经由几个相互连贯的事件,描写了朱老忠、严志和等几代农人从反对剥削和压迫到走向革命与战斗的具体过程。作品既塑造了朱老忠、严志和与运涛、江涛等不同代际的农民英雄的光彩形象,而且以他们的人生进步和精神成长,揭示出了中国农民走上革命道路既改写了个人命运又改变了国家面貌的历史事实。《红日》《红岩》《红旗谱》的创作成功,是作者把丰富的革命斗争经历化为感人的艺术形象的可喜收获,也是现实主义写作在革命历史题材发扬光大的可贵硕果。

在农村题材创作领域,我们拥有着造诣深厚又年富力强的一批重要作家,他们基于长期深入生活和观察农村变革的感受,先后写出了有分量又有影响的长篇小说,使农村题材在以现实主义的方式反映新的农村现实方面,取得了突出的成就。其中,最有代表性的作品是赵树理的《三里湾》、周立波的《山乡巨变》、柳青的《创业史》等。

十分熟悉农村生活的赵树理,在《三里湾》的写作里充分发挥了自己熟悉生活、了解农民的艺术特长,作品把创办农业合作社的矛盾与斗争作为背景,而把主要笔墨放在人际关系的矛盾纠葛与家庭内部的观念冲突上,通过微波细澜的日常生活,来表现新的时代带来的人际关系的变动、人们心理的异动,及其在碰撞与摩擦中的磨合与调整。周立波的《山乡巨变》,通过湖南一个山乡从初级社到高级社的建立,书写了农民从私有制的小农向集体制的农民转变的艰难过程,但由作品所着力描写的邓秀梅、刘雨生等先进分子,以及他们身上葆有的精明强干的能力与春风化雨的魅力,让人们看到了走在潮头的基层干部和先进农民的坚定引领。作品难能可贵的,是在日常化生活纠葛的演绎中,又葆有一种鲜明的地方特色和浓郁的民俗风情。柳青的《创业史》,是他长期落户长安县皇甫村的生活体验与艺术锤炼的出色成果。这部作品依然是以合作化运动为背景,但作者把更多的笔墨用在了描写面对合作社这个新体制、新事物,各个阶层的人们的心理接受过程。这里包括了坚定的先进分子、犹疑的中间人物、顽固的落后分子,也包括党内的保守分子。无论是哪一类人物,作品都刻画得血肉丰满,栩栩如生,尤其是带头人梁生宝,对走集体化道路坚定不移,对犹疑者、后进者、掣肘者也循循善诱和积极影响,充分表现出了新中国的新农民的思想气质与精神风采。由于卓具矛盾冲突的尖锐性与思想蕴含上的深刻性,作品超越了写作时代的某些局限,而成为人们认识农村生活变迁和农民心理转变的经典性作品,并以充沛的现实主义风格对后来的年轻作家给予了很大的影响。

向着生活的坚定回归和深入探掘

“文革”结束之后不久，党的十一届三中全会给国家带来了历史性转折，社会生活逐渐发生着深刻的变动。与此相应，中国当代文学也经由拨乱反正和文学论争，进入了一个空前活跃的新时期。在改革开放新潮的影响下和自身创新求变的推动下，文学领域的小说创作先后以“伤痕文学”“反思文学”和“改革文学”的创作热潮，体现出回归生活现实、恢复现实主义传统的坚定努力，并在20世纪80年代中期呈现出文学创作多样化的发展态势。但回望四十年文学尤其是小说创作，仍会发现，在文学多样化的发展中，现实主义文学仍是最为强劲的一脉，而且操持现实主义手法或富含现实主义精神的作品，不仅数量众多，而且质量较高，许多作品都堪为这一时期卓具代表性的文学经典。

无论是从中短篇小说来看，还是从长篇小说来看，从新时期到80年代期间的一些作品，比之过去的创作更重视表达人的真情实感，更注重塑造典型环境里的典型人物，揭示人在一定的社会氛围里的处境与命运。如果说这种写法比较偏于对现实主义手法的继承与发展的话，那么从80年代到90年代的一些作品，逐渐进入到发现人、尊重人，乃至关注人的内在精神的层面，使文化心理的揭示、民族灵魂的发现与现实主义精神相随相伴，使现实主义真正走向深度发展。

这种体现了现实主义精神深度的写作，在中短篇小说中以莫言、阿城、韩少功、李锐、铁凝、王安忆等人的写作卓有代表性，而在长篇小说领域的重要收获，则有张炜的《古船》、余华的《活着》、陈忠实的《白鹿原》、阿来的《尘埃落定》等。

张炜的《古船》以细腻而饱含深情的笔触，生动地刻画出隋家几个子女在历史演进中的性格和命运的变迁，以及与他们相关的几个家庭40多年来的荣辱沉浮、悲欢离合，真实地再现了特殊年代里的人性扭曲，以及改革开放给人们带来的思想冲击与文化反思。作品以超强的艺术概括力，突出地表现了人的灵魂的挣扎与命运的沧桑。余华的《活着》以富家子弟徐福贵悲怆的人生际遇，演绎了一出小人物经历种种人生苦难深感“活着”实属不易的故事。作者把重复发生的死亡事件镶嵌在日常琐碎的生活里，使渺小而软弱的人物面对巨大的“苦难”难以抗拒，从而产生一种强烈的命运感，这同时也使小人物身上所潜藏的精神能量释发出来，从而使作品构成了

"小人物"的史诗。陈忠实的《白鹿原》以临近西安的城乡交叉地带的白鹿原为舞台,以白、鹿两个家族三代人的人生历程为主线,既透视了凝结于关中农人身上的民族气韵与文化精神,又勾勒了近现代以来的社会演进与历史变迁的某些侧影,作品在富含家族和民族的诸多历史文化内蕴的同时,还在艺术表现上以对潜意识、非理性、魔幻、死亡意识、性本能等现代主义手法的借鉴,丰富了作品以现实主义为底色的文学气韵。阿来的《尘埃落定》,以汉藏交界地区的康巴藏族最后一个土司家族两代人的故事,既浓墨重彩地描绘了康巴藏地风土人情的种种神秘,又细致入微地揭示了土司家族父子、兄弟之间的种种人性隐秘,作品在家族与民族的历史叙事中,蕴含了权力、英雄、宗教、信用、仇杀、爱情等诸多意蕴。尤其是作品所着力打造的主角——麦琪土司的二儿子,聪傻难辨,善恶并举,又自然而然地痴守着本色为人的自尊与自立,称得上为当代文学的人物画廊贡献了一个独一无二的典型形象。

在坚持现实主义写作方面,也许最为典型的例子是路遥《平凡的世界》。这个作品写作与发表的80年代中期,文学界追新求异的热潮正如火如荼,现实主义在一定程度上受到冷落,但路遥没有任何犹疑,他毅然选择严谨的现实主义写法,精心又用意地描写孙少安、孙少平两兄弟的青春成长与人生打拼,由此表现改革开放给农村青年带来的命运转机。由于作品做到了为小人物造影,为奋进者扬帆,出版之后广受好评,累计印数超过一千七百万套,在当代小说长销作品中名列前茅。《平凡的世界》持续热销,暗含了一个值得研究的文学课题,那就是我们需要重新认识现实主义,包括它的自身内涵、外延与意义,也包括它与中国文学的密切缘结,与中国读者的内在联系。

现实主义的发展与前瞻

现实主义在建国之后的三十年的顽强坚守,在改革开放以来的四十年的蓬勃发展,在不同时期都给我们提供了如实反映时代的生活与情绪的精品力作,给当代文坛培育了一大批不同代际相互衔接的重要作家。这是人们有目共睹的事实,也以光彩的一页载入中国当代文学的史册。与此同时,现实主义在七十年的坚持与发展,突破与新变,也在现实主义的自身演变和中国当代文学的整体发展等方面,提出了一些值得注意的现象与问题,提供了不少值得总结的规律与经验。

从新时期以来的小说创作来看，现实主义似乎时隐时现，时强时弱，这是一种客观事实。但回过头来再看，在这期间出现的小说创作上的各种手法的借鉴与糅合，其实都为现实主义提供了很好借镜，有的探索则直接丰富了现实主义的表现手段，包括其精神内涵。在进入新时期不久，小说创作中不时吹来令人惊喜的新风。最先引人注意的，是王蒙在《深的湖》《高原的风》等中短篇小说中对“意识流”手法的巧妙运用，因为“意识流”运用得出神入化，作品在对人物的心理流程的探幽索微中，实现了由主观感受折射客观世相的特殊效能。随后，一些超越传统文学写作范式的倾向相继出现，既使现实主义一统天下的局面开始打破，又使现实主义的写法不断刷新，其中比较典型的，如苏童、格非、孙甘露、余华等作家运用“先锋派”手法表现人物荒诞遭际与诡异命运的“新历史小说”，阿城、韩少功、郑万隆、李杭育等作家把当下现实生活与人物精神世界中的“文化遗存”当作描写对象的“寻根小说”。严格意义上说，无论是“新历史小说”，还是“寻根小说”，都没有脱离现实主义的路向，但他们超越传统写法的文学实验，却显然使以现实主义为底色的小说创作，呈现出别样的色调和色彩，使得现实主义的写法更加开放了，又使现实主义的文学延展了。

改革开放的四十年以来，现实主义在不断更新中，还推动了两类小说创作的长足发展。一类是家族历史与文化的创作，这类小说以家族历史为主干故事，通过一个家族在一个时期的荣辱盛衰，来透视文化精神的嬗变，折射社会变迁与时代更替，代表性作品如张炜《古船》、陈忠实《白鹿原》、阿来《尘埃落定》、李锐《旧址》、莫言《丰乳肥臀》等。另一类是改革题材小说写作，这类小说以改革开放为背景，主写义利抉择、正邪较量，代表性作品有周梅森《人间正道》《人民的名义》、张平《抉择》、陆天明《苍天在上》《大雪无痕》、周大新《曲终人在》等。可以说，由于运用严谨的现实主义写法，贯注强烈的现实主义精神，这些作品做到了思想精深与艺术精湛的桴鼓相应。近年来，也有一些新人新作以现实主义的追求向经典致敬，如陈彦的长篇小说《装台》。这个作品写了一群给舞台装置背景的小人物。作者写他们的爬高登低、含辛茹苦，也写了他们力尽所能的相互温暖和帮助他人。以顺子为代表的小人物，确有难以言说的苦处，但也有小人物的担当，他们像萤火虫一样带着光亮照亮自己，同时也温暖别人。这个作品在怎么样写小人物和处理小人物方面，运用了现实主义手法，确实写出了新意。

现实主义文学，起点是现实主义的手法，要点是现实主义的精神。现实主义精神主要体现为在创作中对人的一种高度关注，对人的生存状态、精神状态，以及命运的关注。因为关注人的现状、人的发展，所以会对环绕着这人的环境的一些问题进行揭露或者批判，所以现实主义精神里一定包含着批判性、抗辩性。因此，现实主义精神里边有一个重要的内核，那就是人民性。这就是要把人民真的放在心中，人民是历史的主角，是历史的创造者，我们在创作中要以人民作为主角，要以人民为对象，写他们的喜怒哀乐，并为他们所喜闻乐见。

事实上，从作品的阅读感受与传播影响上看，在同行中更受好评、在读者中更受欢迎、在社会上更有影响的，也主要是那些眼里有大众、心里有人民的作品。从写作手法到内在精神，都真正把“以人民为中心”落到创作的实处，化为艺术的成果，这应该是现实主义文学所以经久不衰、现实主义潮流所以奔流不息的根本原因所在。

（原载《长篇小说选刊》2018 年第 5 期）

在行进中更变，在更变中自立

——文学批评三十年的轨迹

伴随着我国改革开放三十年的伟大历史进程，我们的文学事业、文学批评也走过了高歌猛进的三十年，并取得了长足的进步、繁盛的实绩，也获得了丰沛而宝贵的经验，这不说是史无前例的，也至少是前所少有的。

文学批评从文学实践出发，又反作用于文学实践。而健康和先进的文学批评，其功用不只限于对于同时代作家作品的评说与鼓呼，而且还会影响时代的文学风尚、读者的审美趣味，从而促动一定时代审美理想的建立和形成。而要实现这种积极而能动的作用，批评自身也需要在这样的过程中拔新领异，自我更新。新时期以来的文学批评，作为整体文学事业的重要构成，实际上正是忠实地执行了这样的双重性的功能。它既追踪着创作的发展演变，品评作家作品，阐释文学现象，同时从创作实践和理论研究中汲取应有的营养，使自身不断地与时俱进和渐次更新，从而比较有力也比较出色地履行了自己的天然职责和历史使命。

如果从三十年前说起，并就其历时性的发展与阶段性的成果进行概要地评说，这种在行进中更变、在更变中自立的演进所具有的历史性意义，就更加凸显，更为可贵。

1 回到自身去

从 1966 年到 1976 年的“文革”十年，极左路线的盛行与“四人帮”的恶行造成了社会生活的多年动荡，也造成了文学艺术的一片凋零。在“文革”后期的 1975 年 7 月，毛泽东在一份批示中指出：“缺少诗歌，缺少小说，缺少散文，缺少文艺评论。”来自毛泽东的这个批评，其实正是整个“文革”时期文艺状况的真实写照。因此，“文革”之后的当代文学，既要在这样的诸多“缺少”的基点上起步，又要对“四人帮”的文艺思潮进行批判和清算。这一时期的文学批评，无论是对“四人帮”的种种遗毒的批判，还是对破土而出的“伤痕文学”的声扬，都比较多地含带了较强的政治性意味，就是自然的和必需的。

随着揭批“四人帮”文艺路线的深入，人们进而对“十七年”间的文艺思潮进行追溯与反思，由文学的现实主义、文学与人性人道主义，尤其是文艺与政治的关系等问题的研讨与论争，对带有左的倾向的和已不适应变化了的时势的文艺观念与观点进行梳理与清理。这种源自思想解放运动的文学领域的拨乱反正，在 1979 年全国第四次文代会上由邓小平代表党中央致辞中对“文艺从属于政治”的提法的重要修正，取得了重要的成果，也形成了基本的共识。在文学批评领域中，这一努力首先表现为 1980 年前后开展的关于文艺批评标准问题的讨论。越来越多的文艺批评家感到，我们沿用多年的“政治标准第一，艺术标准第二”的批评标准，作为“文艺为政治服务”的必然产物，存在着种种弊病。这一批评标准把文学构成中难以分开的因素割裂开来，并把政治的要求放在首位。这既欠科学，也不符合文艺的特性。因此，人们在对这一标准进行质疑的同时，纷纷从不同角度提出了新的文学批评标准。有的提出应该以文学要求中的思想性、真实性和艺术性的有机统一作为批评标准，有的提出应以合乎艺术规律的“真”“善”“美”的和谐作为批评标准，有的提出应建立以审美价值为基准的多层次的综合型批评标准，有的还提出“美学的和历史的统一”相融合的批评标准，等等。这些提法都从不同的角度反映了一个共同的愿望：寻求批评标准的审美化、科学化和客观性、稳定性，使文学批评由非文学的批评变为真正的文学的批评。

在重新思考文学批评标准的过程中，人们开始对文学批评观念中存在的深层次的问题，从局部到整体也进行了深入的反思。人们发现，过去我们对于文学批评的理解，由于建立在“文艺批评是文艺界主要斗争方法之一”的基点之上，所以，在很长一段时间里，文艺批评实际上与文艺批判无异，主要成为政治斗争的一种工具、社会批判的一种形式。在一些时候，文艺批评如果少受干扰地执行了“浇香花”“锄毒草”的使命，就似乎达到了文艺批评的极致。这些情况表明，过去的文艺批评既受制于“为政治服务”的思想的捆缚，又受到了依附于创作的批评观的束裹，这使它首先是政治的工具，其次又是创作的扈从。在这种双重服膺的过程之中，批评自身其实淡出了，甚至迷失了。顺着这样的路向继续思索，人们进而发现，批评在走出“为政治服务”的狭小圈子后，还需要建立属于批评自身的本体观念，因此，回到自身和回归本体,就成了批评家们不约而同的寻索。

1980年前后,一些批评家在论述文艺批评的特性时,或指出“批评作为一种审美活动,只能在美学范围内进行”(刘再复《关于艺术批评的真善美标准》),或认为“艺术作品作为艺术作品来看,真实性、倾向性不能离开艺术性而存在”(钱谷融《谈文艺批评问题》)。这些意见从不同的角度,既强调了审美判断和艺术分析对于文艺批评的首要性,又表达了回到文学对于文学批评的重要性。而后,朱寨在为《中国新文艺大系·理论二集》所作的《历史转折中的文学批评》的导言时,专列一章描述文学批评长久迷失之后回归文学所发生的可喜变化,并用“回到文学的批评”作为其中一节的题目,文中指出:“我们的文学批评从来没有像现在这样活跃,敢于突破陈见,勇于提出新说,较前更为深入地研究文学创作的内在规律和不同形式体裁的特点,为文学创作探索‘美的前程’。”①客观的描述与评说之中,透显着对于文学批评回归文学本体的热情的揄扬和坚定的首肯。

批评回归文学之后,还须获得一定的相对独立的地位,这是人们在有关批评的反思中进一步发现的问题。因此,在1984年间,有的年轻的文学批评家提出了文学批评的独立性问题。这里的“独立性”,有两个层面的意义:第一,是与文艺理论体系相对独立,也就是说要超出既定的文艺学的理论和概念的框范,去寻找和形成自己的生动活泼的“运动美学”,发挥文学批评本身的审美感受力、透视力和创作力;第二,是与文艺创作的客观对象相对独立,也就是说,要超出对具体作品的刻板解释和被动论证,在评论中表现批评家自身的审美观和价值观,批评家和作家在生活和艺术面前,完全平等,体现自我意识和自主意识。

2　主体的觉醒

剥离了对于文学批评的种种外在束裹,本体自然就显豁了出来;而本体的呈现又使主体的凸现呼之欲出。于是,借着80年代中期的有关文学主体性问题讨论,文学批评界又就文学批评的主体意识的构建、主体价值的实现等,进行了自省式的探讨,提出了许多新异而有益的见解,并促进了批评家的主体意识的全面觉醒与强劲显现。

1985年第6期《文学评论》发表了刘再复的《论文学的主体性》,在一

① 《朱寨文学评论选》第206页,湖南人民出版社1985年版。

个时期引起较大反响和激烈争议，此文在整体论述文学活动中人的主体性时，特别指出了过去的文学批评的两个缺陷，提出了恢复包括批评家在内的文学接受在文学活动中的主体地位的问题。他认为，作为文学接受中的高级部分的批评家，应该在“超越现实意识”“超越作家的意识范围”“超越自身的固有意识”的过程之中，升华审美境界，进行审美再创造和实现自身的再创造。这不是在一般地呼吁批评的自立，而是站在文学整体与历史长河的高度，对于文学主体和批评主体的有力张扬。这对于文学批评从科学境界走向艺术境界，推动批评家由被动评论转入主动创造，无疑在理论上提供了依据，在精神上注入了助力。

有关文学主体性问题的讨论，很快就扩展到了文学批评领域。这一时期，在一些中年批评家之间展开的“我评论的就是我”的讨论（见藤云、鲁枢元等人的同题文章），就是结合文学批评实际对于主体性问题的一个具体引申。“我评论的就是我”的要义是：评论家一般所评论的，并不是客观的“作家创造物”，不是一个纯粹的客体，他所评论的，只是他自己感觉到和体验到的东西，只是评论者对于创作者的审美共鸣还契合的一种理论反应。这实际上是评论主体与评论客体之间的相互效应、相互作用，而且这种有感而发的阐述，本质上是评论者以一种特殊的感受方式和思维方式，表现“自我意向”和“主体意识”。这样的“有我”的评论，才真正具有独自的个性和可贵的价值。这一观点得到了一些人的赞同，也受到了一些人的批评。批评者认为，“我评论的就是我”虽然在突出评论个性与自觉意识上不无意义，但却在一定程度上忽略了文学批评的客观属性和社会职责，应当强调自主性与使命感的高度统一。这些意见实际上是互补性的，或者说这些不同的批评观本身就是“我评论的就是我”的一个证明。[①] 不大不小的“我评论的就是我”的讨论，既给传统的文学批评观造成了冲击，又给人们以不小的启迪，它使人们进而认识到：批评是一种相对独立的艺术创造，不应匍匐于创作之下；批评没有必要囿于如实诠释作品，也不可能如实诠释作品，作为艺术创造的文学批评应该带有批评者自己的主观因素、个性眼光和主体意识。

批评主体意识的觉醒，具有十分重要的意义。它不仅表现出了对于批评中非文学的政治性因素羁绊和依赖于客体的附庸意识的坚定的超越，而且以主体力量的施展，主体价值的实现，使文学批评义无反顾地回归“文

① 《文学论争 20 年》第 168—169 页，华中师大出版社 1998 年版。

学”,立足“本体”,这无疑是文学批评走向成熟、自立和振兴的重要标志。

在批评主体意识的自省与自醒中,一些批评家又提出了“批评是一种选择”,“应该有圈子批评家”,应当有驰骋于“不同跑道”的批评家等观点与看法。如果说批评的主体性问题主要是针对批评的整体和共性对批评的个体意识的凸现,那么,这些“选择”说、“圈子”说、“跑道”说,则从突出个性的角度,与批评的主体意识呼吁遥相呼应,使文学批评意识在觉醒中走向分化。变动中的观念,不可能都是明晰的和确定的。因此我们就看到,一些批评家在大谈“我的批评观”,看法各异,形形色色;一些批评家又声言批评的困惑,众说纷纭,不一而足。这种批评观的既多又少、既有又无的情形,都属毫不足怪的正常现象。它说明此时的批评意识还处于一种不安分的变动过程之中,真正地在向“运动的美学”迈进。思想是行动的先导,文学批评既然出现了如许的分化趋向,文学批评实践的多样化就必然要显现于人们的眼前。

3 批评的嬗变

文学批评界对于文学批评的深入探讨,还表现在通过对于过去文学批评道路的宏观反思,找出从观念到方法上的偏差所在、问题所由。

80年代中期,一些评论家在文章中和研讨会上,对我们长期以来所操持的文学批评方式与方法进行了自省,认为过去的文艺批评虽然没有一个人人必须恪守的统一的观念与方法,但许多人在批评实践中,却在异口同声地重复着一个大致相同的批评路数,这就是社会学的批评。这既因为当时的政治性思潮的统摄与影响,又在于对马克思主义的文艺批评作了社会学的理解与运用。而社会学的批评把文学看作是一定时代和环境的产物,把作家看成是一定社会关系和社会生活的代言人,一般多从文学与现实的关系、创作与生活的关系的角度去理解作家、解读作品,在根本上信奉的是创作的“镜子论”,秉持的是文学的“反映论”。这种批评观无疑是和与社会生活联系直接而密切的一些创作倾向相对应的,但无论是一个好的作家,还是一部好的作品,只要是深刻而集中地表现自己感觉到的生活,就必然在立足现实的基础上融入了作家个人的主体审美创造,从而使作品既出于现实又高于现实,达到一种非事象真实的艺术真实。而运用社会学的批评方法,往往多是认定作家作品在反映生活的真实性上所达到的广度与深度,进而发现其价值构成中的社会历史意义,这其实只能察悉其显见的现象和部分的意蕴,并不能揭示出深层次和多方面的艺术价值所在。而在许多时候,因为庸俗社会学的严重侵蚀,我们的文学批评在具体实践之中,连正常的和科学的社会学批评也很难真正达到。因此,弄清批评的方式方法,并超越社会学的批评,就成了文学批评拓展自身的又一个关键所在。

正当文学批评的方式方法的更新提上议事日程之时,1985 年的"方法年"及时到来,这一年仅全国性的"新方法"学术研讨会,就在北京、厦门、扬州和武汉先后举行了四次。一些理论批评家倡导运用系统论、信息论、控制论等新的批评方法解释文学现象,品评文学作品,并大力鼓吹这种新方法的有效性与优越性。一些先行者也开始在文学批评中具体应用系统论、信息论、控制论等新的方法,使"新方法"由虚到实地进入到了当代文学的批评实践之中,并对整体文学批评的不断变更起到了不可估量的推动作用。

在当时"新方法"引动的批评热潮中,几乎所有新的方法都有人在批评中加以借鉴和尝试,但比较起来看,运用得比较好又有启迪性的,还是有关系统论的批评。系统论方法具有整体性、结构性、层次性、动态性和相关性等原则,在解求复杂的文学现象上具有独到的功能。80 年代中期出现的《论阿 Q 的性格系统》《艺术魅力的探寻》等论文与论著(作者林兴宅),就以系统论观念与方法的自如运用,在复杂性格的有机构成、文学魅力的美感效应等方面的穷形尽相,让人耳目为之一新。这场"新方法"带给文坛更大的意义,可能还是由新方法携带的新观念给予人们的冲击。人们在对比中更为清楚地看到了传统的批评观念和批评方法的诸多缺失,从而变得更为自知和自觉。而其中的先行者们,则以及时的吸纳与开拓,形成了新的文学观。还有就是由这样的新旧碰撞,人们进而认识到文学观念的多元性和文学批评的多样化的必然性与合理性。这种自主意识与多元意识的双重增进,为批评观念和批评方法的多样多元发展,提供了一个广阔而坚实的心理空间。

于是,以社会学批评为基点和主调的中国当代文学批评,从 80 年代中后期开始,呈现出了融合别家之长的向着不同倾向的倾斜与深化,总体上表现出多元发展的趋向。比如,有带有浓厚的人本主义色彩的批评倾向,擅于解读作家作品的人性内涵与人道主义意蕴;有带有心理美学意味的批评倾向,侧于挖掘文学现象背后的心理因素与心理属性;有偏于文化意蕴的批评倾向,长于从纷纭的文学事象中探悉内含的集体意识与文化冲突;还有借鉴文体、文本理论形成的文体文本批评倾向,比较专注于作品的语言、叙事与结构的细读与深究。此外,依托于人类文化学的原型批评,立足于比较方法的比较文学批评,也都时有所见,并蔚成风气。这些文学批评的联袂登台,连同文学批评学的兴起,使得整体的文学批评较之过去走向了活泼多样,呈现出多元竞争的新的格局,也使批评自身自成系统,有了健康发展的基础与不断进取的内力。

4 再遇新挑战

进入 90 年代之后,在 1992 年邓小平南巡讲话精神的指引下,我国的改革开放又起新潮,逐步走上社会生活以经济活动为中心,经济活动以市场机制为主导的道路。这种社会经济基础的深刻变革,必然要反映到社会的上层建筑与意识形态,遂使社会的文化环境、文化氛围发生了巨大的变动,这就是由商品化到市场化,一波又一波的强劲浪潮联袂而来,使社会生活的重心向经济位移,文化活动的重心向大众位移,包括文学批评在内的文学领域受到了前所未遇的巨大冲击,文学批评开始面临着如何在诸种冲击下生存、在诸多挑战中发展的新的问题。

90 年代初期到中期,文学创作与文学批评都有过一段相对沉闷与沉寂的时期,这便是作家、批评家们,面对突如其来的社会生活变化,尤其是文化的环境与氛围的变化,一时还难以适应,还处于心理的调适与姿态的调整的过程之中。嗣后一个时期的文学批评,针对现状的宏观批评的声音突然增多和放大,从"文学失去轰动效应",到"文学的危机",都成了引起人们竞相言说的热门话题。更有一些忍耐不了寂寞的,或忍受不了诱惑的知识文人,索性"下海"而去,弃文经商。这个时候,来自文坛的声音,有怨尤,有悲叹,有批判,也有怀旧,色彩缤纷,不一而足。

1993 年间,由上海学界开始兴起,随后迅速扩及全国的"人文精神讨论",乍一看来似乎是知识文人之间的自说自话或自言自语,实际上是文学理论批评界针对商业大潮的冲击,人文精神有可能淡化和遮蔽的现状,通过这样一个检省与讨论,发表自己的心声,抒发自己的忧思,这也可以理解为理论批评家借助于这样一个讨论,给自己存在的意义及实有的作用等,寻求理论的依托、姿态的定位、立场的确认和精神的自信。虽然在讨论中,各说各的看法,意见并不相近,但无论是"人文精神是否面临危机""我们需要怎样的人文精神"的探讨,还是"什么是'新人文精神'""市场经济对于人文精神有无正面效应"的争论,都构成了面对变化着的社会态势的现状考察和理论思索,并在交流与碰撞之中,实现了深层的沟通与相互的启迪。在有关人文精神的大讨论中，还穿插了有关“宽容”的问题、“二张”现象（即张承志、张炜与“抵抗投降书系”）等的争论，争论中有的给予首肯，有的表示质疑，双方或几方各执一词，互不相让，有人就此现象感喟道：“知识分子作为一个话语与文化的‘共同体’想象的‘共识’，业已不复存在。”（张颐武语）事实上，在文学的政治化之后，文学的市场化，确乎又构成了知识文人阵营内部分化的又一个分水岭。

文学理论批评界关于文化的大众化、文学的市场化的不同看法的争论，一直持续到进入新世纪之后。在此后接连展开的关于“文学的商品化现象”的讨论，关于“怎样看待消费时代的文学”的讨论，关于“全球化时代的文学前景”的讨论等，不同意见的争论相当纷纭和激烈。但随着时间的推移，以及文化大众化、文学市场化的日益成型与逐步定势，这些讨论与争论的焦点与重点，不再纠结于如许的现象应不应出现和该不该存在的问题上，而主要集中于面对这样一个已成事实的文化现状，主流文学应该怎样看待这种变异、怎样在通俗文学长驱直入的情况下保持自我品性、怎样在不同类型文学的竞争中施展自家优长，以及在与种种非主流文学现象的并立、共存中如何获得自身的发展等方面。

约在90年代中期，紧随着文化的大众化、文学的市场化的浪潮，依托现代网络技术的网络写作又长足崛起，并成为一个时期吸引受众注目的新的文学现象。这既使传统文学与主流文学缩小了原有的阵地范围与受众圈子，而且还因为青少年网民的大量介入和不断增加显现出了另辟蹊径的蓬勃生机。面对这种新的文化现象与文学态势，理论批评界需要做出观念上的调整、策略上的对应。于是，在文学理论批评领域里，“日常生活的审美化”的理论探讨适时展开，运用文学研究的方法进行文学批评的倾向也应运而生。在进入新世纪之后，批评界又提出了“新世纪文学”的命题，并以评论文章和会议研讨的方式，就“新世纪文学”的内涵与外延、构成与特色、倾向与问题等进行了深入细致的研究。这些理论与批评的实践，都是文学批评界直面新的文学现实，力求发出文学批评的新的声音的不懈努力。

5　严峻的课题

循着90年代不断异动的走向和持续变化的路径，文学走进了新的世纪。新的世纪已近八年，八年的文学与文坛，既显现出了与过去完全不同的一个新的文学格局，传统文坛在整体文坛放大的过程中进而分化和受到挤压，又因传统媒体与新兴媒体一同向“娱乐化”的大幅度倾斜，使环境氛围在躁动不安中更趋于俗化。当代文化与文学的这些新的变化，这种新的现实，都给传统的文学尤其是文学的批评，造成了未曾经见的新的困惑，提出了异常严峻的新的课题。

过去基本由传统文学单一构成的文学格局，经过90年代到新世纪的裂变与过渡，已逐步呈现出了一个“三分天下”的基本格局，这就是：以文学期刊为阵地的传统文学或主流文学、以出版营销为依托的图书运作或市场文学、以网络信息为平台的网络文学或新媒体文学。文坛这种一分为三的情形，带有相当的必然性。这样一个格局形成的原因，无疑是综合性的，并非单靠文学本身所能促动和形成。但这种格局一旦形成，传统文学便由文坛主体甚至是整体，就退居为“三分天下”只占其一。因为板块分化，整体放大，职业作家、民间作者、网络写手等一起活跃于文学的舞台，各类作品、各式写法和各种倾向交相汇聚，构成了雅俗并举、文野杂陈的文学世界。这使得文学批评所面对的批评对象，既数量陡然增多和增大，又花样众多、品类繁杂。即从大的板块来说，文学批评就既要面对传统文学创作及其相关现象，又要面对市场化的文学活动及其相关现象，还要面对以网络写作为代表的新媒体文学及其相关现象。但事实上，因为历史的原因，我们的文学批评在观念与方法上，只与传统的文学创作及活动相对位和相适应，而对市场化的文学现象和新媒体文学现象，文学批评常常捉襟见肘，力不从心，有时甚至失语和缺席。对于市场化的文学和新媒体文学的观察与解读，需要文学批评在传统的理论与方法之外，从经济学、商品学、市场学、营销学、信息学、传播学、广告学及现代网络科技等知识领域汲取知识与营养，并把它们化为审美的视角与感觉、批评的概念与话语，而这显然需要一个学习、消化、积累、历练的过程。目前的文学批评领域，绝大多数的文学批评家仍然以传统文学的作家作品为主要的关注对象，只有少数批评家以文化批评等方式，开始关注市场化的文学和新媒体文学，并逐渐发出自己的声音，这虽然为数不多，声音也有限，但却是一个重要的实践演练，必要的补苴罅漏。

对文学批评构成新的困扰的另一大问题，是媒体时代的强势到来，以及各类媒体不约而同地向娱乐化的倾斜。由报纸、杂志、电影、电视、网络等各类媒介交织构成的现代传媒，既是人们在社会生活中交际与娱乐的工具，又是文学和文学批评借以走向读者的“桥梁”与中介。传统媒体与新兴媒体联袂构成了一种强劲的力量，而这一力量又经由大众化向娱乐化顺流而下，已成为不可阻挡的文化定式。当一切都以“娱乐化”为旨归之后，有关文化、文学的一切，或者被选择，被遮蔽，或者被利用，被裹挟，都必然经过媒体根据自己的需要进行再过滤和再加工，从而纳入“娱乐化”的一体化轨道。偏于“娱乐化”的媒体文化，与侧重“启蒙性”的文学批评，本来就是一对矛盾，如今又是如此这般地纠结一起，撕扯不清，这势必给文学批评造成极大的困惑与困窘。

面对媒体时代给文学带来的变化、给批评造成的影响，文学批评界没有放松对媒体时代文学现状的关注，并在审时度势中重新定位。而在近几年来，这种关注由情感的焦虑转化为学理性的思考，自2006年以来，有关媒体与文学的关系的评论文章频繁见于报端，许多学术研讨会也以此为题开展研讨，仅2007年间，就先后在北京、上海、杭州等地举办了四次与此相关的学术会议，一年一度的“北京文艺论坛”2007年度索性就以“传媒与文艺”为论坛主题。从研讨的情况看，许多问题仍然看法不一，但在两个大的问题上，却有大致相近或相似的看法，那就是：媒体时代对于文化、文学的影响，从长远来看，不只有其弊，也有其利；它既给文学制造了不少的难题，也给文学提供了一定的机遇。而面对这样一个媒体时代，文学批评的职能更加显得至关重要和不可或缺。那就是：保持文学批评的精神品格，保持审美的高端价值，并在这样的意义上，呵护文学的审美特性，与大众传媒建立起一种积极的、交流的互动关系。这些不只传达了文学批评界对于当下社会文化生活的观感和看法，还表达了文学批评家们面对媒体文化强势盛行的一种高度自信，这无疑是重要的和可喜的。

当代文学批评的30年，其历程与实绩不说是可歌可泣，也可说是可圈可点。尤其是置身其中，亲见亲历了这个过程之后。可以说，同整体文学的发展不可能一马平川一样，今后的文学批评也不可能一帆风顺，还要经历不可预见的种种波折与困难，但应当坚信，有了这30年的拓进，30年的积累，30年的成就，30年的经验，它当会克服一个个难题，渡过一个个难关，以它的活力与能力强化自身，优化文学，争取我们的文学事业的新的进步和更大胜利。

（原载2008年5月9日《文艺报》）

在稳步前行中不断拓进

——五年来的文学批评走向观察

进入新世纪以来的文学批评，因社会环境的剧烈变动，文学内部的深层异动，面临着接续不断的严重冲击，遇到前所少有的巨大挑战。我曾在一篇文章中把这种情形描述为：一个相对滞后的批评，在面对一个一个不断更变的文学；一个相对萎缩的批评，在应对一个不断放大的文坛。但事实上，文学批评家们并没有为之气馁，文学批评也没有止步不前，它仍然在审时度势中不断调整，依然在左冲右突中奋勉前行。

习近平总书记在 2014 年 10 月发表了《在文艺工作座谈会上的讲话》，其中对于文艺批评的评估与批评、要求与期望，既给批评家们极大的震撼，也给文学批评以极大的激励。文学批评界在学习《讲话》和领会精神中，反观批评的现状，反思批评的问题，使得批评的自省与自审，成为振兴文艺批评的内在动力，文学批评在许多方面都呈现出新的面貌，体现出新的进取。

一　新作评介与年度综述体现的现场感

文学批评有许多方面，有很多任务，但最为重要的，是对当下创作的最新成果，及时地予以品评，对一个时期的创作情形，进行概要地梳理，使作家悉心创作的文学新作，一个时期的创作概貌，经由批评的回应与概括，使人们看到当下作家创作的最新收获、近期文学创作的最新动向。这也使得批评在与创作相随相伴行进的同时，强化了介入性，增进了现场感。

长篇小说因为篇幅较大、分量较重，一向为文坛内外所广泛关注，而对年度长篇小说新作的跟踪评介，也成为文学批评的一个重点。2014 年到 2015 年间，一些小说名家先后推出自己的长篇新作，其中一些作品在乡土中国的变迁、乡土伦理的嬗变方面，既突破了作家以往的创作，也在一定程度上更新了乡土文学的写作，如贾平凹的《老生》、关仁山的《日头》、范小青的《我的名字叫王村》、孙惠芬的《上塘书》、迟子建的《群山之巅》等。而在这些作品甫一发表，便有李星、陈晓明、谢有顺、雷达、胡平、范咏戈、汪政、周景雷、潘凯雄、孟繁华等人的评论文章跟随而来，以自己的阅读感受对这些名家新作给予了精到的解读。这一时期，那些直面当下都市现实、书写人们的精神困惑与情感疲惫的作品，批评家们也都一一看在眼里，并用不同视角的阅读体会，给出了自己的批评解说。如雷达、陈福民等人评论阎真的《活着之上》，孟繁华、陈晓明、岳雯、牛玉秋等人评论王跃文的《爱历元年》，孙郁等人评论宁肯的《三个三重奏》，彭敏等人评论徐则臣的《耶路撒冷》等。

文学批评的要义是发现好作品，有些作者声名并不显赫，但作品确实让人眼前一亮，也会进入批评家的视野，并得到相对充分的肯定。2015 年间，陕西的陈彦写作了长篇小说《装台》，作品在小人物的写作上卓见新意，先后有多篇评论予以推介，如李敬泽、雷达、李星等人的文章。《装台》甫一出版，便广受关注，这种集束式的评论推介显然起到了作用。

2015 年 8 月揭晓第九届茅盾文学奖之后，有关茅盾文学奖获奖作家与作品的评论，在一个时期形成热点。这里，既有评论具体作家作品的，也有从茅奖获奖作品来观察长篇小说发展的。获奖作品何以成为精品，获奖作家何以形成独特风格，在这里都有细切的阅读与精到的评说。2012 年到 2016 年间，莫言荣获诺贝尔文学奖、刘慈欣荣获雨果文学奖、曹文轩荣获安徒生文学奖，其间都有为数不少的评论文章及时跟进，评说作家获奖的根据与缘由，论述作家创作的成就与特色。这些评论，以对获奖作家与作品的细致阅读与集束论评，使文学批评起到了解读文学精品、引导文学创作的积极作用。

因为各类创作的数量越来越多，作品的发表与出版与一定的年度相关，年度文学创作的宏观考察与整体综评，就显得越来越重要。在这一方面，小型的年度报告，有中国作协创研部撰著的《年度中国文学发展状况》。这个从 2012 年做起的文学发展报告，从文学创作、文学理论批评和文学活动三个大的方面，对年度文学创作、文学理论批评和文学活动等，进行了钩玄提要式的描述，带有年度文学大事记要的特点。大型的年度文学报告，有本人主持的课题组撰著的《年度文情报告》（也称《文学蓝皮书》），这个起始于 2003 年的文情报告，分十个专题，从各类创作到理论批评，从文学声音到文坛资讯，都有较为全面的记述与概要的反映。因注重资讯的以点带面，综述的宏微相间，具有年度文学总盘点的性质。

除去这两份出自团队作者的年度文学报告，出自个人之手的年度文学创作综述,也逐步增多,蔚为大观。仅以 2015 年为例,长篇小说年度综述,就有白烨的《2015 年长篇小说:现实人生的多点透视》、贺绍俊的《2015 年长篇小说:现实主义的力量》、王春林的《关注现实,透视人性——2015 年中国长篇小说扫描》,以及李雪、王岩的《以文学的目光凝视这片土地——2015 年长篇小说创作回望》。其他门类创作的年度综述,也是类似的情形。同一写作领域里有多篇综述文章加以描述,其实都并不多余,因为不同的作者有不同观察点,所点评的作品也互有差异,把不同的综述总合起来看,才是该写作领域较为全面的年度概观。

二　现象捕捉与倾向评析中的问题意识

文学创作虽然是个体性的艺术劳作、分散性的作品形态,但作者的创作,作品的传播,读者的阅读,评论的推介,都有相互的关联,也必然会牵动一定的艺术观念,接连一定的社会思潮,从而呈现出现象性样态、倾向性脉象。对这样一些现象与倾向进行梳理与捕捉,并加以寻脉问诊,追本溯源,是文学批评在作品评论之外的又一重要任务。

这些年来,在一些作家作品的论评中,一些批评家就力求透过现象看内在,循着倾向找问题,使得他们的评论文章都不同程度地体现出一定的问题意识,其所论问题也给人们造成了强烈的印象。如贺绍俊先后发表的《以文学介入中国经验的阐释》等文章,在论述近期的长篇小说创作时,着重从"中国经验"的角度,发现作品的精神内涵与思想价值,使得作者自觉不自觉地隐藏在长篇小说中的思想追求,既得到了一定的阐发,又得到了鲜明的张扬。如洪治钢的《论新世纪文学的"同质化"倾向》,从创作中人们习焉不察的作家的自我重复与相互袭仿,揭示出优秀作品所以稀少的原因,是由于作家精神的懒惰化和写作的惯性化导致的"同质化"。文本既解析了作品"同质化"的内在原因,又提出了"主体意识自觉"的有益建言。在第九届茅盾文学奖揭晓之后,一些评论家就长篇小说现象进行的思考,从宏观层面提出了一些值得人们关注的问题。如杨杨的《长篇小说之"长"》,有一些长篇小说字数越写越多,篇幅越拉越长,指出长篇创作事实上存在的"马拉松式"写作倾向。这些作品虽然越来越长,但却"并没有带来文学的惊喜,而是恐惧和担忧"。由此,他认为,"文学写作变得长篇化、巨量化","已成为当今中国文学面临的主要问题"。而同样是着眼于长篇小说创作,汪政的《长篇小说的轻与重》,从一些"70 后"作家的小故事结构、小规模叙事入手，谈到“轻质小说的创作”，已成为长篇创作的主要取向。他经由一些作品文本的具体分析，指出“一种新的轻质小说美学已经形成”。这也向人们表明，长篇小说创作的多样化，已是一个基本的定势。这些文章从现象出发，由作品立足，而从中捕捉到的问题，论析到的因由，却关乎总体的长篇小说创作乃至整体的文学创作，很令人深思。

在近年来的文学批评中，在观现象察倾向方面做得较为出色也较有影响的，是批评家雷达。雷达依凭着厚实的理论功底与敏锐的审美触觉，常能在纷纭的事象中发现现象，在氤氲的现象中捕捉倾向，文章所谈话题既契合现实的创作实际，又触动切实的文学时弊。他近年来在《文艺报》开辟的“雷达观潮”专栏，就典型地体现了他的这一批评特点。这个专栏从去年到今年，连续推出多篇话题性文章，如《从“乡土中国”到“城乡中国”》《文学与社会新闻的“纠缠”及开解》《反思阅读方式的巨变》《面对文体与思潮的漫泛》《慢说“非虚构”》《文学批评的“过剩”与“不足”》《关于文学批评的几条标准》等等。这些文章所抓取的现象、所触及的问题，从文学的社会环境、文化氛围，到创作的矛盾、阅读的异动、批评的难题，都是当下文学中切实存在而又未能引起重视的。经由他如此这般地给予描述和加以评析之后，现象凸显了，问题严峻了，而他渗透在其中的评说与见解，也总能给人以一定的新的启迪，或引发人们的再度思考。

文学批评家中，另一位具有较强问题意识的，是孟繁华。他在 2012 年间曾以一篇《乡村文明的崩溃与“50 后”的终结》，触及时下较为敏感的乡土写作传统与“50 后”的写作状况的评估问题。他认为当下的文学创作，事实上已经发生了结构性的变化。那就是：传统的乡土文明日益为全新的都市文明所替代，代表了乡土写作传统和旧的文学意识形态的“50 后”，应该让位给对这个时代的表征与精神做出有力表达的“60 后”“70 后”。这样的一个斩钉截铁的论断，因为稍显简单，一度引起不小的争议。在综述 2015 年的短篇小说创作情形时，他以《无处不在的情义危机》为题，以他读到的小说不约而同地“缺情少意”，得出了“这种没有约定的情感倾向的同一性，不仅是小说中的情义危机，而且也昭示了当下小说创作在整体倾向上的危机”的结论。这些论断，因为以极而言之的方式表述出来，常常会引起一定的争议，但它实际上在以自己的方式揭示着一种真相。而引起争论本身，也是引发更多的人们关注倾向、探讨问题，对于引申人们的思考、活跃批评的气氛，也都大有裨益。

三　网络文学相关问题的研探渐趋深入

网络文学在进入新世纪之后,依托着信息科技和资本投入的两大支柱长足崛起。如今,不仅网络文学自身以类型化小说为龙头形成了产业化链条,而且还迭以新的文艺观念、新的生产方式、新的传播方式,给整体的文学与文坛构成了巨大的冲击,造成了深刻的影响,使得人们对于有关网络文学的现象与问题,不得不郑重对待,认真研探。

有关网络文学的研究,是随着网络文学的市场拓展与写作进展,逐步展开和推进的。一开始,关注与热议网络文学的,主要来自传统文学领域的研究者与评论家。既有的文学观念,使得他们的看法不免带有以传统的眼光打量网络文学的明显特点。后来,随着一些研究者们对于网络文学作家创作的持续跟踪与文本阅读,一些出自传统文学领域的专家学者,逐渐在网络文学研究上取得一定的成果,并在网络文学批评上获得了一定的发言权。从目前初步形成的格局看,当前的网络文学研究已大致形成五个重镇,并分别以中国作协"中国作家网"马季、北京大学中文系邵燕君、中南大学文学院欧阳友权、杭州师大动漫学院夏烈、山东师大文学院周志雄为团队代表,他们各自都取得了一定的研究成果,并业已形成各有侧重的研究特点。而在网络文学研究刊物方面,创办较早影响也较大的,先后有广东作协主办、花城出版社出版的不定期的《网络文学评论》,浙江作家协会、浙江网络作家协会主办的《华语网络文学研究》(不定期,已出1、2期)。2016年9月,广东作协经有关方面审核批准,获取了《网络文学评论》的正式刊号,使得此刊成为国内第一种网络文学评论的纸质传媒。

在网络文学研究中,一些研讨会起到了沟通信息、交流意见和推进研究的重要作用。如2014年6月,由中国作协创研部与《人民日报》文艺部举办的"网络文学再认识"的研讨会;2014年7月,由中国作协创研部、全国网络文学重点园地工作联席会议、《人民日报》文艺部、《光明日报》文艺部共同举办的全国网络文学理论研讨会,尤其是在2015年9月、2016年9月,分别于上海、广州举办的首届和第二届中国网络文学论坛,网络文学的写作者与研究者、经营者与管理者等各个方面的人士齐聚一堂,跨界交流,相互沟通,在网络文学的许多重要问题上,形成了一定的共识,取得了丰富的收获。

在网络文学研究中,谈论较多的是网络文学的特性问题。马季认为,网络文学具有文学性与商业性的双重身份。20世纪末以来,以互联网为传播媒介的信息革命,不仅改变了人们的阅读方式,而且逐渐改变了人们的生活习惯和思维方式。新世纪文学的空前变化,从表面看似乎源自网络文学的蓬勃兴起,本质上却是信息革命引发的文化价值系统的转型和重组。在这次变革中,网络文学的潜在商业价值成为资本关注的目标,经过 15 年的发展,网络文学逐步形成了自己的文化范式,确立了文学性与商业性的双重身份。这一范式主要包含以下三方面的内容:建立在传播方式基础上的大众性、建立在文化消费基础上的娱乐性、建立在文化产业基础上的跨界性。邵燕君从媒介新变的角度来看网络文学的发生与发展。她认为:严格来说,网络文学并不是指一切在网络发表的文学,而是在网络中生产的文学。在"网络性"的生产过程中,粉丝的欲望占据最核心的位置。网站经营很大程度上利用了"粉丝经济",粉丝既是"过度的消费者",又是积极的意义生产者。他们不仅是作者的衣食父母,也是智囊团和亲友团,和作者形成一个"情感共同体"。由此,她指出:相对于"纯文学"艺术至上的标准,网络文学的核心价值是"爽",也就是对快感机制的尊重。从研究者的角度说,网络文学不仅是文学研究的对象,更是文化研究的对象。追踪网络文学的潮流新变,可以触摸到国民的精神脉搏和心理趋向。要建设具有价值观引导性的主流文学,也需要从研究网络文学的快感机制入手,摸索寓教于乐的新途径。

2015 年间,网络文学研究的话题又有新的拓展,如邵燕君的《媒介融合时代的"孵化器"——多重博弈下中国网络文学的新位置和新使命》,探讨网络文学在各种压力下保持"自主力量"的可能性。黄发有的《网络文学的本土文学传统》,则在西方文学与文化的主导性影响下,探求网络文学与本土文化的建立内在关系的可能性。马季的《网络文学的三个变量》,从受众层面、审美层面和表现方式三个方面,观察了网络文学以特有的语言消解文学的倾向问题。而千幻冰云的《IP 热对网络文学发展的影响》、夏烈的《从中国故事到中国 IP——网络文学的新境界和新使命》,聚焦于当下最为热门的 IP 概念,由知识产权的新角度探讨 IP 对于网络文学的全面推进。显而易见,网络文学的研究与评论,较之过去,数量上有较大增长,质量上也有显著提升。

四　批评的现状反思与问题自省

进入新世纪之后,由于文艺观念的趋于多元、文学创作的日益多样,文艺批评既面临着严峻的挑战，自身也需要随着新的文艺时代适时新变。习近平的《在文艺工作座谈会上的讲话》，既对文艺批评的作用提出了新的更高的要求，也对文艺批评的现状提出了一些严厉的批评。这些有关文艺批评的意见与精神，进而促使文艺批评界对于文艺批评现状进行自我检省与自我批评。

文学批评的自省，涉及文艺批评领域的方方面面。首先一个问题，依然是对于存在的主要问题的把脉与诊断。因为角度不同，对于问题的看法也不尽一致，但大致都指向批评的错位、批评的失衡、批评的不及物等现象。雷达在《文学批评的"过剩"与"不足"》一文里，指出批评的矛盾与尴尬在于一方面"过剩"，一方面又"不足"。"过剩"在于：首先是同质化、平庸化的东西太多，它们的角度、思路、思想资源、评价标准、话语风格都大体一样，既提不出什么尖锐的问题，也不可能做出什么意外的评价。其后分别是论题相对固化、研究队伍的庞大与研究对象的单薄之间的不平衡。相对于这种"过剩"，另一些方面则显示出诸多不足，如经典研究与跟踪批评也都不能很好地对话，评者自评，读者自读，热者自热，冷者自冷，互不相涉，漠不相关；一些重要的、先锋性的创作得不到及时有力的评论，一些带有典型性的创作难题得不到及时的正视。黄力之则从另外一个角度来审视文艺批评的弊病，他在《文学批评主体性的阙如与滥用》一文中指出，现在文艺批评的问题，一方面是批评者主体性阙如，另一方面是滥用主体性。

谈到文艺批评如何改变当下的现状，一些论者首先提到要真正回到文学现场，密切联系创作实际。钱小芊在《结合文学创作展开文学批评》的文章中，以博鳌文学论坛为例，论说了关注中国经验、介入文学现场开展文学批评的可行性与重要性。他指出：文学评论应在借鉴吸纳人类丰富经验的同时，更多地关注中国经验、中国传统、中国现实。面对我国文学创作生产活跃、内容形式丰富、风格手法多样的新现实，文学批评应该"及物""中的"，褒优贬劣、激浊扬清，评论家也要走出书斋，深入生活，面对中国当代变革中的新鲜经验，自觉以马克思主义文艺理论为指导，从中国文学发展实际出发，运用历史的、人民的、艺术的、美学的观点评判和鉴赏作品，在艺术质量和水平的评判上敢于实事求是，对各种不良文艺作品、现象、思潮敢于表明态度，在大是大非问题上敢于表明立场，说真话，讲道理，把好文艺批评的方向盘。

文艺批评要有批评精神，是文艺批评现状反思中的另外一个焦点。朱辉军在《文艺评论要有批评的锋芒》的文章中指出，人们不满于文艺批评的，主要是批评缺乏批评的锋芒，不能对文艺作品、文艺思潮、文艺现象等做出鞭辟入里的分析，提供给人以茅塞顿开的启迪。因此，改进文艺评论，首要的就是应恢复其批评的锋芒，重建其在公众心目中的权威。曾庆瑞在《好的文艺批评也是剜掉文艺烂苹果的正义之剑》的文章里，发表了相近的看法。他认为，有些号称"文艺家"的人，在市场经济大潮中迷失方向，沾满铜臭气，把低俗乔装打扮成通俗，把欲望刻意美化成希望，把低级的只"养眼"的"单纯感官娱乐"故意混同于既"养眼"又"养心"的愉悦灵魂的"精神快乐"，一言以蔽之，把自己变成了有害有毒的"烂苹果"。治理这种乱象，和威力无比强大的"法治"一样，文艺批评同样可以大有作为。

在对文艺批评进行自省的同时，一些批评家还从各自不同的角度就文艺批评需要予以特别重视和着力加强的方面，提出了许多建议与建言。如庞井君在《文艺评论工作急需加强顶层设计和工作布局》里提出，推动文艺评论繁荣发展，既需要从战略上做好"顶层设计"，又需要从理论、组织、阵地、人才等各方面扎实推进工作。刘川鄂在《文学批评的文体与批评的有效性》一文里，提出重塑文学批评的文体意识问题，增强文学批评的权威性；通过各种综合性的工作，提高文学批评有效性。李云雷在《文艺需要争鸣》的文章里，提出需要开展文艺争鸣的问题，他认为：中国当代文艺的发展面临着重大机遇，也面临着诸多问题，要以文艺争鸣的方式表达出不同的观点，不同的观点进行平等的学术讨论，"百花齐放，百家争鸣"，才能为当代文艺的发展提供不同的可能性。樊星在《良好的批评氛围需要各方共建》的文章里，提出文艺批评需要建立良好的氛围，这既需要作家养成豁达的胸襟，评论界远离不正之风，有关管理部门也应该吸取前车之鉴，以宽容的胸怀营造百家争鸣的良好氛围。杨庆祥在《文学批评的文化责任》一文里，提出抛开西方强加于我们的自我认知，找到新的方法论，建构具有中国视野或者中国立场的文学批评。刘大先也在《文学批评的中国视野》文章里提出，要重提文学批评的中国视野，这一方面是要接续中国文学批评主体性历史建构的"未完成的规划"，另一方面则是走出文学批评的封闭圈，让文学回到生活之中，与现实发生互动。这两者实际上都指向了一种瞻望中国文学批评未来前景的企图。如许角度不同又自有见地的意见，体现了批评家自我反省的多维与多向，也表明了文艺批评需要从多个方面予以改进与加强。

五　批评建设中的新刊创办与新人崛起

作为文学事业不可或缺的重要一翼，文学批评既需要即时性的活跃，又需要持续性的发展。而这种“活跃”与“发展”，就必然涉及批评刊物的建设与批评新人的培育。而在这两个重要方面，这些年取得了显著的进步与可喜的成绩。

在文学批评刊物方面，无论是建国前后创办的《文艺报》《文学评论》等，还是新时期之后诞生的《当代作家评论》《文艺争鸣》《小说评论》《当代文坛》《南方文坛》《上海文化》《名作欣赏》《扬子江评论》等，在不同文学时期都以坚定的持守、明亮的声音，为当代文学的繁荣与发展，起到了保驾护航的重要作用。这些年，这些批评刊物均把当代文学现象观察、重要作家作品评论、新人新作推介作为自己的主要任务，广泛地联系批评的作者与读者，积极地组织重要选题与文章，以各具特点的批评专题与批评专栏，形成各自不同的批评特色，也造成各有侧重的广泛影响，共同铸就了当代文学批评多样的园地与坚强的阵地，给文学批评提供了表现的舞台与交流的平台。

特别引人注目的，是2015年《中国文学批评》与《中国文艺评论》的相继创刊。《中国文学批评》季刊，由中国文学批评研究会主办。该刊以理论探讨和文学批评的两大方面为主，在文学批评方面，除去一些当代作品的评论，还开辟了“当代作家评论小辑”，相继推出“关仁山评论小辑”“王安忆评论小辑”，对于重要作家结合新的创作进行系统观照与深入解读。在近期，该刊还围绕美籍华裔学者夏志清的《中国现代文学史》涉及的文学史观，组织专栏文章进行研讨，体现出在文学史观的反思上激浊扬清的鲜明倾向。《中国文艺评论》月刊，由中国文艺评论家协会主办。该刊面对的领域涉及艺术的方方面面，但不少话题，都与文学有关，如话剧《白鹿原》的改编、网络时代的文艺批评、包括文艺批评家在内的“名家专访”等，都从文艺领域的宏观角度提供了有益于文学批评的重要资讯与丰富营养。在批评新刊的创办上，还有山东的《百年》、湖北的《长江文艺评论》。这些都表明，文学批评的期刊建设，一直是在持续发展，稳步前行的。

文学批评因为需要综合性造诣与实践性积累，要求较高，难度较大，出新人也较难。这种情形，与文学创作新人层出不穷，从“30后”到“90后”七代人同台演出相比，文学批评的队伍显得有些势单力薄，后续力量明显不足。文学批评的这一显见的弱环与短板，在近几年因为重视批评队伍的建设和强化批评新人的培育，一批新人脱颖而出，加入了批评的合唱，较前有了一定的增强与明显的改善。

在文学批评新人的培育上，重点大学的文学教育与研究生培养、中国作协与地方作协的青年批评家培训等，都起到了重要的促动作用，其中尤以中国作协现代文学馆的“客座研究员”计划、《南方文坛》的“今日批评家”专栏，用心用力最多，起的作用最大。这种不遗余力的扶持，加之批评新人自身的努力，批评新人在这些年有如雨后春笋，茁壮成长。目前，活跃于文坛的年轻批评家，既有出道较早的“75后”“80后”群体的批评新秀，如杨庆祥、黄平、金理、金赫楠、刘涛、刘大先、霍俊明、张定浩、黄德海、何同彬、傅逸尘、饶翔、周明全等人，又有近年涌现出来的岳雯、王敏、项静、陈思、徐刚、丛治辰、王鹏程、李振、马兵、方岩、杨辉、杨晓帆、刘芳坤、黄相宜等人。他们的批评，在着取问题的前沿性、论述问题的凌厉性等方面，都表现出年轻一代所特有的锐气与生气。近年来，他们把批评的锋芒逐步向“80后”创作走向、网络文学现象等转移，以关注新的创作形态、新的文学代际、新的文坛话题，逐步与比他们年长的批评家们拉开距离，并显示出他们自己的优势所在。

文学批评既对应着文学创作发声，又执行着更多的功能，具有广泛的影响。因之，批评的振兴与勃兴，批评的有力与有效，不仅至关重要，而且不可或缺。习近平总书记《在文艺工作座谈会上的讲话》中对文艺批评提出了高度的要求，寄寓了深切的厚望，他希望文艺批评能真正成为“引导创作、多出精品、提高审美、引领风尚的重要力量”。我们文艺批评，需要瞄着这样的目标不断努力，循着这样的路径奋力前进。

（原载2016年10月31日《文艺报》）

与创作同声息　与时代共脉搏

——文学评论七十年发展概观

当代文学评论或文学批评,是我国社会主义文学事业的重要一翼。作为整体文学事业的重要构成,文学评论在建国以来各个时期的文学发展中,砥砺奋进,破浪前行,所起的作用不可或缺,所取得的成就有目共睹。如果说七十年的共和国文学是一部波澜壮阔的雄浑史诗的话,那么,文学评论一定是其中最为动人的精彩华章之一。

文学评论立足于文学,作用于文学,又对文化生活产生广泛的辐射和深远的影响,正如习近平总书记《在文艺工作座谈会上的讲话》中指出的那样:“文艺批评是文艺创作的一面镜子、一剂良药,是引导创作、多出精品、提高审美、引领风尚的重要力量。”①七十年的文学评论,实际上就是依循这样一个前进方向和基本路径,在为新的文学创作摇旗呐喊、为各类佳作力构拍手叫好的同时,还以植根于生活、紧贴着时代的敏锐嗅觉和灵动感觉,推动着不同阶段的文学创作向前跃进,引领不同时期文学阅读与文学消费不断提升,并在这一个过程中,实现了自我建构与学科建设的长足发展。

文学评论的七十年,走过了曲折而坎坷的历程,取得了十分丰盈的理论批评成果,也积累了一些弥足珍贵的经验和值得吸取的教训。对七十年的文学评论的大致历程与基本经验,予以概要的梳理和扼要的描述,对于我们回顾过往,展望未来,无疑很有必要,也颇具意义。

一　历程概述

共和国文学七十年,可以分成几个大的阶段来看。比如“十七年”时

---

① 《在文艺工作座谈会上的讲话》第 29 页,人民出版社 2015 年版。

期，“文革”时期，从新时期到新世纪的改革开放四十年时期，等等。文学评论与此相适应，也可分为这样几个大的时期来观察。总的来看，文学评论与文学创作一样，在七十年间呈现出了不同时期的繁荣与发展，但具体到不同时期，又表现出不尽相同的文学风景，从而也折射出不同时代的浓重身影。

1 坎坷中的探求

从1949年到1966年，被人们习称为“十七年”时期。这是新中国社会主义事业开始起步的重要时期，也是新中国的社会主义文学着手建设的重要时期。但“由于我们党领导社会主义事业的经验不多，党的领导对形势的分析和对国情的认识有主观主义的偏差，‘文化大革命’前就有过把阶级斗争扩大化和在经济建设上急躁冒进的错误。后来，又发生了‘文化大革命’这样全局性的、长时间的严重错误。这就使得我们没有取得本来应该取得的更大成就”。① 作为社会主义事业重要部分的文学领域，在这样一个总的环境氛围中，不可避免地受到这样那样的影响，在文艺政策的“时放时收”、文艺风向的“时紧时松”中，既遭遇了种种坎坷与曲折，又在艰难的探索中奋勉前行。

从文学评论的角度看，“十七年”间这一领域所关注的问题与取得的一些成绩，主要表现在由一些作品来探讨文学创作问题和对主要的作家作品进行跟踪评论两个大的方面。

发生于1951年的对萧也牧的短篇小说《我们夫妇之间》的讨论，是建国后最先由作品评论引起的问题讨论，其中心主题是如何更好地描写小说人物。《我们夫妇之间》描写了来自解放区的李克与张英两夫妇进城之后发生的某些情感变化，因作品并没有在描写中凸显作者的臧否态度，引起了不同意见的激烈争论。这一讨论得出的倾向性的意见，是萧也牧的小说写作流露了小资产阶级的情调与取向，这种由创作问题联系到政治倾向的做法，也对此后的小说创作和文学评论发生了或显或隐的影响。如在此后，相继发生的有关赵树理的短篇小说《锻炼锻炼》的争鸣，聚焦于“如何反映人民内部矛盾”和描写“中间人物”问题；有关杨沫的《青春之歌》的讨论，集中于人物描写与“小资产阶级的自我表现”问题；等等。这些作品评论与问题讨论，都体现了在当时的意识形态主导下，文学评论在作品评论和看待创作

---

① 《两个历史问题决议及十一届三中全会以来党对历史的回顾》第94页，中共党史出版社2013年版。

上的基本走向。

1956年9月，王蒙在《人民文学》上发表短篇小说《组织部新来的青年人》，随即引起讨论与争鸣。对作品中的林震和刘世吾两个人物形象，也出现了两种完全不同的看法。这场讨论最终并未能形成"一边倒"的局面，这跟与此同时在文学理论界开展的"现实主义深化"的讨论有一定的关系。之后的1962年，中国作协在大连召开"农村题材短篇小说创作座谈会"，邵荃麟在会上提出"写中间人物"和"现实主义深化"的主张，在当时引起较大反响。一些评论文章结合赵树理、柳青的创作，来论说反映生活的"复杂性"的必要。但后来逐渐出现否定性的意见，认为这是用"中间人物"的精神面貌来改造文艺的精神面貌，用体现"现实主义深化"的写作，来"暴露社会主义的阴暗面"。不同意见的争论，最终总会得出一个政治性的结论，使有意义的讨论戛然而止。这是"十七年"文学评论中最为常见，也最令人遗憾的现象。

"十七年"中的文学评论，虽然在当时的政治环境与意识形态下，时常受到各种各样力量的制约，但在作家作品的评论方面，还是尽其所能地取得了不小的收获，赢得了较为显著的成绩，这主要表现于对新人新作的推介和精品力作的品评两个方面。

建国之后的50年代，一批文学新人在文学创作中不断露头，对于这些初出茅庐的青年作家，当时的评论界给予了极大的关注和热情的推介。如北京地区的刘绍棠、王蒙、浩然等，他们发表第一篇作品就受到评论界的重视，并有持续性的评论予以推介。刘绍棠在上中学时写出了短篇小说《青枝绿叶》，得到当时的老作家沙汀和在文学报刊任职的邵荃麟、柳青等人的关心与帮助，使他在激励中又写出了《运河边的桨声》等作品。王蒙的《组织部新来的青年人》发表后，李长之、唐挚、李希凡等先后撰文予以首肯，因评论中的肯定性意见居多，作品也因而避免了在争鸣中被彻底否定的命运。

"十七年"的文学评论，更为突出的成就，是对当时蜂拥而来的长篇小说的持续评说与热情推介，并在这一过程中使一些作品走向"经典化"。"十七年"间被人们所习称的"三红一创"(《红日》《红岩》《红旗谱》《创业史》)、"保青山林"(《保卫延安》《青春之歌》《山乡巨变》《林海雪原》)，在作品发表之后，都有重要的评论家的重头评论予以评说。如冯雪峰、胡采评论《保卫延安》，茅盾、何其芳评论《青春之歌》，李希凡、刘金评论《红日》，罗荪、晓立评论《红岩》，冯牧、胡采、严家炎评论《创业史》，胡苏、冯健男评论《红旗谱》，侯金镜、朱寨评论《林海雪原》，黄秋耘评论《山乡巨变》，范之麟评论《艳阳天》等。这些评论或由人物形象塑造入手，或由故事反映的生活与情绪立足，就所评作品在思想与艺术的结合上具有的特色和达到的成就，予以了细致的论析与充分的解读，使得这些作品的意义与作家的创作的优长，一并被揭示出来，对于作家提升创作和读者理解作品，也给予了积极的推导和有力的促动。这些作品多数已经成为当代长篇小说创作的经典性作品，文学评论的积极评介与有力读解，显然也起到了重要的作用。

在“十七年”之后，文学领域同社会生活一样进入了“文化大革命”时期。“历史已经判明，‘文化大革命’是一场由领导者错误发动，被反革命集团利用，给党、国家和各族人民带来严重灾难的内乱。”①“文化大革命”的十年，除去“革命样板戏”之外，文艺生活一片萧条，也没有正常的文学评论。可以说，当代文学评论在这一时期，不仅不能正常进行，而且完全被遏止，这是评论的悲剧，更是时代的悲剧。

2　开放中的拓进

1976 年 10 月粉碎“四人帮”，意味着为期十年的“文化大革命”的基本结束。1978 年 11 月召开党的十一届三中全会，标志着以实现“四个现代化”为目标的改革开放的正式开始。社会生活的这种历史性变化，使文学事业展开了新的图景，使文学评论也开启了新的征程。

文学进入新时期之后，最紧迫的任务是在理论思想上正本清源，对被“四人帮”一伙彻底搞乱的文艺思想进行拨乱反正。同时，对于那些勇于直面现实的文学创作，予以积极支持和热情鼓呼。这一时期，在改革开放时代春风的鼓荡下，文学也被置于一个不断开放的环境与氛围，文学与社会生活密切互动，与文化思潮相互连通，这使文学评论有了更多可以汲取的营养、可以吸纳的能量，从而焕发出了新的活力，表现出强劲的战斗力，起到了为新的文学创作保驾护航、为新的艺术探求鼓劲加油的重要作用。

1977 年到 1978 年间，刘心武的《班主任》、卢新华的《伤痕》等揭露极左思潮对人的身心的深重伤害的作品相继问世，陈荒煤、冯牧、朱寨等评论家还在人们犹疑不决时，就坚定地指出：“《伤痕》也触动了文艺创作的伤痕。”“回顾创伤，展示创伤，目的是愈合创伤，走向新的征途。”②当时一批年富力强的中年评论家，义无反顾地冲锋在前，如唐达成、谢永旺、阎纲、刘锡诚、顾

---

①　《两个历史问题决议及十一届三中全会以来党对历史的回顾》第 102 页。

②　《冯牧文学评论选》第 59 页，湖南人民出版社 1985 年版。

骧、张炯、谢冕、潘旭澜、陈丹晨、缪俊杰、张韧、蔡葵、何镇邦、何西来等。他们或者就某些作家(如王蒙、张贤亮、蒋子龙等)的小说新作及时予以肯定性评价,或就某些文学体式的新变化进行深入的论说(如短篇小说、中篇小说、诗歌、报告文学等),精到地论评了“伤痕文学”“反思文学”“改革文学”“归来者文学”等新的创作倾向,有力地推动了这一时期的文学探索奋勇向前。

80年代中期,文学理论界相继开展了“文学主体性”和“新观念、新方法”等的讨论,一些敏感的评论家受到启发,把“主体性”的理论思想引入文学批评实践,使从主体性角度评论作品成为一时的风尚,其中最为重要的代表是雷达。雷达由主体意识觉醒的角度,对莫言、乔良等人的新历史小说进行了深入的解读,并做出了“灵性激活历史”的重要结论。由这一角度的继续深入,他还对新时期文学主潮做出了“民族灵魂的发现与重铸”的判定。这一时期的文学评论的另一个代表人物曾镇南,则表现于对于现实主义的传统在文学评论中的运用。他的文学评论,从选取对象到阐发观点,都本着严谨现实主义的文学尺度,或揄扬其成就,或指出其不足,个中也体现出他对现实主义文学精神的领悟与坚守。

新时期的文学评论,因为一头与此起彼伏的文学理论探讨相连接,一头与活跃的文学创作相联系,总体上表现出一种姿态多样与样态多元的丰繁状态。因批评的资源借鉴与理论依托的不尽相同,偏于文学思潮的评论有之,偏于新观念新方法的评论有之,偏于文本细读的评论有之,偏于传统美学的评论有之,这使80年代的文学评论,坚定地超越了单一的社会学评论,而走向更为广阔的天地。而在人才与队伍建设方面,因一大批青年评论家的不断涌现和相继崛起,这一时期的评论队伍前所少有地呈现出老中青有机衔接、几代人同心协力的繁盛局面,这无疑是文学评论在评论实践中收获到的最为重要的成果。

进入90年代,文学在各种因素的影响下,出现了文学写作的个人化、出版运作的商业化、阅读取向的通俗化等前所少有的现象,这使文学评论面临了新的问题,遇到了新的挑战。这一时期在上海、北京等地开展的有关“人文精神的讨论”,实际上是理论批评界面对文化文学现状的变化的理论寻思,以及对理论批评的自我价值的重新定位。

文学创作在90年代渐渐显现出长篇小说的长足崛起与个人化写作的异军突起的基本倾向。文学评论在这一时期也把注意力转向长篇小说创作的观察与评论。从90年代前期的“陕军东征”等现象,到后来对于《平凡的世界》《白鹿原》《尘埃落定》等重要作品的评论，都对长篇小说的创作发展起到了重要的促动作用。而在个人化创作倾向的关注方面，则主要表现为对“新生代作家”“70年代写作”的分析与评论。这些评论有肯定，又有批评，入情入理的评论有助于理解这些文学新人的得失所在，在一定程度上体现了新一代文学评论家在研读新的文学现象、解读新人创作方面的意识的增强与能力的增进。

3 多样化的发展

文学进入新世纪，虽然是20世纪90年代文学的自然延伸，但却日益带有属于新世纪的社会与文化的诸多时代症候。从新世纪文学步入第五个年头开始，人们开始研究“新世纪文学”的概念与内涵、特征与意义等。总的来看，市场化、都市化、网络化、多元化、非精英化等五大元素的相互交织，构成了新世纪文学的基本样貌。这样的一个复杂的文学形态，也给文学评论提出了挑战，也提供了机遇。文学评论在应对这样的从价值观念到文学形态都充分多元化的过程中，也相应地实现了自身的多样化发展。概要地来看，这主要表现为文学评论的四种基本形态的逐步形成和成为常态。

其一，以热读与时评为特征的评论。

热读与时评，是指阅读与评论的及时和快捷。文学创作中，不断有新人新作涌现出来，这些作品取得了怎样的成绩，具有怎样的特点，以及蕴含了什么样的倾向，这些都需要评论家在阅读之后及时地做出判断和准确地予以评论。这既为“引导创作、多出精品”所需要，也为“提高审美、引领风尚”所需要。新世纪以来，“70年代作家”在文学创作上的不断进取，“80后”“90后”作家的崭露头角，都与这种“热读与时评”式的评论的发现与评介关系甚大。现在每年约有数以万计的长篇小说出版面世，“热读与时评”式的评论，或推评新作，或综述倾向，在持续性的跟踪阅读中“边看边说”，把那些好的和比较好的作品遴选出来，并以有识有见的评论让这些作品显豁出来，起到推介力作和导引阅读的重要作用。因为这种评论与文学创作保持了密切互动，与文学阅读建立起一定的关联，在整体的文学评论中，一直扮演着主力军的重要作用。

其二，以文学史眼光和尺度为特色的评论。

在文学评论界，有为数不少的人在高校系统从事中国现当代文学的教学与研究。长期以来的文学史研究与教学，使这些学者自然而然地形成了文学史角度的评论。一般说来，文学史眼光与角度的评论，并不追求阅读的及时、评论的快捷，而是会着意选取那些沉淀过一个时期的作品，瞄准那些重量级的作家，以文学史为坐标，来品评作品和衡估作家。这种评论看似相对滞后，但因基于比较深入的探悉和相对长期的研思，对于作家作品的评判，往往更具厚重的学术分量。这种评论常常被人们称为“学院派批评”，也常常会招致“远离文学现场”的诟病，但其稳扎稳打的姿态和文本细读的方式，对于文学作品和重要作家走向“经典化”，都有着独特的促动作用，因而在文学评论的总格局中，这种评论占有重要的份额和具有重要的分量。

其三，以作品研讨为方式的评论。

作家作品研讨会，一直是当代文学评论的方式之一。这些年来，研讨会频次之多、规格之高、规模之大、影响之广，都远远超越了之前的时期。可以说，作家作品研讨会基本构成了当下文学评论的常态化方式。作品研讨会成为文学评论方式之一种，既在于通过现场的发言与讨论，使与会评论家之间构成阅读交流，使评论家与作家形成对话，更重要的意义还在于通过会后的提纲挈领的综合报道，对一部作品和一个作家构成相对集中的评论与宣传。因为纸媒与网媒对于研讨报道的极端重要，文学媒体的广泛参与是必不可少的环节，这使作品研讨方式的评论，多少带上了专业评论与媒体评论相融合的鲜明特色。

其四，以文化研究为依托的评论。

文化研究是一种综合了社会学、文化人类学、媒体研究等元素的研究方式，这种研究旨在超越传统的文学视域，研讨文学的生产过程、社会影响与大众消费等延伸性的问题。这样一个研究取向在 20 世纪 80 年代、90 年代就开始渗进文学评论并影响了一些评论家，使得文学评论中开始出现从“文明与野蛮”的角度、从“生产方式演变”的角度，来评说当代文学出现的新的文学现象。进入新世纪之后，由于依托网络科技的网络文学的长足发展，网络文学在不断发展壮大的同时，也给整体的文学带来极大的冲击和影响。文学场域的关系出现不同以往的新的变异，网络文学以及文学生产、文学传播、文学阅读等，成为文学研究中的新课题，以文化研究为依托的文学评论，正好适应了这一新的文学时势的需要，从新世纪以来的文学评论看，着重于文学生产方式演变和文学格局变异的评论，着眼于网络文学的生产与传播的评论，以及由文学的阅读看文学的接受变化等评论，都带有文化研究的一些特点。这样的不同于传统又适应了现实的评论方式，相信还会在今后进一步发展壮大，成为当代文学评论的重要构成。

二　经验述要

七十年的文学评论，走过了筚路蓝缕的发展历程，取得了不菲的成果和重要的成就，也积累了相当丰富的经验，留下了不少难忘的教训。这些也是七十年文学评论的一个重要组成部分，值得我们认真总结和深刻汲取。这里择其要者简谈四点。

1　健康的评论需要观念的拓展

文学评论既面对着当下的文学创作，又依托着一定的文学观念。因此，一个时代的文学观念的形态，在一定程度上主导或制约着一定时代的文学评论。

"十七年"时期，文学评论所以磕磕绊绊，逡巡不前，一个重要的原因是这一时期的总体文学观念为"文学为政治服务"所笼罩，无论是创作，还是评论，都需要经受政治标准的严苛检验。也是这样一个根本原因，这一时期的创作与评论，如不合乎当时的政治风向与政治规范，就会受到批评与批判。这样一种状况，就使得文学评论难以逾越特定时代的局限，时常处于一种两难境地。而新时期之后，文学创作与文学评论在彼此互动和相互协同中，不断向前跃进，取得长足发展，从根本上说，是文学观念在不断突破中得以整体改观的收获与结果。

在新时期的文学论争中，有关文艺与政治的关系的讨论至关重要。这个重要问题的深入研讨和正确解决，在文学评论界先是带来了人们对于文艺批评标准的重新认识，随后又带来关于建立批评本体观念的讨论，以及一些评论家对文学批评的特性与独立性的探讨与思考。这些讨论和争论，使得评论家们从文学观念到批评观念开始松动和更新，批评家的自我意识和自主意向也开始苏醒和确立，从而实现了对旧有文学观念和批评观念的深刻反思和坚定超越。

文学走出政治的藩篱，批评回归文学本位，是在新时期中真正实现的，其意义之深远却远远超越了新时期。朱寨在主编《中国新文艺大系·理论二集》并为其所作的《历史转折中的文学批评》的导言时，专列一章描述文学批评长久迷失之后回归文学所发生的可喜变化，并用"回到文学的批评"作为其中一节的题目，文中指出："我们的文学批评从来没有像现在这样活跃，敢于突破陈见，勇于提出新说，较前更为深入地研究文学创作的内在规律和不同形式体裁的特点，为文学创作探索‘美的前程’。”[①]客观的描述与评说之中，透显着对于文学批评回归文学本体的热情的揄扬和坚定的首肯。

2 评论与理论需要融合发展

七十年的文学评论实践表明，理论需要批评的呼应，批评需要理论的滋养，两者需要融合发展，良性互动，在遥相呼应中相互借力，在相互借力中比翼齐飞。

“十七年”间，有关“现实主义广阔道路”“现实主义深化”“文学是人学”等问题的理论探讨，虽然在讨论过程中遭到这样那样的批评与批判，未能正常地深入进行下去，但这些问题的提出与讨论本身，以及一些有限的理论成果，也给文学评论以思想的启迪与理论的滋润，使得当时的文学评论保持了应有的理性色彩，取得了难能可贵的成绩。

新时期到新世纪，因为社会文化氛围的逐步改善和不断宽松，异常活跃的理论探讨给予文学评论的触动与支撑，也超过了以往任何时期。从文艺与政治，文学与人性、人情、人道主义的激烈论争，到现实主义、现代主义等问题的热烈讨论，都深刻而广泛地影响了文学评论与当代文学研究。一些作品评论和作家研究，都汲取了其中的一些理论元素，使个人的文学评论呈现出新异的色彩，在一定程度上也对理论探讨的求新求变构成了良性的互动和内在的呼应。

总体来看，我们的理论研究与文学评论，在自觉的相互对接和内在的彼此呼应上，还有很多的欠缺，存有显见的局限。尤其是近年来的文艺理论研究，研究的问题，常常是既不及物，又不切实，多在学科的小圈子里打转转。这种理论研究，因为不切实际，又疏离批评，既限定了自身的突破与进取，其成果也对文学批评少有影响，更谈不上影响现实的文学生活。而我们的文学评论，又比较偏重感觉的描述，缺少理论的内骨。因此，理论研究如何接上地气，接驳文学评论，评论如何对接理论研究，增强理性涵养，是整体的理论批评领域需要认真反思和切实解决的一个迫切课题。

3 批评家的主体性问题

长期以来，因为各种因素所致，我们在文学活动中人的主体性地位不彰显，文学评论受此影响，评论家的主体性也不够显豁，甚至在一个时期完全

---

① 《朱寨文学评论选》第 206 页，湖南人民出版社 1985 年版。

泯失。但就理论批评家的个体来看，“十七年”时期，也有自觉不自觉地隐含了主体性的理论追求与批评实践，如胡风的“主观战斗精神”、钱谷融的“文学是人学”等理论观点，以及邵荃麟等人的“现实主义深化”的作品评论等。但真正自觉地意识到主体性的重要，并整体性地显现批评中的主体性，还是 80 年代中期以后。

刘再复在 1985 年第 6 期的《文学评论》发表《论文学的主体性》一文，在整体论述文学活动中人的主体性时，特别指出了过去的文学批评的两个缺陷，提出了恢复包括批评家在内的文学接受在文学活动中的主体地位的问题。他不是在一般地呼吁批评的自立，而是站在文学整体与历史长河的高度，对于文学主体和批评主体的有力张扬。这对于文学批评从科学境界走向艺术境界，推动批评家由被动评论转入主动创造，无疑在理论上提供了依据、在精神上注入了助力。借着 80 年代中期的有关文学主体性问题讨论，文学批评界又就文学批评的主体意识的构建、主体价值的实现等，进行了自省式的探讨，提出了许多新异而有益的见解，并促进了批评家的主体意识的全面觉醒与强劲显现。

批评主体意识的觉醒，具有十分重要的意义。它不仅表现出了对于批评中非文学的政治性因素羁绊和依赖于客体的附庸意识的坚定的超越，而且以批评家主体力量的施展，批评家主体价值的实现，使文学批评义无反顾地回归“文学”，立足“本体”，这无疑是文学批评走向成熟、自立和振兴的重要标志。

4 评论也要“寻找属于自己的句子”

陈忠实的“《白鹿原》创作手记”正式出书时，书名选用了海明威的一句名言：“寻找属于自己的句子”。这句话对于个性化的文学创作而言，恰如其分，极其精当；对于也要讲求个性化的文学评论而言，也完全适用，且十分重要。

“属于自己的句子”，包孕了多种含义。这里，有自己的句式的意思，有自己的概念的意思，还有自己的风格的意思。文学评论是文学写作之一种，在遣词用语上，在使用概念上，如何彰显个性，具有辨识度，本是题中应有之义。但实际上，这种本该具有的个性化却常常被人们有意无意地忽略和淡忘。无论是谁来评论，还是评论什么，不同人的评论文章看上去区别不多，差异不大。可以说，当下文学评论中的“同质化”现象比之小说创作，有过之而无不及。

文学评论的个性化，与评论家的主体精神密切相关，也与评论家的文体意识关系甚大。怎样从概念运用到语言表述，显现出自己应有的创意与独有的锐意，是评论家在文学评论工作中应该孜孜以求的。在这些方面，当代的文学理论批评家中，也有一些值得我们敬重和效仿的榜样。如理论家中的李泽厚、刘再复，评论家中的阎纲、雷达等，他们或有一些独有的概念渗入了当下的理论批评之中，或有一些独到的句式表述给人留下深刻的印象，这也大大增强了他们的理论批评的战斗力与影响力。只是这样个性鲜明、风格独具的理论批评家，在当代文坛为数寥寥，实属凤毛麟角。看来，如何在文学评论中"寻找属于自己的句子"，是文学评论家必须认真思考和对待的问题，也是文学评论界所面临的一个长期而艰巨的任务。

文学评论七十年，延伸的时间较长，经历的道路坎坷，涉及的事件繁多，蕴含的内容丰盈，远非一篇万把字的文章所能穷尽。比如，评论的评论与文学评论的学科建设、七十年文学评论的重要评论家与经典性的评论文章等，都是七十年文学评论中需要好好梳理和认真研讨的大课题。但即便是这样一个挂一漏万的概述，也可见出文学评论七十年的不寻常与不平凡。可以相信，有了这样的风云际会的七十年的铺垫，有了这样的继往开来的七十年的历练，进入新时代的中国当代文学与文学评论，当会站在一个新的历史起点与文学的基点上，更好地发挥文学评论对于文学和文化的"引导""提高""引领"的战斗作用与促动作用，并以文学评论的方式在"以文化人，以文育人，以文培根"的社会主义精神文明建设中，取得更多的成就，做出更大的贡献。

（选自《中华人民共和国成立七十周年优秀文学作品精选·文学评论卷》，北京十月文艺出版社 2019 年 9 月版）

经典是怎样“炼”成的？

——当代文学发展中的陕西经验

人们回顾改革开放以来的文学创作成就，乃至回望建国以来的文学发展实绩时，都会发现中国当代文学不同时期的重要创作成果，都有出自陕西作家之手的作品。如“十七年”时期的杜鹏程的《保卫延安》、柳青的《创业史》、王汶石的《风雪之夜》短篇系列；新时期到新世纪的路遥的《平凡的世界》、陈忠实的《白鹿原》、贾平凹的《秦腔》等。这些作品各有不同的文学蕴含，但部部分量厚重，个个技艺精湛，都堪称当代文学的小说经典。

陕西文学在近七十年间的稳步前行和长足进取，呈现出花团锦簇的丰硕景象，创造了不同时期的文学辉煌，实际上也积攒了不少重要而独特的文学经验。而这些经由大量的精品力作的创作构成的文学经验，正是陕西文学不断创造新的辉煌的秘诀所在。梳理和总结这些难能可贵的经验，对于解读陕西何以精品迭出，何以稳定发展等现象，是十分必要的；而这对于促动整体文学的健康发展，构筑时代的文艺高峰，也是大有裨益的。

一　作家要尽心竭力地写好精品力作

“文艺工作者应该牢记，创作是自己的中心任务，作品是自己的立身之本，要静下心来，精益求精搞创作，把最好的精神食粮献给人民。”①这样的要求对于一般作家，需要不断地提醒、反复地重审，对于陕西作家来说，则是属于基本的认知和根本的理念。他们不仅把这样的理念铭记于心，而且以此为目标一直在倍道而进，这是他们把努力写好精品力作当成自己的使命的基本动因。

志在写出好的和比较好的作品，并力求在具体写作中取得应有的成功，

① 习近平《在文艺工作座谈会上的讲话》第7页，人民出版社2015年版。

收到事半功倍的切实效果，在陕西作家，有两点特别凸显，那就是对待创作的态度，郑重其事，一丝不苟；投入创作的力度，全力以赴，如狮子搏兔。

柳青写作《创业史》，原本的设想就是“描写中国农村社会主义革命”，“着重表现这一革命中社会的、思想的和心理的变化过程”。① 这不仅是一个宏伟的主题，也是一个全新的课题。柳青曾告诉新华社记者徐民和：“想这个主题，是蓄谋已久了。”这“蓄谋”就包括了他 1952 年毅然离开北京回到陕西长安县，1953 年落户到长安皇甫村，从互助组到合作社，参与了我国农村革命性变革的全过程。与此同时开始《创业史》第一部的写作，1954 年完成初稿后，又根据新的现实发展和生活感受不断修改，直到 1959 年底才完成改稿，随即先后在《延河》《收获》杂志首发，在中国青年出版社出书。《创业史》第一部的写作，用去了整整八年时间。这期间，深入生活、熟悉对象、积累素材、结构故事、琢磨人物、深化主题等，都在同步进行着，创作与生活难解难分，艺术与现实熔铸一炉。这样的呕心沥血，这样的苦心孤诣，使得《创业史》写事炳炳烺烺，写人血肉饱满，成为“我国农村社会主义革命的史诗性著作”，就是自然而然的事情。《创业史》的责任编辑王维玲回忆，他一再向柳青催稿要稿，不为所动的柳青回答说：“人民的作家，不应把自己的草稿交给人民的出版社。”严肃认真的背后，是为人民的写作，就要对人民高度负责。

路遥写作《平凡的世界》，也有着高远的目标：“这部书如果不是此生我最满意的作品，也起码应该是规模最大的作品。”他知道：“真正要把幻想和决断变成现实是无比困难的。这是要在自己生活的平地上堆积起理想的大山。”②为了营造这座“理想的大山”，他先扎扎实实地打起了“基础工程”：1. 大量阅读中外近现代以来的长篇小说；2. 准备作品的背景材料，查阅 1975 年到 1985 年的《人民日报》《光明日报》；3. 深入到作品要描写的生活领域：乡村城镇、工矿企业、机关学校、集贸市场等。在做了这样的充足而扎实的“基础工程”后，路遥开始了写作的构思，而这包括“人物运动河流”的梳理、全书题旨的“终点”寻索、作品开头的苦思冥想等等，而这样的“重大准备工作”用去了三年时间后，才开始作品第一部的初稿写作。路遥分别在三个地方写作三卷作品的过程，他在《早晨从中午开始》的叙述，几近于如泣如诉，看得人惊心动魄。写作本身需要殚精竭虑，需要不断寻求突破，

---

① 引自柳青为《创业史》第一部所写的《出版说明》，中国青年出版社 1960 年版。

② 引自路遥《早晨从中午开始》，《路遥小说名作选》，华夏出版社 1995 年版。

欣忭时欣喜若狂，苦恼时捶胸顿足。除此之外，还要经受艰苦生活的折磨，孤独处境的煎熬，使得他的写作经历堪称是文学写作的“二万五千里长征”。而写完第二部时，他已被发现肝癌先兆，他便“戴着脚镣奔跑”，几乎是以决绝的姿态边看病边写作，抢在癌病尚未击倒自己之前，于1988年5月完成《平凡的世界》第三部的写作。这一时刻“百感交集”的路遥，“不知出于一种什么原因，从桌前站起来的第一件事，就是把手中的那支圆珠笔从窗户里扔了出去”。

陈忠实写作《白鹿原》，是想完成自己长期以来的一个心结：“为自己写一本死时可以垫棺作枕的书。”这样一个心结的中心意思，是写出“真正让自己满意的作品”，“让这双从十四五岁就凝望着文学的眼睛闭得踏实”。为了这个心结，陈忠实由踏访家乡周边的大户人家，查阅县志和党史、文史资料开始，悉心研读家族史、村庄史、地域史，并着力挖掘“一方地域的人的特有的文化心理结构”，不断深化“已经意识到的历史内涵与现实内涵”。① 在经过了1986年、1987年两年的准备与酝酿之后，陈忠实于1988年清明期间动笔写作《白鹿原》，一直写到1989年春节期间完成初稿，1992年春节又写完最后两章，从构思到完成，用去了整整六年时间。陈忠实还曾说道，他的一些中篇小说，如《四妹子》《蓝袍先生》等，都是在构思《白鹿原》的过程中完成的。因此，也可以说，陈忠实的中篇小说创作，既是他写作短篇小说的延伸与拓展，也是他写作《白鹿原》的铺垫与预演。

“传得开，留得下，为人民群众所喜爱，这就是优秀作品。”用这样的尺度来看待《创业史》《平凡的世界》和《白鹿原》，它们属于“优秀作品”不仅确定无疑，而且当之无愧。也许这样一些实际的数字最能说明问题：三卷本的《平凡的世界》自出版以来，每年都在重印，近些年每年的重印数都在一百万套，累计印数已经达到一千七百万套。《白鹿原》在作品版权相对分散的情况下，人民文学出版社版的《白鹿原》，2016年重印了六十万册，2017年重印了八十万册，累计印数已达到三百五十万册。市场的供不应求，读者的争相阅读，正是作品为人民群众所喜闻乐见的最好证明。

二　现实主义精神的坚守与发展

现实主义有很多定义，但忠实于现实的艺术无疑是最好的诠释。这包

---

① 引自陈忠实《寻找属于自己的句子》，上海文艺出版社2009年版。

括了细节的真实性、形象的典型性与具体描写方式的客观性。现实主义文学在其演变过程中,不断拓新和发展,产生了不同的风格和流派,但彼此贯通和不断传承的,是现实主义的精神,那就是热切关注现实,强力介入现实,高度重视人的生存状态、精神状态和命运形态,真切地书写所经所见,坦诚地表达所思所感。正是在这个意义上,作家的思想境界决定作品的精神蕴含,现实主义精神取决于作家的主体精神。

陕西自古以来的文学传统,似乎一直都与现实主义有着不解之缘。从古代时期的《诗经》、《史记》、杜甫、杜牧、白居易,到近代以来的郑伯奇、柯仲平、马健翎等,无论什么时代,无论何种文体,无不贯注着"为天地立心,为生民立命"的强烈的现实主义精神。这种现实主义传统,无论作为一种写作方法,还是作为一种精神品格,都潜移默化影响着当代陕西作家,使他们始终沿着现实主义的艺术之路阔步前进,并在这一过程中形成了自己卓具特色又各有千秋的以现实主义为底色的艺术个性与文学风格。

被人们看作现实主义文学旗手的柳青,对于文学创作,有着基于自己的经验的深刻认识。他的"三个学校"说(生活的学校、政治的学校、艺术的学校)、"六十年一个单元"说,都以简明扼要的语言,强调了社会生活对于文学创作的重要,创作时专心致志的重要。这种对于文学的认知,实际上就奠定了他必然操持现实主义的重要基石。而对于现实主义,他的认识一直是清醒而坚定的:"人类进步文学的现实主义道路是不会断的","在这条道路上既有继承,又有不断的革新"。① 他特别看重现实主义所要求的塑造典型环境里的典型性格,并从"典型冲突"的角度去理解"典型环境";而对于典型人物,他着意在个性特征上下功夫,努力写出与生活的复杂性相联系的人物的全部复杂性。这体现于《创业史》的写作中,就在于他不仅注重描画社会生活大大小小的矛盾冲突,使得作品叙事跌宕起伏,还在于生动鲜明地刻画出不同阶层代表人物的真实面影,同一阶层也力求描画出不同个性人物的心理特征。《创业史》所以好看、耐看,并至今都不过时,就在于经由社会矛盾、生活冲突主导的人们的各种心理纠葛,真实地揭示了当代农民面对千年以来的私有制的解体与改变,不同阶层的人们所分别经受心理挣扎、精神阵痛及其接受过程,从而使作品超越社会生活的表象层面而具有心理透视的细致与精神探微的深切。正因如此,《创业史》才卓具超越历史限定的深厚内力,成为人们认知合作社时期社会剧烈变动引发农人心灵变动的一部

① 转引自刘建军、蒙万夫、张长仓《论柳青的艺术观》,上海文艺出版社 1983 年版。

史诗性作品。

柳青对于陕西作家的影响是难以估量的。在回顾《白鹿原》的创作过程时，陈忠实就明确告诉人们："我从对《创业史》的喜欢到对柳青的真诚崇拜，除了《创业史》的无与伦比的魅力，还有柳青独具个性的人格魅力，我后来意识到这本书和这个作家对我的生活判断都发生过最生动的影响，甚至毫不夸张地说是至关重要的影响。"这种影响，主要集中于两个方面。一个是"对于中国农村和农民的认识"；一个是"创作有柳青味儿"，也即现实主义底蕴。而陈忠实又在这样两个基点上有所超越，实现了凸显自己艺术个性的艺术"剥离"。对于中国的农村与农民，他由社会形态的转型和生活方式的变动，进入到农民群体的"文化心理结构"探寻，从多角度揭示了人物丰富而真实的心路历程。对于"柳青味"，他则在现实主义的底色上，糅进了新的叙事形式和语言范式，以兼收并蓄的姿态尽力展示"意识到的历史内容和现实内容"。正是在这个意义上，他又告诉人们：《白鹿原》"仍然属于现实主义范畴。现实主义也应该放开艺术视野，博采各种流派之长，创造出色彩斑斓的现实主义"。①

陕西作家中，受柳青影响最深、得柳青教益最多的，还是路遥。他视柳青为自己的"文学教父"，他也把柳青的现实主义文学写作提升到了一个新的时代高度。写作《平凡的世界》，他阅读了大量的中外文学名著，但《创业史》他读了七遍，柳青创作中特有的浓烈的人民性情怀、深湛的现实主义造诣，使路遥获得了极大的启迪与激励，他认为："许多用所谓现实主义方法创作的作品，实际上和文学要求的现实主义精神大相径庭。"他坚信："现实主义仍然会有蓬勃的生命力。"②基于这样的文学认知和文化自信，路遥在文学界以追逐新潮为时尚的20世纪80年代中期，依然秉持现实主义写法，坚守现实主义精神，锲而不舍地完成了三卷本《平凡的世界》的写作。因为作品在写法上的不合当时的潮流，作品在出版和评论的过程中都受到了不同程度的冷遇，但随着时间的推移，广大读者尤其是青年读者越来越喜欢这部人民性情怀与现实主义精神交相辉映的杰作，使它成为超越其他作品的超级长销作品。《平凡的世界》获得茅盾文学奖之后，路遥专程去往皇甫村，祭拜柳青墓；在接受央视记者采访时，也特别选择了柳青墓作为背景。他是在向自己的文学"教父"拜谢，也是在向现实主义文学大师致敬。

---

① 引自陈忠实《寻找属于自己的句子》，上海文艺出版社2009年版。

② 引自路遥《早晨从中午开始》。

陕西作家因为崇尚现实主义文学，操持现实主义手法，坚守现实主义精神，都取得了各自巨大的文学成就，也形成了不同的文学个性。这都暗含了一个绝大的文学新课题，那就是我们需要重新认识现实主义，除了现实主义本身的内涵、外延与意义，还需要再度认识现实主义与中国文学的密切缘结，现实主义与中国读者的内在联系。

三　理论评论与文学创作的相互砥砺

文学评论作为一种审美的反应和创作的反射，是整体文学事业的重要构成部分，更是文学创作持续活跃和走向繁荣的重要动能。当代文学自改革开放以来的四十年，在新时期、90年代和新世纪以来的演进与发展中，文学评论或者品评新作、推介新作，或者褒优贬劣、激浊扬清，都起到了不可替代的重要作用，并在这一过程中与创作相随相伴，有力地促进了整体文学的奋勉向前。

较之其他省份，陕西的文学评论，因为介入人数较多，代际衔接较好，与作家互动频仍，活动较为经常，在发挥能动作用方面，显得更为突出。无论是“十七年”时期，还是新时期到新世纪，都是这样。评论与创作是相互影响的，陕西的文学评论的活跃，很大程度上源于陕西文学创作的繁盛，而评论的不断介入，既促进了文学创作，又演练了评论自身，使得创作与评论如鸟之两翼、车之双轮，彼此借力，相互砥砺，从而实现整体文学的不断向前与健康发展。

50年代的陕西文学，创作的力量十分强劲。由柳青、杜鹏程、王汶石、魏钢焰、李若冰等人构成的创作主力，不仅引领陕西的文学创作蓬勃发展，而且也在全国的文学创作领域位于前列水准。在这背后，文学评论所起的作用绝对不可低估，那就是评论家胡采卓有成效的辛勤劳作。延安时期就参加边区文艺工作的胡采，解放后长期在陕西担任作协主席、文联主席，但他始终坚持文学评论的写作，并以此作为组织和引领文学创作的最好手段。50年代期间，他在杜鹏程的《保卫延安》《年轻的朋友》、王汶石的《风雪之夜》等作品发表不久，就及时撰写专题评论文章予以热情推介。他还在《从生活到艺术》《从作家的生活创作道路谈起》等理论文章中，把柳青、杜鹏程、王汶石、魏钢焰等人的创作，上升到理论的层面，从作家“生活道路”与“艺术成就”内在关联的角度，对他们各自取得的突出艺术成就予以深度解读。“文革”结束之后胡采再度复出，身兼数职的他不改以评论促动创作的初心，主导成立了“笔耕组”，主持创办了《小说评论》，并对当时崭露头角的青年作家予以倾情关注。2013 年，在纪念胡采 100 周年诞辰的座谈会上，评论家肖云儒细数了胡采留下的三大遗产：留下了陕西文坛团结奋进的风气；留下了《延河》《小说评论》两本刊物，成为陕西文学和评论的主要阵地；留下了崭新的有特色的文学评论风格。正是在这个意义上，评论家李国平指出：胡采的理论批评对于陕西的文学发展，“有着不可估量的意义。”

文学进入新时期之后，在文学创作刚刚开始复苏的 1981 年，陕西文学界在胡采的倡议下，成立了以文学评论和文学研究为主要任务的“笔耕组”。组长：王愚；副组长：肖云儒、李星；成员有：刘建军、刘建勋、李键民、畅广元、陈贤仲、蒙万夫、费秉勋、薛迪之、薛瑞生、王仲生、孙豹隐等。之后，又吸收了陈孝英、李国平等，这些成员，都是从事文学理论批评的年富力强的实力派。“笔耕组”成立之后，围绕着正在蓄势待发的陕西文学创作，开展了一系列有声有色的文学评论活动，包括对贾平凹、路遥、陈忠实、邹志安等人的文学新作进行会诊式的座谈研讨，就短篇小说、中篇小说、长篇小说的创作和青年作家的创作等专题，接连召开作品研讨和创作推进的座谈会等。“笔耕组”的文学研讨和其成员的文学评论，倡导实事求是的务实精神，践行“好处说好，坏处说坏”的批评文风，对当时的一些作家作品的品评与研讨，直面批评，不留情面，使得如今已经成名的不少作家回想起来依然心有余悸。陈忠实就此说道：“我是被蒙万夫老师骂出来的。”贾平凹说过：“笔耕组敢说实话，能点到穴位上。”叶广芩也说过：“我之所以能成为一个作家，主要是李星老师不断地‘砸’的结果。”“笔耕组”的成员，各有不同的批评个性，但却有一个共同的特点，那就是做作家诤友式的朋友。因为一些成员的相继离世、一些成员的年事已高，“笔耕组”在 2011 年光荣谢幕，其职能分别由《小说评论》杂志和陕西文艺评论家协会替代，但其 30 多年来褒优贬劣、敢于直言的批评精神，却由李国平、李震、邢小利、梁向阳等年轻一代批评家很好继承下来，并以他们的方式发扬光大。

说到陕西的文学评论，还有一个不可忽视的板块，那就是在西北大学、陕西师范大学、延安大学等高校从事文学教学与研究的雄厚力量。他们中从事现当代文学研究和文艺理论研究的学者教授，从来就是陕西文学评论队伍的重要构成，如西北大学的段建军、周燕芬、杨乐生、刘炜平等，陕西师范大学的李继凯、吴进、赵学勇、李震等，延安大学的马泽、梁向阳、惠雁冰等。他们充分利用高校的各种资源，以贾平凹研究中心、陈忠实研究中心、路遥研究中心等为平台，开展作家专项研究及其相关的专题研究，以独特的方式切入到文学批评领域,使陕西的文学评论增添了别样的角度和学术的厚度。

四　暗中较劲与良性竞争

作为个体的精神劳动者,作家都有各自不同的文学追求与艺术个性,而正因这种彼此有别的追求和色彩斑斓的个性,文学的百花园才总会呈现出“百花齐放”的丰繁盛景。但“花”与“花”之间怎么看待,怎么相处,实际上又暗藏玄机,大有学问。

自曹丕说出“文人相轻”的名言之后,似乎一语道破了文人之间隐秘关系的天机。实际上,也不尽然。作为文人的作家,因为为人与为文的区别与差异,很难做到相互的心悦诚服,彼此的桴鼓相应,而这又会导致两种迥然不同的情形:一种是暗中较劲,良性竞争;一种是暗中使绊,煮豆燃萁。前者会令自己更加进步,也会使群体更为优化,后者则会使自己止步不前,并使所处环境走向恶化。而陕西文学所以能在建国后的近七十年间,保持稳步发展的势头,不断涌现优秀作家,产生优质作品,有一个人们尚未予以关注的内在缘由,那就是作家之间的关系,既暗中较劲,又彼此尊重,由此形成了良好的同行关系,造就了清朗的文坛风气,而这又给优秀作家作品的产生,提供了和谐的环境和健康的氛围。

50年代的陕西文坛,写小说的柳青、杜鹏程、王汶石,写散文的魏钢焰、李若冰,写诗的玉杲、毛琦等,个个都别有造诣,卓具个性,但他们在潜心从事个人创作的同时,也会关注他人的创作进步,并以暗中较劲的方式,努力突破自己,力求写出更好的作品。

这种作家之间暗中较劲的事例,在50年代的陕西屡见不鲜,堪称典型的要数杜鹏程的创作对柳青创作的刺激。1954年底,柳青大致写完《创业史》第一部的初稿,但他对写出来的初稿并不满意,总觉得还没有脱出过去叙述事件过程的老一套,感到无论是在生活表现上,还是艺术表述上,都非要突破一下不可。正在这一年,杜鹏程的《保卫延安》问世并大获好评。杜鹏程的成功给了柳青极大的刺激,他认真分析《保卫延安》成功的原因,认为一个是杜鹏程自始至终生活在战争中,小说是他自己长期感受的总结和提炼,所以有激情;另一个是写作时间较长,改的次数较多,并且读了很多书,使得写作的过程成了提高的过程。“他深感自己有必要在深入生活方面更进一步,使自己在生活上精神上完全和描写对象融化在一起,于是,下决心搬到皇甫村去住。”①杜鹏程的《保卫延安》给了柳青压力，他把压力化为了动力。《创业史》经过柳青深入生活六年后的四次大改，终于在1959年完成写作，而这时的《创业史》，已在原来初稿的基础上脱胎换骨，发表后受到普遍欢迎和高度好评，成为不逊色于《保卫延安》的另一长篇杰作。

柳青与杜鹏程在暗中较劲中激励自己是一种方式，还有一种方式是对于文学同行发表的作品不仅常常跟踪阅读，而且经常予以评说，把同行的成功经验经过自己的消化传播给更多的人们。如王汶石在陕西的一个青年作者座谈会上，除了谈自己的文学经验与创作感受，用了不少篇幅对陕西同辈作家进行了精到的评说：“我们陕西文学界还是有些好传统的：要像柯老（柯仲平）、马键翎那样坚持文学与人民大众相结合，坚持文艺的民族化、大众化，全心全意为人民服务；要像柳青、老杜（杜鹏程）、若冰（李若冰）等同志那样深入生活。”他还由胡采撰写《从生活到艺术》时，半个月里与四个作家漫谈交流的例子，特别提出：“这个文人相重的风气也应传下去。”“文人相重”，这是陕西老一辈作家守望相助的亲身经历，也是陕西文人贡献给当代中国文学的有益经验。

80年代的陕西文学，陈忠实、路遥、贾平凹三个文学新星，几乎是不分轩轾地冉冉升起，而他们之间，也是承继了老一辈作家“文人相重”的良好风气，明里相互击掌，暗里相互较劲，在彼此刺激、相互借力中，都写出了堪称经典的优秀作品，成就了自己的文学理想，铸就了陕西文学的艺术高峰。这里最为典型的例子，是路遥的《平凡的世界》对陈忠实写作的刺激。1991年，陈忠实按他自己的节奏，不紧不慢地写作《白鹿原》时，突闻路遥的《平凡的世界》获得了茅盾文学奖。有意思的是，评论家朋友李星在转告这一信息的同时，还放下一句狠话：“你今年要是还不把长篇写出来，就从这楼上跳下去。”路遥获了大奖，李星放下狠话，这样连续的强力冲击，使得陈忠实感到自己“再无选择余地”，便推掉一切杂务，全力投入到《白鹿原》的悉心写作中，终在1992年的春节完成《白鹿原》全稿。《白鹿原》是陈忠实写就的，但能在1992年间完成，也有路遥的《平凡的世界》从旁相逼的因素，而终未跳楼的陈忠实，由《白鹿原》一作大幅度超越了自我，使其以“民族秘史”，成为与《平凡的世界》双峰对峙的小说杰作。

陕西作家何以能做到暗中较劲，良性竞争，陈忠实的一席话可以让人看

---

① 引自蒙万夫、王晓鹏、段夏安、郜持文编《柳青生平述略——长安十四年》，《人文杂志丛刊第一辑·柳青纪念文集》，1983年。

出个中端倪。还在1980年时,西安市群众艺术馆拟组织一个青年文学社,征询陈忠实的意见。陈忠实不仅当即予以支持,而且就此说道:“中国文学的天空多大呀,陕西和西安的当代文学天空也够广阔的了,能容纳下所有的有才气,有志向的青年作家,要把眼光放开到天空去。”仰望星空,向上伸展,陈忠实的这番话,道出了他自己豁达而大气的文学情怀,也显示出陕西作家高远而恢弘的精神境界。这是陕西作家在激烈竞争中互不伤害又共同成长的秘诀所在,也是最值得当下的作家同行在处理彼此关系时应予汲取的宝贵经验。

（原载《光明日报》2018年11月16日）

四时花似锦　文苑气象新

——党的文艺方针政策与当代文学事业的发展

“文艺事业是党和人民的重要事业，文艺战线是党和人民的重要战线。”由于高度评估文艺事业的地位与功用，充分重视文艺工作的价值与意义，党在不同的历史时期都把文艺事业作为整体事业中的重要构成，并通过制定和实施一系列行之有效的方针政策，保证文艺工作的行进方向，激发文艺创作的不竭活力，使文艺事业在不同的时期都获得了日新月异的巨大发展，取得了春华秋实的丰硕成就。

由新中国成立开启的当代文学，在党的坚强领导与正确指引下，已走过了七十多年的光辉历程。这七十多年的发展演进，正如习近平总书记所指出的那样："广大文艺工作者响应党的号召，积极投身社会主义革命和建设、改革开放伟大实践，创作出一批又一批脍炙人口的优秀文艺作品，塑造了一批又一批经典艺术形象"，"为实现国家富强、社会进步、人民幸福作出了十分重要的贡献"。[①] 之所以能取得这样的突出成就，做出如许的重要贡献，党的文艺思想与文艺方针政策的指导与引领，无疑是至关重要的。回顾和梳理党的文艺方针政策与当代文学繁荣发展的关系，对于我们在“中国特色”的维度上，深刻认识社会主义文艺的本质，准确把握文艺事业的前进方向，努力争取新时代文艺的更大成绩，都是大有裨益且十分重要的。

文艺思想的指引与文艺方向的确立

党对于文艺事业历来高度看重，对于文艺工作一直十分倚重。但党对于文艺事业和文艺工作的基本认识及其指导思想的形成，也有一个发生与发展的历史过程。

---

① 《习近平致中国文联中国作协成立七十周年的贺信》，《人民日报》2019 年 7 月 17 日。

我们党在初创时期，就重视新文化运动的开展与新文学形态的建构。1924年前后，早期共产党人邓中夏、恽代英、萧楚女等就提出，“新文学”要“为了民众”，“激励国民精神”。进入30年代之后，在国统区、沦陷区，左翼文艺界持续开展“文艺大众化”“文艺的民族形式”等问题的研讨与论争；在根据地、解放区，组建服务于革命战争和军民群众的各类文艺社团，形成了革命文艺的基本阵营。在这样一个革命文艺的理论探索和经验积累的基础上，毛泽东于抗战时期的1942年，发表了《在延安文艺座谈会上的讲话》，在中国革命文艺运动上第一次明确而深刻地阐述了文艺工作的根本问题——“为什么人”的问题，给文艺工作提出“是为人民大众的，首先是为工农兵的”的根本性质与基本方向。由此开始，解放区的文艺经由大众化运动不断蓬勃发展，解放后的文艺事业也沿着这一方向一路向前行进。中国文艺由此完全改颜换貌，掀开了历史上崭新的一页。

在1949年7月召开的全国第一次文代会上，周扬在其分报告中就明确指出：“毛泽东《在延安文艺座谈会上的讲话》规定了新中国文艺的方向。”毛泽东的《在延安文艺座谈会上的讲话》，在论述文艺为什么人、怎么为的方向问题时，既有“为人民大众服务”的总体性提法，又有“主要是为工农兵”的重点强调。在谈到文艺界的统一战线问题时，他就文艺与政治的关系做出了“文艺是从属于政治的，但反转给予伟大的影响于政治”的正确判断。但在全国解放之后的“十七年”时期，尤其是党的八届十中全会之后，“把社会主义社会中一定范围内存在的阶级斗争扩大化和绝对化”，“在意识形态领域，也对一些文艺作品、学术观点和文艺界学术界的一些代表人物进行了错误的过火的政治批判”。① 整个社会文化生活日渐趋于政治化乃至左倾化之后，“为人民大众”的总体性提法不再强调，而逐渐由“为工农兵服务”取而代之。再到“文革”前后，“为工农兵服务”又进而演化成“为政治服务”，文艺的路子越走越窄。在这期间，先后有周恩来1959年5月3日的《关于文化艺术工作的两条腿走路方针》，1962年5月23日《人民日报》的《为最广大的人民群众服务》的社论，对当时过左的倾向做出适度纠偏的努力，但仍难以改变整体性的左倾化基本走向。

在文艺方向问题上的重大调整，始于新时期邓小平在1980年的《目前的形势和任务》中有关“不继续提文艺从属于政治这样的口号”的论述。

---

① 《两个历史问题的决议及十一届三中全会以来党对历史的回顾》（简明注释本）第99页，中共党史出版社2013年10月版。

1980年7月26日,《人民日报》就文艺的服务对象和思想方向的重大改变发表《文艺为人民服务、为社会主义服务》的社论,再次阐明以"为人民服务、为社会主义服务"的口号代替过去的"为工农兵服务""为政治服务"的口号的理由。由此,有关社会主义文艺方向的提法得以重新确立。新的文艺方向确立之后,便不断显示出其引导文艺健康发展的巨大功能与强劲动力。在"为政治服务"愈演愈烈的时期,作品内容与题材的单一化、贫瘠化,表现手法的公式化、概念化,常常弃之不走,挥之不去。而提出"二为"方向之后,不仅过去一些常有的痼疾得到了有效的克服,而且文艺的内容与题材空前地多样,文艺的表现手法极大地丰富,文艺创作很快由"伤痕文学""反思文学",过渡到"改革文学""寻根文学",及至80年代中期,在理论上以文学主体性问题和新观念、新方法为标志,在创作上以"新写实文学"和新现实主义多元化拓展为代表,文学的理论批评和文学的各类创作,都以多元多样的探求和丰富多彩的成果,相继进入到一个前所少有的繁盛时期。

90年代到新世纪,党在文艺事业方面坚定不移地持守"二为"方向,保证了文学艺术事业在新时期的基础上的持续繁荣和不断发展。党的十八大以来,习近平就把文化建设与文艺繁荣作为治国理政的重要方面,多次就文化问题、文艺问题发表讲话,尤其是2014年10月的《在文艺工作座谈会上的讲话》,在概要阐述党对文艺的新要求与新希望时,既抓住文艺的属性与规律等基本问题,又切近文艺的变异与走向的现状,许多论述都既钩玄提要,又深中肯綮,具有高度的思想引领性与现实针对性。讲话中谈到文艺的方向问题时,在强调"坚持文艺为人民服务,为社会主义服务这个根本方向"时,又就"社会主义文艺"的根本属性作了新的解说,他指出:"社会主义文艺,从本质上讲,就是人民的文艺。"他还进而论述道:"要把满足人民精神文化需求作为文艺和文艺工作的出发点和落脚点,把人民作为文艺表现的主体,把人民作为文艺审美的鉴赏家和评判者,把为人民服务作为文艺工作者的天职。"①这种秉要执本又简明扼要的阐释,以"为人民"为旨归,揭示了社会主义文艺的要旨与要义,也使得"文艺为人民服务,为社会主义服务"的"二为",在其内在精神上合而为一,统归于"为人民"的终极目标。可以说,这是在文艺的根本方向上,又一次体现新思想的新阐释。

从1942年的毛泽东《在延安文艺座谈会上的讲话》的"文艺为人民大众""服从于政治",到1980年的党中央提出的"文艺为人民服务,为社会主

---

① 习近平《在文艺工作座谈会上的讲话》第13、14页,人民出版社2015年10月版。

义服务”，再到2014年的习近平总书记论述的“社会主义文艺，从本质上讲，就是人民的文艺”，在七十多年的革命文艺和社会主义文艺的发展进程中，革命领袖和党的领导人关于文艺方向的论述与论断，既有力地指引了不同时期文艺工作的发展与繁荣，又深刻地总结了不同阶段文艺工作的丰富实践与基本经验，它的适时调整与逐步演进的本身，就是党对文艺工作的认识与把握、组织与领导不断切近客观规律、逐步走向科学的过程。

“双百方针”的实施与坚持

如何积极推动文学的繁荣，努力促进学术的发展，我们党一直在进行着理论的探索与实践的演练。毛泽东在《在延安文艺座谈会上的讲话》中，就明确指出：“文艺界的主要的斗争方法之一，就是文艺批评。”但他又指出：“我们的批评，也应该容许各种各色艺术品的自由竞争。”①应该说，这样的原则性表述里，实际上也隐含了某种“争鸣”的元素在内。但正式而明确地提出“百家争鸣，百花齐放”的方针，是在建国之后50年代初期。

1951年，毛泽东为中国戏曲研究院题词“百花齐放，推陈出新”；1953年，他就中国历史研究问题提出了“百家争鸣”的主张；1956年4月28日，毛泽东在中共中央政治局扩大会议上说，艺术问题上的“百花齐放”、学术问题上的“百家争鸣”，应该成为我国发展科学、繁荣文学艺术的方针。1956年5月26日，中共中央宣传部举行报告会，陆定一代表中共中央向知识界作了题为《百花齐放，百家争鸣》的讲话，对这样一个方针作了全面的阐述。由此，“双百方针”成为我们党领导文学艺术、科学研究工作的基本方针。

“双百方针”提出之后，受到广大科学家、文艺家的普遍拥护和热烈赞同。从当时的文学界来看，在“双百方针”的鼓舞下，在文学创作上，一大批来自“五四”新文学传统下的老作家开始了他们新的创作，写出了一批好作品，延续了自己的文学生命。在理论批评方面，反对教条主义、提倡现实主义的“广阔道路论”，主张文学书写人情人性、体现人道主义精神等观点，切中了当时的文坛时弊，活跃了文学的理论批评。在当时的一些青年作家中，出现了一批揭示社会主义社会内部矛盾的创作，如王蒙的《组织部新来的青年人》等，描写农村现实生活和表现革命历史题材的长篇小说大量出现，

① 《毛泽东文艺论集》第73、74页，中央文献出版社2002年版。

文学界以一个时期可喜又可贵的“回春”，显示出了“双百方针”的特殊作用与重要意义。

但在1957年6月，毛泽东发起全国的“反右运动”后，“反右派斗争被严重扩大化了，把一批知识分子、爱国人士和党内干部错划为‘右派分子’，造成了不幸的后果”。[①] 这样一个重大事件发生之后，“双百方针”实际上未能真正在实践中继续得到应有的贯彻执行。之后的很长时间，尤其是在“反右”到“文革”时期，“双百方针”基本被束之高阁。

“双百方针”重新成为党和政府发展科学和文艺的重要方针，是在党的十一届三中全会之后。复出之后的邓小平，于1978年3月16日代表党中央在《在全国科学大会开幕式上的讲话》中明确提出：“对于学术上的不同意见，必须坚持百家争鸣的方针，展开自由的讨论。”[②]在1979年10月30日代表中共中央和国务院在《在中国文学艺术工作者第四次代表大会上的祝词》中，邓小平再次重申，在文艺工作中，要坚持“百花齐放、推陈出新、洋为中用、古为今用的方针，在艺术创作上提倡不同形式和风格的自由发展，在艺术理论上提倡不同观点和学派的自由讨论”。

此后，从江泽民、胡锦涛到习近平，党的几代主要领导人都反复强调“双百方针”的意义，高度重视“双百方针”的实施。事实上，在整个新时期到新世纪，党在文学工作中都坚定不移地执行“双百方针”，使得文学创作的路子越走越宽，文学理论批评持续活跃，有力地保证了社会主义文学事业的健康发展与稳步前行。

自党的十一届三中全会开启了新时期之后，因为“双百方针”得到了坚决贯彻和认真执行，切实保证了文艺事业的健康而快速的发展。在新时期，文艺工作者心情舒畅，创作热情高涨。文学领域紧跟着时代生活的进步与变化，文学创作在积极反映社会生活的历史变动和人民群众的心理成长的过程中，注重中外古今文学有益营养的兼收并蓄，探求艺术表现形式的不断更新，使得文学创作在以现实主义为底色的主潮中，不同的创作主体表现出各自不同的个性化，整体的文学形态由此表现出前所少有的多样性与多元化。在80年代和90年代，在“双百方针”的保障下，文学进入了状态不尽相同的两个繁荣期。80年代，通过正确解决文学与政治的关系，文学在“为人民服务、为社会主义服务”的广阔天地里，在生活领域不断开掘，在艺术

① 《两个历史问题的决议及十一届三中全会以来党对历史的回顾》（简明注释本）第98页。

② 《邓小平文选》第二卷第98页，人民出版社1994年版。

表现上努力求索，在拓展现实主义创作的基础上，以引进和借鉴西方现代艺术的有益养分的推陈出新，实现了文学创作的多元化。进入 90 年代后，面临市场化大潮的强劲冲击，以及与此相联系的通俗文学的强势崛起，文学在寻求人文精神的坚定持守的同时，以适应市场变化的种种调整，在长篇小说创作、报告文学写作等方面，取得多样化的突破，并使建立于个性化的先锋性写作、市民化写作、个人化写作成为基本定势。进入新世纪以来，由于以互联网为依托的文艺创作和文艺传播的大力发展，中国当代文学产生了新群体，出现了新形态，进入了新时代。习近平的系列重要文艺论述，为人们深刻认识现状，正确把握方向，提供了重要的思想指引。经历了七十多年风云历程的当代文学，在党的正确领导和“双百方针”的有力指引下，在广大文艺工作者的卓励奋发和共同努力下，当会在聆听时代声音、捕捉时代节奏、塑造时代新人、反映时代精神的新的征程中，坚定文化自信，焕发新的精神，释发巨大能量，继续奋勇前行。

党领导文艺工作的基本经验

党对文艺工作的领导，对文艺事业的指导，体现在多个维度和多个层面。除去文艺思想的指引、文艺方向的确立、文艺方针政策的实施这些大的方面之外，以党和政府的宣传文化部门为主导，以文联、作协的团体组织为依托，以文学出版和报纸期刊为平台为组织架构的具体运作等，共同形成了坚持党的领导、贯彻党的方针、实行党的政策的具有中国特色的社会主义的文学体制与文化系统。

党对文艺工作的领导，几十年取得了巨大而辉煌的成就，也积攒了宝贵而丰富的经验。习近平在《在文艺工作座谈会上的讲话》中，谈到加强和改进党对文艺工作的领导时，特别指出：“党的领导是社会主义文艺发展的根本保证。党的根本宗旨是全心全意为人民服务，文艺的根本宗旨也是为人民创作。把握了这个立足点，党和文艺的关系就能得到正确处理，就能准确把握党性和人民性的关系、政治立场和创作自由的关系。”“加强和改进党对文艺工作的领导，要把握住两条：一是要紧紧依靠广大文艺工作者，二是要尊重和遵循文艺规律。”[①]这种精到又精要的概括，是对党领导文艺的基本经验的科学总结，反映了党在新时代的文艺工作领导方面的全新思路。

---

① 习近平《在文艺工作座谈会上的讲话》第 28 页，人民出版社 2015 年 10 月版。

文艺工作者是文学文艺活动的主体力量，文艺工作者的主体性得到确立和尊重之后，才能充分高扬起精神的能动性，焕发出创作的主动性，使文艺活动的各个环节充满生生不息的活力。文艺工作者需要具有不同方面的特殊才能与个性才情，从理论批评到文艺创作，都需要出色的人才与出新的创造，这便使得文艺工作具有专门化性质与专业性特点。因此，"依靠"广大文艺工作者，是推动我们的文艺事业不断走向繁荣发展的基本前提。但在建国后的某些时期，由于知识分子问题没有得到有效的解决，属于所谓"臭老九"阶层的文艺工作者在一个时期没有得到应有的信任，因而在文艺工作中对于文艺工作者的"依靠"，也没有真正得到落实。这一问题的真正解决，是邓小平在复出之后的多次呼吁，尤其是在1978年的全国科学大会上，邓小平在讲话中郑重阐述了知识分子的绝大多数已经是工人阶级的一部分的观点，使党的知识分子政策重新走上了马克思主义的正确轨道。知识分子的名誉得到彻底的恢复，也意味着包括文艺家在内的知识分子成为了党和国家的事业可以依靠的基本力量。正是在这样的一个历史背景之下，习近平《在文艺工作座谈会上的讲话》等重要文艺论述中，对属于知识分子的文艺家的高度肯定，高度信任，热切期待，就显得前所少见，非同寻常。习近平对文艺家高度肯定，一是体现在他对文艺家的先锋作用、标杆作用的一再强调上，他希望文艺家成为时代风气的"先觉者，先行者，先倡者"。还有就是他特别希望文艺和文艺家起到对于社会精神的引领作用，他用了"言为士则，行为世范"的传统名言，来表达他的高度敬重与殷切期盼。这里，"依靠"因为内含了信赖与嘱托，显得更具使命感，更有崇高性。可以说，文艺家的地位与作用，被提高到如此程度，被寄寓如此厚望，是前所未有的。

文艺具有受制于一定的社会发展又能动地反作用于一定的社会现实，具有经由出于生活又高于生活的艺术形象来反映社会现实生活等特质与特性，由此，文学艺术作为一种高度民主、充分自由的精神活动，自有其特殊而客观的规律。要搞好文艺创作，一定要遵循这种客观规律，充分发挥文学艺术家的创造精神，让这种复杂的精神劳动变成一种充满生机活力的创造性劳动。只有这样，才有可能创制出思想性和艺术性相得益彰的精品力作。建国之后的一个时期，由于"经验不足""认识不足"和"骄傲自满""急于求成"等原因，我们党的"左倾错误在经济工作上并未得到彻底纠正，而在政治和思想文化方面还有发展"。[①] 这种偏差不可避免地辐射到文艺领域，造成了对于文艺创作规律的严重背离，及至在"文革"时期，文艺领域里"缺少

① 《两个历史问题的决议及十一届三中全会以来党对历史的回顾》（简明注释本）第99页。

诗歌,缺少小说,缺少散文,缺少文艺评论",①呈现出前所未有的单调与萧条。这种把文艺事业政治化、把文艺工作简单化的看法与做法,产生了严重的后果,付出了巨大的代价。正是在认真总结经验和深刻吸取教训的基础上,邓小平《在中国文艺工作者第四次代表大会上的祝词》中,郑重地指出:"党对文艺工作的领导,不是发号施令,不是要求文学艺术从属于临时的、具体的、直接的政治任务,而是根据文学艺术的特征和发展规律,帮助文艺工作者获得条件来不断繁荣文学艺术事业,提高文学艺术水平,创作出无愧于我们伟大人民、伟大时代的优秀的文学艺术作品和表演艺术成果。""在文艺创作、文艺批评领域的行政命令必须废止。如果把这类东西看作是坚持党的领导,其结果,只能走向事情的反面。要坚持辩证唯物主义的思想路线,从三十年来文艺发展的历史中,分析正反两方面的经验,摆脱各种条条框框的束缚,根据我国历史新时期的特点,研究新情况,解决新问题。林彪、'四人帮'那一套荒谬做法,破坏了党对文艺工作的领导,扼杀了文艺的生机。文艺这种复杂的精神劳动,非常需要文艺家发挥个人的创造精神。写什么和怎样写,只能由文艺家在艺术实践中去探索和逐步求得解决。在这方面,不要横加干涉。"②这样一个清醒的看法与坚定的认识,成为此后党领导文艺所秉持的一个基本原则,极大地保证了党的领导的有效和有力,给文艺事业的蓬勃发展提供了极其重要的保障。

习近平的《在文艺工作座谈会上的讲话》中,在谈到加强和改进党对文艺工作的领导时,在郑重提出两条基本原则之后,还特别就"改进"的方面提出许多具体意见。比如,要尊重文艺家的创作个性和创造性劳动,政治上充分信任,创作上热情支持,营造有利于创作的良好环境;文联、作协要充分发挥优势,加强行业服务,行业管理,行业自律,真正成为文艺工作者之家;特别是面对种种新的元素、新的现象带来新的文艺形态,文艺管理的方式方法要及时跟进,与时俱进;等等。这些说法与意见,都切近当下文坛新变的实际,针对工作中的实有问题,具有极强的现实性与切实的指导性。按照这种基本原则和具体意见领导和引导文艺工作,我们的文艺事业"呈现百花齐放的繁荣景象",不仅毋庸置疑,不可阻遏,而且会连绵不断,蒸蒸日上。

(原载《文艺报》2021 年 3 月 12 日)

---

① 《毛泽东文艺论集》第 63 页。

② 《邓小平论文学艺术》第 256、257 页,作家出版社 1998 年版。

经典现象撷英

挺起时代的文学脊梁

——“经典”给予我们的启示

从小说创作尤其是长篇小说创作的角度看，无论是改革开放以来的四十年，还是建国以来的七十年，映入人们眼帘的，首先是那些产生于不同时期的文学经典作品，如“十七年”时期的“三红一创”（《红岩》《红日》《红旗谱》和《创业史》）、“保青山林”（《保卫延安》《青春之歌》《山乡巨变》《林海雪原》）等；新时期以来的《古船》《平凡的世界》《白鹿原》等。它们联袂而来，相映生辉，共同挺起了这个时代的文学脊梁，隆起了小说创作的巍峨高峰，铸就了中国当代文学的历史辉煌。

“经典”值得我们不断重读，“经典”也需要我们予以致敬，但从这些“经典”作品的营造与产生中，去寻索一些规律性的因素，总结一些经验性的东西，从而为我们在新时代继续打造新的文学经典，构筑应有的文学高峰，提供有益的借鉴和有力的动能，显然也是迫切需要和十分必要的。在这个意义上，榜样的力量是无穷的，经典的示范是永恒的。

深入生活的艺术结晶

反映生活是文学存在的理由，源自生活是文学产生的来由。正是在这个意义上，毛泽东告诉我们：“人民生活中本来存在着文学艺术原料的矿藏，这还是自然形态的东西，是粗糙的东西，但也是最生动、最丰富、最基本的东西；在这个意义上说，它们使一切文学艺术相形见绌，它们是一切文学艺术取之不尽，用之不竭的唯一的源泉。”①这段话中的“人民生活”的提法，特别值得注意。“人民生活”，显然指的是以人民大众为主体的具有普遍意义的生活形态。习近平《在文艺工作座谈会上的讲话》中进而指出：

① 《毛泽东文艺论集》第63页。

“人民是文艺创作的活水源头。”①这一论断，实际上把“生活”与“人民”有机地合而为一。

我们阅读经典作家的作品，探究他们创作经典之作的经过，可以看到，他们之所以能够写出那些经典性的作品，正在于他们在长期的“深入生活，扎根人民”的过程中，深入认识和把握生活动向，深切了解和体察民意所向，把自己的所见所感经由文学的想象化为艺术的形象，使其成为人民生活的艺术结晶。

建国之后最先引人注目的革命历史题材作品《保卫延安》，被评论家胡采誉为“人民英雄的赞美诗”，而这部作品的酝酿与创作，正是作者杜鹏程长期跟随战火中的部队采访和生活的文学成果。杜鹏程从 1947 年下到西北野战军的一个连队，经历了前线部队转战陕北的浴血奋战，许多不知其名的战士血洒疆场，包括保护他的警卫战士的不幸牺牲。这些感人又撼人的亲见与亲历使他下定了写作的决心：“干，既然战士为了战争的胜利，一声不响地献出了生命，我们也就应该把他们忘我的英雄精神记载下来，使自己使别人从这些不朽的事迹中，吸取前进的力量。”可以看出，《保卫延安》之于杜鹏程，是郁积在胸的战争生活的必然涌流。

当代文学的不同时期，农村题材小说所以佳作连连，精品甚多，是因为我们有一批进城不离乡、心系新农村的优秀作家。解放后，已在文化部和北京文联任职的赵树理，从 1951 年起，就每年抽出半年多的时间回到晋东南的家乡一带，深入农村生活，了解农村现状，这种与生活的紧密联系，使他相继写出了长篇小说《三里湾》和短篇小说《实干家潘永福》《套不住的手》等堪称经典的作品，成为“农村题材创作的铁笔圣手”。“山药蛋派”的领军人物马烽，所以接连写出《韩梅梅》《三年早知道》等反映农村新人物与农家新生活的作品，也盖因他“骑上自行车，带着行李卷儿，走到哪里住到哪里，饲养房、土窑洞、工棚、破庙都住过；农民不把他当作家，当外人看待，亲切地称他‘老马’”。他和他的“山药蛋派”作家们，委实都是从人民生活里“泡”出来的。

写作基于生活的必要，生活对于创作的馈赠，最典型的事例莫过于柳青扎根皇甫村十四年，由此创作出《创业史》的长篇力作。在皇甫村的十四年，柳青投入到社会转型、时代更替的火热斗争中，引领人们适应新形势，创造新生活，在此过程中，他实现从立场到情感的全面转变。因此，他写《创

① 习近平《在文艺工作座谈会上的讲话》第 15 页。

业史》,是在写他人还是在写自己,是在写农民生计还是在写自我命运,已经水乳交融得难解难分了。作家应该怎样“深入生活”,“深入生活”有何所得,柳青的扎根皇甫村十四年,给了人们十分深刻又意义丰富的充分诠释。

高远追求的目标设定

创作一定会有自己的追求和一个个的目标,照此去努力奋斗,积极实现。但追求有远近之分,目标有大小之别。与现在的一些作家常常在写作中希求高产量、高频率,乃至贪图高曝光度的做法完全不同,优秀作家更在意的是作品的质量与品位,更看重的是以精益求精的力作,以少胜多,以一当十。因此,最优秀的作家,作品不一定最高产;写精品的作家,创作一定少而精。

写得少又写得好,主要在于创作中预期的想望较为宏大,设定的目标较为高远,需要下一番苦功夫,投入大的精力乃至体力,总之要经过艰苦努力才能够实现,是“可望”也“可即”的。那些写出了经典作品的优秀作家,在这一点上,都有着惊人的相似性。

从20世纪30年代就开始小说写作的梁斌,早就想写一部既是“历史的记录”,又有“艺术的真实”的长篇小说,而且还设立了在当时来看几乎是高不可攀的目标,那就是“具有民族气魄,民族化风格,一部地地道道的中国的书”。为了这个远大的目标,他除去不断蓄积和提炼丰富的生活素材外,还想尽办法去寻找阅读古今中外的文学名著。全国解放之后,有了写作的机会和可能,他便从《武汉日报》社社长的职务上,调回北京文学讲习所,之后又调到河北文联,并且一有机会就抓紧时间写作,还经常抽空约见老战友收集素材,到作品写到的地方实地踏访,终于从1953年到1956年的四年时间,写出了《红旗谱》第一部的初稿。据梁斌回忆,写完之后,他不禁长长地出了一口气:“艰难的文学创造生活呀!”过程确乎艰难,因为目标实在高远。

柳青写作《创业史》,也有着自己的宏大追求和高远目标,那就是“叙述中国农村社会主义革命中社会的、思想的和心理的变化过程”。这种超越显见的政治运动和习见的社会现象,直抵人们心理世界的写作追求,使柳青把自己置于了一个时代的制高点上。为了达到这一目标,他舍弃了北京的公职,放弃了县委副书记的官职,一头扎到皇甫村的田间地头,把自己变成了农民中的一员。“身入”“情入”“心入”之后,“柳青熟知乡亲们的喜怒哀乐,中央出台一项涉及农村农民的政策,他脑子里立即就想象出农民群众是高兴还是不高兴”。这使他实现了以《创业史》来叙述“社会的、思想的和心理的变化过程”,而且笔下的人物形象鲜活,性格饱满,栩栩如生。柳青说过“作家深入生活的效果是用‘生活深入作家’的程度来反映的”,这是他的经验之谈,很令人为之深省。

路遥和陈忠实,分别写出了堪称经典的《平凡的世界》和《白鹿原》。两位作家都只写了一部长篇,但却留了下来,长销不衰,这既与他们郑重对待创作、注重精益求精有关,也与他们当初设定的目标超前和高远,并为此孜孜以求、必欲达成有关。

路遥预想中的《平凡的世界》,“如果不是我此生最满意的作品,也起码应该是规模最大的作品”。他自知“这是要在自己生活的平地上堆起理想的大山”。他毫不放松,从不懈怠,从三个方面做起了准备:一是阅读大量的中外长篇小说,二是查阅作品时代背景涉及的十个年头的《人民日报》《光明日报》,三是深入到作品要描写到的乡村、厂矿、机关和学校。做好这些基础工作之后,又开始了更为艰苦的创作过程,直至带着病体写完三卷本的《平凡的世界》。因此,说《平凡的世界》是路遥倾其心血乃至生命的绝笔之作,一点也不为过。

陈忠实写作《白鹿原》,是想“为自己写一本垫棺作枕的书”。这句话有着“让自己满意”,“使自己无憾”的诸多含义。瞄着这个目标,带着这个心结,陈忠实一方面翻阅县志,查阅村史,研读族谱,做着历史资料的充分准备,一方面大量阅读中外文学名著和一些理论著述,从中汲取有益的文学营养,经过两年多的准备、积累与蓄势,用两年时间完成《白鹿原》的写作,又用两年时间对作品细加打磨,终于如愿完成他的“作枕之作”。这些都告诉人们,高远目标的设定,同时也意味着生活的深入开掘、艺术的充分准备、创作的不遗余力等高强度、大投入的付出,这是创作经典作品所必需和所应有的。

反映时代的生活和情绪

“一个时代有一个时代的文艺,一个时代有一个时代的精神。”因此,立足自己的时代,热爱自己的时代,认识自己的时代,表现自己的时代,既是一个文学人所应具有的常识性的意识,也是一般的人所不易做到和做好的课题。经典作品的作家们,正是在这一重要问题上,以他们把自我融入时代的各自实践和创作成果，做出了他们出色的回答，给我们提供了很好的示范。

赵树理的小说作品，看上去多是家长里短，满含泥土气息，但无论是早期的《小二黑结婚》，还是后来的《三里湾》《登记》等小说，都由婚姻与家事、乡俗与民情等日常事象，细致描绘社会变革给农民带来的心理悸动与精神变动，实际上是反映时代气息在普通农民身上的投射，表现农民在生活形态与精神状态上的与时俱进。生活中始终保持与乡土的密切联系，在创作中坚持对于现实的介入，使赵树理的小说创作与时代同步行进，成为"十七年"农村生活历时性发展变化的一个文学缩影。

柳青对于时代的变迁引起的农村新变，极为敏感也极有兴趣。他不断地"下放"自己，就是为了近距离地观察社会主义新农村的形成过程，更深入地捕捉农民群众面对新时代的心理接受过程，以及他们走向新生活的精神风貌。一部《创业史》，也确实做到了以各类人物的性格碰撞和各色人物的形象比照，写出了时代脚步在蛤蟆滩激起的回响与涟漪，记录了农民兄弟在新旧交替时代的进步与蜕变，从农村和农民的角度为这个时代的生活与情绪描形造影，做了名副其实的时代的"书记官"。他曾就写作的个人化发表过这样的看法："任何从个人主义出发，从名利思想出发的文艺工作者，很难搞出什么像样的创作。"他以此提醒着自己，也以此告诫着他人。

在文学中把个人与时代有机地结合起来，路遥堪称一个难得的范例。他的《平凡的世界》，以"文革"后期到改革开放初期的十年为时代背景，由孙少安、孙少平两兄弟的苦闷青春和人生打拼，表现了个人命运与时代命运的内在勾连，由改革开放催生的生活中的新人物、农村的新变化，以及给农村青年一代带来的命运转机，歌吟了改革开放对于中国农村和中国社会的重大意义与深远影响。颇有意味的是，路遥的作品中，常常会有"我们"的用语跳将出来，无论是叙事，还是抒情，抑或是议论，都会有"我们"不断出现。"我们"不仅使作品的叙事方式在第三人称里融进了第一人称的意味，使作者自然而然地成为作品人物中的一员，而且又在不知不觉中把读者引入局内，使你清楚地意识到："我"（作者）、"你们"（读者）和"他们"（作品人物），都处于身历生活和思考人生的同一过程中，是一个彼此勾连又相互影响的命运共同体。这里，既把路遥超越自我和为百姓代言的文学追求显露得彰明昭著，也把路遥用大众的眼光看待生活、以大众的情趣抒写人生的追求表露得淋漓尽致。路遥在致茅盾文学奖获奖词时的一席话，今天听来仍令人为之感佩，那是以个人的深切体味宣示的文学的至理名言："人民是我们的母亲，生活是艺术的源泉。人民生活的大树万古长青，我们栖息于它的枝头就会情不自禁地为它歌唱。”

充沛的现实主义精神

现实主义因其细节的真实性、形象的典型性与描写方式的客观性等主要特征，满足中国作家的写作追求，也贴合中国读者的阅读需求，现实主义一直在中国当代文学中占据突出地位，催生了一大批优秀小说作品。“十七年”间“三红一创”“保青山林”，既有革命历史题材，又有农村题材，但从艺术的表现手法上看，无一例外，都是典型的现实主义表现手法。当然，不同的作家，各有自己的继承与发展、倾斜与特点。从这个意义上说，现实主义是开放的，是发展的，作家完全可以根据自己的造诣、自己的需要，去进行创新和发展。

在新时期之初，“伤痕文学”在刚一露面引起争议之时，陈荒煤就敏锐指出：伤痕文学“揭示了人们心上留下的伤痕”“也触动了文学创作上的伤痕”。也就是说，“伤痕文学”以直面人生与人心的方式，恢复了文学写作中的现实主义传统。小说创作中以直面现实为旨归的现实主义写作，不仅在发展演进中逐步走向深化，而且历练了一茬又一茬的实力派作家，推出了一批又一批的经典性作品。

四十年来，现实主义不断更新，主要推动了两类小说创作的长足发展。一类是家族历史与文化的创作，这类小说以家族历史为主干故事，通过一个家族在一个时期的荣辱盛衰，来透视文化精神的嬗变，折射社会变迁与时代更替，代表性作品如张炜《古船》、陈忠实《白鹿原》、阿来《尘埃落定》、李锐《旧址》、莫言《丰乳肥臀》等。另一类是改革题材小说写作，这类小说以改革开放为背景，主写义利抉择、正邪较量，代表性作品有周梅森《人间正道》《人民的名义》、张平《抉择》、陆天明《苍天在上》《大雪无痕》、周大新《曲终人在》等。可以说，由于运用严谨的现实主义写法，贯注强烈的现实主义精神，这些作品做到了思想精深与艺术精湛的桴鼓相应，达到“传得开，留得下，为人民群众所喜爱”的较高标准。

在坚持现实主义方面，最为典型的例子，是路遥《平凡的世界》。这个作品写作与发表的80年代中期，文学界追新求异的热潮正如火如荼，现实主义在一定程度上受到冷落，但路遥没有任何犹疑，他毅然选择严谨的现实主义写法，精心又用意地描写孙少安、孙少平两兄弟的青春成长与人生打拼，由此表现改革开放给农村青年带来的命运转机。由于作品做到了为小人物造影，为奋进者扬帆，出版之后广受好评，累计印数超过一千七百万套，在当代小说长销作品中名列前茅。《平凡的世界》持续热销，暗含了一个值得研究的文学课题，那就是我们需要重新认识现实主义，包括它的自身内涵、外延与意义，也包括它与中国文学的密切缘结，与中国读者的内在联系。

近年来，也有一些新人新作以现实主义的追求向经典致敬，如陈彦的长篇小说《装台》。这个作品写了一群给舞台装置背景的小人物。作者写他们的爬高登低、含辛茹苦，也写了他们力尽所能的相互温暖和帮助他人。以顺子为代表的小人物，确有难以言说的苦处，但也有小人物的担当，他们像萤火虫一样带着光亮照亮自己，同时也温暖别人。这个作品在怎么样写小人物和处理小人物方面，运用了现实主义手法，确实写出了新意。

现实主义以及现实主义精神其实就是要真诚地面对生活，听从自己的内心的命令，直面现实大胆地书写，发出审视的、怀疑的、抗辩的，乃至是批判的声音，这样的作品才会有力度。从某种意义上讲，这也是作家自己主体力量投射的一种反应和表现。在这个意义上，作家的思想内涵决定作品的精神蕴含，现实主义精神取决于作家的主体精神。

文学需要构筑时代高峰，高峰需要精品力作支撑。经过时间的淘洗、历史的检验和读者阅读显现出来的经典之作，正是不同时期的重要作家倾其心力与才力创作出来的时代精品。习近平在看望全国政协十三届三次会议的文化艺术界、社会科学界委员时发表的重要讲话，对新时代的文艺与社科工作提出了“四个坚持”的要求，其中就有“坚持以精品奉献人民”。这不只是对文艺创作工作者提出了更高的要求，也是要求包括创作者、组织者、出版者、评论者、传播者在内的文学从业者，以高远的目标与清醒的意识、超强的能力与极大的付出，通过文艺“精品”的创作与打造、传播与推介，造成适于产生文艺“精品”的良好氛围环境与文艺骨干队伍，使更多更好的文艺“精品”源源不断地产生和涌现出来，满足人民群众日益增长和不断提高的审美需求，从而推动中国特色的社会主义文艺事业健康发展。而这，也正是我们重温经典的蕴含所在，探寻经典形成的元素的用意与期望所在。

（原载 2019 年 5 月 10 日《人民日报》）

九部作品看“茅奖”

根据茅盾先生以捐献稿费设立长篇小说奖金的生前意愿，中国作协于1981年3月正式设立了茅盾文学奖。茅盾文学奖从1982年12月开评首届以来，以大致四年一届的频次（前两届分别为五年和三年），已在三十三年间评选了九届，先后有四十三部作品荣获彰奖。

自茅奖开评以来，围绕着各届获奖作品看法个个不一，议论持续不断，可以说，茅盾文学奖就是伴随着种种争议一路前行的，并越来越为文坛内外所广泛关注。

一个奖项是否评选权威，是否运作得当，关键还在于获奖作品本身。客观地说，茅盾文学奖在三十多年的评选中，每届都不乏遗珠之憾，但比较而言，还是做到了在同个时期的作品中选优拔萃。因此，这些作品既是不同时期长篇小说的优秀之作与典型代表，把它们总合起来，又构成了对新时期到新世纪长篇小说创作的艺术巡礼。

采用一届茅奖一部作品的方式，对茅奖进行一种历时性的文本考察，借此向那些贡献了优秀成果的作家表达敬意，也以此来对三十年来的长篇小说创作做一个以点带面的回顾与勾勒。

第一届　《芙蓉镇》

第一届茅盾文学奖，评选的是1977年至1981年间的长篇小说。

这个时期正是文坛的劫后复苏和新时期的初开序幕。在经历了一段时间的对于“四人帮”文艺路线及其极左文艺思潮的批判与清算之后，文学创作随着文学论争逐步复苏，走在前边的，主要是短篇小说、诗歌和报告文学，长篇小说创作属于刚刚起步，写作的作家和发表的作品，数量都还不多，这也使得这个时期的长篇小说的艺术质量普遍较高。这一届获奖的《许茂和他的女儿们》（周克芹）、《东方》（魏巍）、《将军吟》（莫应丰）、《李自成》（第二卷)(姚雪垠)、《芙蓉镇》(古华)、《冬天里的春天》(李国文),就从不同的题材领域和迥异的艺术风格,展示了当时的长篇小说创作成果,作者多为文学名家,作品质量也普遍较高。

写作《芙蓉镇》的古华,当时还属一个文学新人。这部主写"文革"前后各色人等的命运转承的作品,从题材上和题旨上看,与"伤痕文学""反思文学"有着相当密切的血脉勾连,但在写法上,却完全走出了其他作品滞留于"运动"反思的通病,从民俗、民情入手,为人性、人情把脉,由胡玉音、秦书田等人的基本生存被压抑、简单愿望被遏制的日常生活图景,揭示了"极左"与"文革"作为"人祸"的本相与影响。作者胸间不无愤懑,笔端也不乏幽怨,但却以忧伤的田园牧歌的方式款款道来,在引人入胜中引人思忖,思想的内力与艺术的魅力水乳交融,忧郁的内在情绪与悠扬的外在情调相得益彰。在一定意义上,这部作品可看作是当代作家从"伤痕""反思"淡出,走向更为广阔的艺术天地的一个转折。

第二届 《沉重的翅膀》

第二届茅盾文学奖,评选的是 1982 年至 1984 年间的长篇小说。

当时,在理论批评由思潮批判转向理论建设的有力推动下,也在其他文学体裁普遍转入对于社会现实强烈关注的影响下,一些作家开始直面当下的现实生活,写出了一批有新意又有分量的现实题材长篇小说,"改革文学"由此应运而生。这一届的三部获奖作品,除去李准的《黄河东流去》之外,张洁的《沉重的翅膀》(修订本)、刘心武的《钟鼓楼》,都属于现实题材的写作。

《沉重的翅膀》是作家张洁的首部长篇小说,首发于《十月》1981 年第五期。作品甫一发表,便争议不断。肯定者认为作品"全面反映经济改革","代表了改革文学的思想深度与艺术成就";而批评者则认为,作品有"明显的政治性错误",写法上也"显得过于放肆"。因此,从 1982 年到 1984 年,张洁先后修改了四次,最终以修订本获取了本届茅盾文学奖。就作品的主要内容来看,作品以重工业部和所属工厂的整顿改革为背景,描写了从正副部长、司局长到普通工人群众对于经济改革的不同态度,以及他们各自不同的生存状态和内心世界,堪称描摹了一幅工业战线在改革初期的波澜壮阔的壮丽画卷。小说的突出特点,是作者以充沛的激情和锐利的语言,不加掩饰地表现了自己的爱与憎、臧与否。正是这种充分展现作者主体性的写作，引起了文坛内外的种种争议。这部作品终于获取茅盾文学奖，也证明主流文坛在渐次走向宽松与开放，对于有新意又有争议的作品，勇于敞开胸怀予以宽容，敢于表明态度给予支持。

《沉重的翅膀》最终以“修订本”获奖，可谓各有退让，皆大欢喜，这既有一定的意味，也开创了一个先例。

第三届 《平凡的世界》

第三届茅盾文学奖，评选的是1985年至1988年间的长篇小说。

80年代中后期，经过一段时间的“拨乱反正”和“正本清源”，新时期文学对内总结自身的发展经验，对外借鉴新异的文学养分，在兼收并蓄的过程中开始走向写作的多样化，风格的多元化。因此，置身于活跃不羁的文学场域，长篇小说的写作较前数量有所增多，质量也有所提升。这一届的获奖作品《平凡的世界》（路遥）、《少年天子》（凌力）、《都市风流》（孙力，余小慧）、《第二个太阳》（刘白羽）、《穆斯林的葬礼》（霍达），就显得题材较为广泛，写法也更为多样。

路遥的《平凡的世界》，是他倾其心力与体力完成的长篇巨制。路遥在中篇小说《人生》获得成功之后，开始构思更大规模的长篇小说，力求在四十岁前完成自己的宏伟计划。因此，从1982年到1988年，他像一个不怠不懈的马拉松长跑者一样，用两年一部的频率写完三部作品，并最终倒在了终点线上。三部曲作品总体来看，是以平铺直叙的写实方式，巨细无遗地反映了“文革”后期到改革初期城乡社会生活的悄然变动，及其在人们心里激起的种种回响。作品更为突出的，是以孙少安、孙少平两兄弟在前行中辄遇挫折，在挫折中又不断奋起，来歌吟青年一代坚持自己的理想的顽强抗争精神，把握自己的命运的不屈不挠的努力。正因为作品葆有深刻的人生启迪意义和青春励志作用，作品在出版之后，一直不胫而走，广为流传，特别受到青年读者的广泛欢迎。《平凡的世界》的长销不衰，也向人们表明，卓具现实主义风格的长篇小说，既在反映现实生活中有力度，也在读者阅读中有热度。

第四届 《白鹿原》

第四届茅盾文学奖，评选的是1989年至1994年间的长篇小说。

进入90年代之后，因为经济改革的深入，市场经济的兴起，文学、文化领域兴起“通俗文学热”“港台文学热”，在一定程度上对严肃文学的生存造成了较大冲击。但在长篇小说领域，更多的作家甘于寂寞，潜心创作，使得长篇小说较之过去不仅有增无减，而且在看取生活和表现生活上，显示出更广阔的观察力与更深邃的历史感，这一届的获奖作品，除去现实题材的《骚动之秋》（刘玉民）、《战争与人》（王火）、《白鹿原》（陈忠实）、《白门柳》（刘斯奋），均为过往历史的个人回望与艺术想象。

作为陈忠实的首部长篇小说，《白鹿原》可谓不鸣则已，一鸣惊人。作品以临近西安的城乡交叉地带的白鹿原为舞台，以白、鹿两个家族三代人的人生历程为主线，既透视了凝结于关中农人身上的民族气韵与文化精神，又勾勒了近现代以来的社会演进与历史变迁的某些侧影，作品在富含家族和民族的诸多历史文化内蕴的同时，还在艺术表现上以宏微相间、虚实结合的大含细入，卓具史志意蕴与史诗品格。可以说，一部《白鹿原》，既把陈忠实个人的小说写作提升到了一个全新的艺术境界，也把当代长篇小说创作推到了一个新的时代高度。在某种意义上还可以说，第四届茅盾文学奖选择了《白鹿原》，在慧眼识珠地彰奖作者陈忠实的同时，也使茅盾文学奖自身的权威性，得到有力的增强，拥有了切实的佐证。

有意味的是，《白鹿原》因评奖中存有较大争议，在确定作者可对作品作适当修订后授予了奖项，这也说明“修订”作为文学方式的妥协，不失为一种获取共识的有效方法。

第五届　《尘埃落定》

第五届茅盾文学奖，评选的是1995年至1998年间的长篇小说。

90年代中后期，正是长篇小说数量激增的时期。从1998年起，长篇小说的年产量，由过去的每年几百部，上到了每年一千部以上。在数量增长的同时，因网络文学的兴盛，年轻作者的崛起，长篇小说在“写什么”和“怎么写”上，都较前出现了明显的分化。在严肃文学领域，直面现实与回望历史，成为长篇小说创作的两大主要取向。这一届的获奖作品中，王安忆的《长恨歌》、张平的《抉择》属于前者，而阿来的《尘埃落定》、王旭烽的《茶人三部曲》属于后者。

阿来的《尘埃落定》，以汉藏交界地区的康巴藏族最后一个土司家族两代人的故事，既浓墨重彩地描绘了康巴藏地风土人情的种种神秘，又细致入微地揭示了土司家族父子、兄弟之间的种种人性隐秘，作品在家族与民族的历史叙事中，蕴含了权力、英雄、宗教、信用、仇杀、爱情等诸多意蕴。尤其是作品所着力打造的主角——麦琪土司的二儿子，聪傻难辨，善恶并举，又自然而然地痴守着本色为人的自尊与自立，称得上为当代文学的人物画廊贡献了一个独一无二的典型形象。作品在艺术手法上，也以感觉的朴茂与灵敏，语言的精准与氤氲，令人读来满纸清奇，品来意味深长。《尘埃落定》的出版与获奖，对于作家阿来的当代文学史地位给予了有力的肯定，也标示了少数民族长篇小说创作以新的高度实现了与中国和世界优秀文学的艺术接轨。

第六届　《历史的天空》

第六届茅盾文学奖，评选的是 1999 年至 2002 年间的长篇小说。

由 20 世纪跨越到 21 世纪，文学确实遇到了新的挑战、新的冲击，那就是网络文学领域里群雄竞起，文学图书市场更看重流行作品，如类型小说、青春文学等等。这种情形，也在一定程度上倒逼着严肃文学的与时俱进和适时更新。这一届获奖的五部作品，《张居正》（三卷，熊召政）、《无字》（张洁）、《历史的天空》（徐贵祥）、《英雄时代》（柳建伟）、《东藏记》（宗璞），就是不同题材领域里的出新之作。

写作《历史的天空》之前的徐贵祥，已在军旅文学写作中屡屡获奖，小有影响，但这部作品不仅超越了他之前的小说写作，而且在当代军事题材领域也卓具代表性。《历史的天空》在表现战争和触摸人性上，都有脱出常规的突破与创新。作品的主人公梁必达（外号梁大牙），原本是一懵懂莽撞之人，误打误撞地参加了八路军，但在一次次的生死之战的磨砺与锤炼中，逐渐成长为英勇的战士乃至高级的将领。作品写出了我军干部从文盲到文明、从自发到自觉的真实成长过程，同时又写出了职业军人在和平时期受到的冷漠和遇到的苦闷，革命精神、军人气息与英雄气魄浑然凝聚，充沛的刚劲、天然的兵味和内在的雄性交织一起，使作品读来引人入胜，激荡人心。作品的叙事大开大合，人物的命运大起大落，也格外显示出了作者张弛有致的超强艺术把控力。

第七届　《秦腔》

第七届茅盾文学奖,评选的是2003年至2006年间的长篇小说。

在文学进入新世纪之后,各种新的力量介入文化,各种新的元素渗入文学,使得文学、文化领域呈现出前所少有的丰繁与混杂,在长篇小说创作中,注重审美的严肃性写作,靠近市场的类型化写作,日益表现出两极分化和分道扬镳的明显趋向。这也给严肃文学借鉴类型小说、类型小说学习严肃文学提供了新的契机与新的可能。这一届获奖作品,分别是贾平凹的《秦腔》、迟子建的《额尔古纳河右岸》、周大新的《湖光山色》、麦家的《暗算》。其中麦家的《暗算》,就属于严肃文学的魂魄与类型小说的手法深度结合的一部力作。

从《浮躁》起,贾平凹写过许多乡土题材的长篇小说,但《秦腔》超越了他此前的写作,颇具一种集大成的意味。写作这部作品,他动用了他一直珍藏在心底的关于家乡的积累、记忆与困惑。作品在时代大背景和社会大变革中,写了农村的新旧交替与农民的游离土地。一边是新兴商品经济不可阻挡的强劲冲击,一边是传统村社经济的江河日下的日益解体,农民们在忙活自己的家常生活的同时,无不对目下的出路与今后的前景感到惶惶然、茫茫然。作品里,关于村社文化的式微、关于秦腔艺术的衰落,都使作品带上了浓得化不开的悲剧氛围。作品像是用苍凉而悲怆的"秦腔",在为现代乡土文明的悄然变异吟唱一曲悠深致远的挽歌,让人惆怅,引人深思。因为语言表述的方言化和叙事的"鸡零狗碎",《秦腔》这部作品不是很好读,但难读的《秦腔》费人咀嚼,耐人寻味,谁又能说这不是另一种方式的成功。

第八届　《一句顶一万句》

第八届茅盾文学奖,评选的是2007年至2010年间的长篇小说。

新世纪的第一个十年,因为网络小说转化为纸质作品的力度不断加大,过去以严肃文学为主的长篇小说,类型化的作品陡然增多,长篇小说的年生产量也上到了三千到四千部之间,这使长篇小说领域较之过去,更加丰繁,也更加混杂。但严肃文学领域里的长篇小说写作,一些实力派作家坚守自我,锐意探索,使得长篇小说领域总体上保持了应有的平衡,严肃文学板块自身也获得了稳定的发展。这一届的获奖作品,张炜的《你在高原》(10卷本)、刘醒龙的《天行者》、莫言的《蛙》、毕飞宇的《推拿》、刘震云的《一句顶一万句》,都以各具千秋的佳作力构,反映了这一时期长篇小说在激烈竞争中不断进取的最新斩获。

刘震云的《一句顶一万句》,是他的小说写作日渐炉火纯青的一个例证。小说的前半部写的是"过去":孤独无助的吴摩西失去唯一能够"说的上话"的养女,为了寻找养女,毅然走出延津;小说的后半部写的是"现在":吴摩西养女的儿子牛建国,同样为了摆脱孤独寻找"说的上话"的朋友,辗转走向延津。一出一走,延宕百年。小说中所有的情节关系和人物结构,都和人与人能不能对上话、对的话能不能触及心灵有关。主人公就这样在找人对话的过程中,机会不断地失去,人生不断地岔开,走向了与他的愿望相反的方向。这部作品具有一种非同寻常的丰沛与丰盈。从阅读感觉上看,由起初的友人与友人的隔阂、父亲与儿子的嫌隙,似乎是写人与人之间难以"过心"的症结;后来又由杨百顺等人的无常又无定的漂泊,感觉似乎又在写人难以把握自我命运的乖蹇;细细琢磨,个中又有对乡土性的反思、国民性的审视,乃至人的孤独性的剖示。可以说,作品在由乡土之国的探究中,既在考察当下乡民的国民性,又在观照平民的精神状态。就语言与故事的相得益彰来看,这部作品确实为我们提供了新的乡土文学的写作经验。

第九届 《江南三部曲》

第九届茅盾文学奖,评选的是 2011 年至 2014 年间的长篇小说。

文学进入新世纪的第二个十年后,发生了一件文坛大事,那就是上届茅奖获得者莫言荣获了 2012 年度诺贝尔文学奖,这给严肃文学作家以极大的激励的同时,也引发了人们对于莫言所代表的以个人叙事讲述中国故事的莫大兴味,这也一定程度上影响了近年来的长篇小说在创作中追求个性化的叙事与中国化的故事的基本趋向。这一届的获奖作品,除去王蒙的《这边风景》属于旧作新出外,格非《江南三部曲》、李佩甫《生命册》、金宇澄《繁花》、苏童《黄雀记》,都在以个人化的叙事讲述中国化的故事上,实属自出机杼的新异成果。

格非的《江南三部曲》,包含《人面桃花》《山河入梦》和《春尽江南》三部作品。这个原想表现"乌托邦"主题的三部曲,《人面桃花》与《山河入梦》都还比较切题,到第三部《春尽江南》,并没有如人们所期待的那样,从主题到故事,从人物到意趣,都接续《人面桃花》《山河入梦》顺势而来,而是把那个“乌托邦”意象“花家舍”，做了一种完全虚化的处理，甚至以一些商人的附庸风雅，让它变成了物质社会的一处风景。而作品则把叙事的重心，主要集中于丈夫谭端午与俗世社会的格格不入、妻子庞家玉在生活潮动中的如鱼得水。这种错位的人生，不仅导致了这对大学生夫妇的无奈分手，背后还隐喻了青年知识分子在生活冲刷中的日渐分化。在这里，不仅“花家舍”变味了，而且像谭功达那样钟情于“花家舍”的理想者也没有了，有的只是谭端午这样守住了理想却守不住妻子的失败者。作品在谭端午与庞家玉的看似南辕北辙的人生追求中，严峻地审视着现实，也严厉地反省着“自我”，苦涩的现实观照之中，别具一种精神拷问的深长意味。格非的小说写作，数量不多，质量很高，在一定程度上，他的小说创作是当下知识分子写作的典型代表。

（原载《博览群书》2005 年第 9 期）

史铸创业艰

——《创业史》的创作过程与重要经验

题目中的“史铸创业艰”，引用的是著名诗人贺敬之谒柳青墓时所作的诗句。① 原诗句为“杜甫诗怀黎元难，柳青史铸创业艰”。“史铸创业艰”，内含了柳青为新中国农民的艰难创业铸史立传，也以自己的创作为新中国的文学事业继往开来的多重意蕴，以此来形容柳青扎根皇甫村十四年，终于写就《创业史》的壮举，再也合适不过。

经典都是厚积薄发的结晶，经典也都有一个集腋成裘的过程。为了写作能够反映“新制度的诞生”及其引发的各类农民心理的变化过程的力作，柳青义无反顾地下到社会生活的最底层，落户长安县皇甫村十四年，把生活之基牢牢地扎在现实的泥土之中，把创作之根深深植入人民的生活里。这使得《创业史》的酝酿与写作、修改与完成，都有一种别的作品所没有或少有的“在场感”与“现场性”。回顾和梳理柳青创作《创业史》的大致经过与基本经验，对于人们重温和重估《创业史》的价值与意义，深入理解柳青其人其作，乃至探悉文学创作的奥秘，总结经典打造的经验，都是必要的和有益的。

“到我要反映的人民中去生活”

心系文学、专注创作的柳青，一直是把创作作为革命事业的重要构成来看待的。因此，创作之于他，不只是个人的一种爱好，而是事业的一种追求。从延安时期开始写作以来，他始终把革命工作与文学写作合而为一，在工作中积累和丰富文学创作的素材，以创作的方式反映革命斗争和人民生活。他在40年代写作的《牺牲者》《地雷》《喜事》《在故乡》《土地的儿子》等短

① 见《人文杂志丛刊》第一辑《柳青纪念文集》第4页。

篇小说，都是这种由革命工作中积累文学素材、由文学写作反映人民的革命向往与新的生活的系列成果。

抗战胜利后，柳青从延安派往东北。其间，他在大连的短暂停留中完成《种谷记》的修改，1949年到北京后，又在1951年写就长篇小说《铜墙铁壁》。这两部作品相继问世之后，赢得了许多肯定的看法，也引来了不少批评的意见。尤其是上海文艺界关于《种谷记》的讨论中的一些意见，使他受到很大刺激，也使他认识到自己的诸多不足。他从“人物不突出，故事不曲折”的批评中看到了自己的短处，又从“不模仿别人”“这个作家有希望”的肯定中，看到了自己所具有的潜力。于是，他在明确了差距和弄清了问题之后，坚定了在深入生活上下大功夫、花大气力的信念。这时的柳青，受命以文艺部主任的身份参与《中国青年报》的创办，其间还参加了中国青年作家代表团参访苏联。但他心心念念的，是自己深藏于心的文学目标和创作计划。他在与作家朋友马加的谈话中说道：“我要到我要反映的人民中去生活。”这样的意念越来越清晰、越来越执着、越来越迫切，他便从中央宣传部找到中央组织部，坚决要求回到陕西农村安家落户，终于得到了组织上批准后，在1952年5月离开北京，回到陕西西安。

回到陕西的柳青，一直在寻找最为合适的落脚之处。他先后走访了西安附近的泾阳、三原、高陵等地，尚在琢磨不定之时，当时的西北局书记习仲勋、宣传部部长张稼夫建议他到又是农村，又离西安不远的长安县落户。柳青自己前去考察之后，最终选定了长安县。1952年9月，柳青与新婚不久的妻子马葳，先到长安县，后到皇甫村，由此实现了他长久以来“到我要反映的人民中去生活”的意愿。

在与群众的密切结合中“逐渐地改造自己”

下到皇甫村，住到中宫寺，柳青就把自己完全置身于普通的农民群众之中，成为他们中的一员。柳青的落户皇甫村，当然是为着文学创作的目的而来，但他首先想到的和要做的，是完完全全地转变自己的思想感情，在深入生活和融入农民的过程中，使自己成为皇甫村的“自己人”。

在参加全国第一次文代会时，柳青在一篇题为《转弯路上》的发言中说道：要通过工作和群众结合，“这种结合就是感情上的结合，就可以逐渐地改造自己”。到皇甫村落户，并参与了互助组和合作社的创办之后，柳青切切实实地践行着在“结合”中“改造自己”的任务，并把这种结合的成效与结果认定为："首先要看群众以为痛苦的，我是不是以为痛苦；群众觉得愉快的，我是不是觉得愉快。""这中间丝毫没有勉强和作假的余地。"[①]正是这种真心实意地深入生活和扎根人民，柳青做到了别的作家很难做到的生活农民化、立场群众化。正如习近平总书记在文艺工作座谈会讲话中谈到柳青时所说的那样："因为他对关中农民生活有深入了解，所以笔下的人物才那样栩栩如生。柳青熟知乡亲们的喜怒哀乐，中央出台一项涉及农村农民的政策，他脑子里立即就能想象出农民群众是高兴还是不高兴。"[②]

新近编辑出版的《柳青在皇甫》[③]一书里，许多人的回忆文章都以纪实速写的方式记述了柳青在皇甫村落户后的外在样态和工作状态。邓攀、冯鹏程的《县委门卫挡错人》这样描述柳青在乡下的样子："身穿对襟布衫，脚蹬布鞋，老戴一顶西瓜皮帽，外出有事，常骑着他那掉了漆皮的自行车，搭眼一看，地道的农民。"晓阳的《人群当中找原型》这样描述柳青的接触群众和观察生活："看到人家修自行车，用打豆机爆米花，安装电水车，他都要自始至终地看着。遇到有人下棋，他就搬来半截砖头，坐下来和人家对弈。"郭盼生的文章说道，因为柳青"从发动农民卖余粮，到组织互助组，建立合作社，他熟悉了皇甫村的每一户人，皇甫村发生的大小事情，他都要弄明白，都要帮助解决好"。村里的干部感慨地说："这里的合作化运动，柳书记是圈囵身子钻在里边，泡在里边的。"一个"钻"，一个"泡"，生动又形象地勾勒出柳青"深扎"的深切与忘我。在这一过程中，他获得了几乎是脱胎换骨般的精神新变。

四易其稿的创作过程

在反映新的农村生活方面，柳青起初有一个描写农民出身的老干部在新形势下面临着新问题与新挑战的写作设想，在下到长安县担任县委副书记时，就忙里偷闲写出了近十万字的稿子。但自己看来看去，都很不满意，在夜深人静之时，索性一根火柴把稿子化成了灰烬。他决心要从接近于"闭门造车"的状态走出来，在充分深入现实生活的基础上，写出新的小说作品，攀登新的文学高度。经过与皇甫村农民群众的朝夕相处，通过在火热的劳动生活中的摸爬滚打，柳青的新的小说的写作计划渐渐清晰，围绕着互

① 见《中国当代文学研究资料·柳青专集》第7页、第14页，福建人民出版社1982年版。

② 《在文艺工作座谈会上的讲话》第17、18页。

③ 人民出版社2019年版。

助组的建立和发展的矛盾斗争，其间各色人物的独有个性和心理特征等，也都烂熟于心，呼之欲出。于是，1954年，柳青开始写作并写出了第一稿。1956年，又在初稿的基础上写出第二稿。随着深入生活的渐入佳境和文学造诣的不断提升，他对第二稿很不满意，一个时期陷入了苦闷之中。直到1958年，经过长久的思考、阅读与研究，终于有了新的感觉和新的自信，一鼓作气地投入写作之中，终于在1959年4月完成小说的第一部，起初以“稻地风波”的题名在《延河》连载，8月号连载时定名《创业史》。1960年，《创业史》（第一部）由中国青年出版社正式出版。

一部《创业史》，尽管写的是特定时期的合作化运动，尽管历经了五十五年的沧桑演变，但仍然被专家和读者视为当代的经典之力作而不断解读，被大众读者视若“不隔”的文学佳作持续热读，盖因作家立足于生活的深处，撷取时代的激情，写出了社会变迁在人们心里激起的层层涟漪，在精神世界引发的深层悸动。柳青一再说他的《创业史》，表面上写的是农村的合作化运动，实际上是写农民走进新时代之后，对于公有制、国家化的认识与接受的过程。换句话说，也即从私有到公有，从“小我”到“大我”的心理变迁与精神成长。从梁生宝、郭振山、高增福、改霞等，到梁三老汉、郭世福、郭士杰等，都是这一历史巨变进程中不同阶层人们的典型代表，他们以各自的自然反应和精神变异，既体现着旧时代农人的蜕变与新时代农人的成长，也折射着社会主义新农村艰难前行的某些侧影。社会的重心是人民，人民的内核是心灵。正是着眼于心灵深处和精神层面的博弈与变异，使得《创业史》卓具超越历史限定的深厚内力，而成为人们认知合作社时期社会剧烈变动引发农人心灵变动的一部史诗性作品。

得悉柳青因身患重病而难以完成《创业史》第一卷之后的写作，曾经是作品人物原型之一的董廷芝老书记深情地说道：“希望他好好养病，能把四部书都写出来。别人写，写不成他那样的。”质朴的语言与深切的期盼之中，所包含的对于柳青的首肯是坚定的，认知也是独特的。“别人写的”与“他那样的”，分别都是什么样的呢？在董廷芝未及详述的语言里我们大致能感觉到，“别人写的”，多半是隔靴搔痒，旁敲侧击，甚至是冷眼旁观，居高临下。而“他那样的”，则一定是直言骨鲠，径情直遂，别具生面，钩深致远。一句话，“欢乐着人民的欢乐，忧患着人民的忧患”。

《创业史》的发表与出版，在文学界引起的关注与反响，也出乎人们预料。作品出版不久，茅盾就在第三次作代会的《反映社会主义跃进的时代，推动社会主义时代的跃进》的报告中，把《创业史》作为“通过艺术形式反映出来的真实的生活”的典型。许多评论家都用“我国当代反映农村生活最优秀的长篇小说之一”“现实生活的历史容量具有了史诗性的规模”等说法对作品给予极高的评价。在文学评论界，由《创业史》的评论，也生发出了“如何描写社会生活的矛盾冲突”“塑造新人形象”，以及怎样看待作者的“主观抒情与议论”等问题。朱寨、韩经长、李希凡、冯健男、严家炎、张钟、阎纲、蔡葵、林非等著文参与了讨论。

充沛的现实主义精神与深远的文学影响

现实主义文学在其演变过程中，不断拓新和发展，产生了不同的风格和流派，但彼此贯通和不断传承的，是现实主义的精神，那就是热切关注现实，强力介入现实，高度重视人的生存状态、精神状态和命运形态，真切地书写所经所见，坦诚地表达所思所感。正是由于秉持了严谨的现实主义手法又贯注了充沛的现实主义精神，柳青有力地超越了当时文学创作一般难以超越的局限，越过了人们习见的政治运动与社会事件，潜入时代变迁中人们的命运转机，及其经历着巨大变动的心理世界，写出了新的社会主义革命中“社会的、思想的和心理的变化过程”的史诗性作品《创业史》。

柳青的坚定而充沛的现实主义精神，与他对于文学与生活的深刻而清醒的认识有关。他的“三个学校”说（生活的学校、政治的学校、艺术的学校）、“六十年一个单元”说，都以简明扼要的语言，强调了社会生活对于文学创作的重要、创作时专心致志的重要。这种对于文学的认知，实际上就奠定了他必然操持现实主义的重要基石。而对于现实主义，他的认识一直是清醒而坚定的：“人类进步文学的现实主义道路是不会断的。”“在这条道路上既有继承，又有不断的革新。”

柳青的这种卓具现实主义精神的创作追求，对于当代作家尤其是陕西作家的影响，是十分巨大和难以估量的。在回顾《白鹿原》的创作过程时，陈忠实就明确告诉人们：“我从对《创业史》的喜欢到对柳青的真诚崇拜，除了《创业史》的无与伦比的魅力，还有柳青独具个性的人格魅力之外，我后来意识到这本书和这个作家对我的生活判断都发生过最生动的影响，甚至毫不夸张地说是至关重要的影响。”另一位陕西作家路遥，更是视柳青为自己的“文学教父”，他也把柳青的现实主义文学写作提升到了一个新的时代高度。写作《平凡的世界》，他阅读了大量的中外文学名著，但《创业史》他读了七遍，柳青创作中特有的浓烈的人民性情怀，深湛的现实主义造诣，使路遥获得了极大的启迪与激励,他认为:“许多用所谓现实主义方法创作的作品,实际上和文学要求的现实主义精神大相径庭。”他坚信:“现实主义仍然会有蓬勃的生命力。”基于这样的文学认知和文化自信,路遥在文学界以追逐新潮为时尚的20世纪80年代中期,依然秉持现实主义写法,坚守现实主义精神,锲而不舍地完成了三卷本《平凡的世界》的写作。《平凡的世界》获得茅盾文学奖之后,路遥专程去往皇甫村,祭拜柳青墓。他是在向自己的文学“教父”拜谢,也是在向现实主义文学大师致敬。

榜样的力量是巨大的,经典的魅力是永恒的。柳青的文学追求和他的《创业史》,以刀削斧砍般的现实主义精神气度和艺术风格,表现了一个时代的文学风范,折射了一个时代的历史风云,柳青和他的《创业史》还会以作家学习、论者研究和读者阅读等方式,在当下的文学生活中持续发生影响,继续发挥作用,感召和激励当代文学人在新的时代攀登新的文学高度,构筑新的文艺高峰。

（原载2015年5月27日《文艺报》）

人民情怀：柳青为文为人的内核*

自习近平总书记在2014年10月15日的文艺座谈会上的讲话特别谈到柳青之后，柳青越来越得到文坛内外的广泛关注。我在参与策划我们院和《人民日报》合办的"文艺观象"专栏时，做过几辑有关的现实主义讨论，都涉及柳青，还专门做过一期"柳青专辑"。这些年在回顾总结改革开放文学四十年尤其是建国以来七十年文学的历程时，无论是说到经典，还是谈到经验，都会谈到柳青与现实主义、柳青的经验、柳青的影响。我还给《光明日报》写过《经典是怎样"炼"成的——当代文学发展中的陕西经验》和《"杜甫诗怀黎元难，柳青史铸创业艰"》等文章。在做这些工作和写这些文章过程中，我有一个很深的体会，那就是当代的陕西文学既是高峰耸立的，陕西从古到今的文学资源也是丰厚无比和得天独厚的。还有一个值得我们骄傲的，是我们拥有柳青这样的独一无二的创作的典范、作家的样板。我们读他的作品，研究他的创作，包括实地参观他的墓地，参观他的文学馆，感受会更为强烈，体会也会特别深刻。可以说，他在某些方面已经做到极致了，尤其是他落户皇甫村的十四年，把一个作家在"深入生活、扎根人民"方面能做到的，都已经做到极致了。拥有柳青这样的乡党前辈和文学典型，我觉得对于陕西的文学人而言，真是很幸福、很幸运，所以我们就更有理由写出更多更好的作品，使陕西的文学再续辉煌。我们的前辈做得这么好，我们为什么做不到？我们需要认真寻索和深入思考，好好从中找找差距，更要从中汲取动力。柳青的文学作品和文学实践给我们树立了一个标高，这对我们既是一个高水准的目标，更是一种感召性的引导。这对我们从事文学研究和文学评论的文学人来说，也提出了一个无比光荣的任务，那就是面对这样出自陕西又独步一时的经典与经验，我们如何阐释好，如何解读好，我觉得这是我们义不容辞的使命，是我们必须承担的责任。所以我觉得从这个意

---

* 此文系2018年5月18日在陕西西安召开的"弘扬柳青精神"座谈会上的发言。

义上讲，我们需要做的事情太多了，而且我们好像已经做了不少，其实是很不够的。这是我一点儿总的感想。

关于今天主要讨论的柳青精神的话题，我想概要谈谈三点意思。

第一，柳青从他的创作到他的人生，整个来看，确实是贯注了一种精神，这个精神可以从多个角度和层面去分析和理解，但主要的和核心的，是柳青的现实主义精神。柳青是当代作家中，最严谨又最典型地运用现实主义手法来写作的。《创业史》里的主干故事与骨干情节，都是“细节化”程度上的真实表现与生动描写，作品中的梁生宝、梁三老汉等各色人物形象，神情毕肖，栩栩如生，都堪称“典型环境中的典型人物”。尤其是作品里深深蕴含着的为农民书写、为农民造形、为农民请命的农民情结和人民情怀，更是充分体现出柳青对人的处境与命运忧深思远的现实主义精神。所以，柳青的现实主义，是建立在写作方法上的文学精神，是方法和精神内在融合的产物，这种文学精神对后辈的文学人影响非常大，比如路遥、陈忠实、贾平凹，包括在座的和不在座的陕西其他的作家，都不同程度地受到他的影响，有些人受到影响可能并不直接，但是他的创作所富有的接地性与亲民性，作品所迸发出来的那种精神，一定会在无形中产生一定影响，这是毫无疑问的。

在我看来，观察柳青的现实主义，一定要和他的充沛而深厚的人民情怀联系起来，人民情怀是柳青现实主义的内核。他为了人民写作，写作为了人民，就是这样一个东西贯穿于他创作与人生的始终。《创业史》的责任编辑王维玲在一篇回忆文章中曾说道，他知道《创业史》已经完成，但柳青却不断修改，就是不交稿，他就一催再催，柳青回答他说“人民的作家，不能把自己的草稿交给人民的出版社”。这句话随口而出，但却体现了柳青对于自己清醒而自觉的自我认知，那就是“人民的作家”。一切为了人民，一切系于人民，这在柳青那里，是何其必然，何其当然，何其自然。在我看来，这就是对“以人民为中心”理念的最为到位的诠释。在这一点上，他是启引作家和引领我们的当之无愧的典范。

第二，柳青落户皇甫村十四年，使他写出了长篇小说《创业史》，但他不仅仅是为了写作和文学。柳青下到皇甫村之后，一方面接触群众，深入生活，与人民打成一片；一方面又帮助群众，推动生活，与人民一道前进。在这样的过程中，他使自己成为了“农民”中的一员，成为皇甫村生产与建设的参与者、前进与发展的推动者。从创办合作社开始，柳青就投身其中，做了很多思想方面的开导与引导工作，帮助解决种种疑难问题；在生产劳动方面，他也从自己的角度去观察现象、发现问题、解决问题。所以，不能把柳青落户皇甫村十四年，仅仅看成是作家为了创作的“深入生活”，为了写出《创业史》的“扎根人民”，如果那样看待，我觉得不符合柳青落户皇甫村十四年的实情，而且感觉上比较功利。柳青的下乡落户，完全是自觉自愿的，是绝对非功利的，他是真正以人民为中心、为旨归的，写作为人民，生活为人民。他在皇甫村的十四年，除了写作《创业史》，还写了一些非文学的作品，如《关于王曲人民公社的田间生产点》《怎样沤青肥》《耕畜饲养三字经》等。这些都可以看出，柳青他心里所想的，实际在做的，是怎样改变这个地方的面貌，既让这块土地改颜换貌，也让人民群众改变精神面貌。从某种程度上讲，他写作《创业史》的同时，在做的这样一些事情，越出了创作，超出了文学，但都归结到了“人民”，包括当年将《创业史》稿费一万六千多元全部捐给皇甫乡，正是在他看来，《创业史》的成书源自于人民，《创业史》的收入当然要回归人民。这大大小小的事情，都是柳青“身入、情入、心入”生动而鲜活的例证。因为“打成一片”和“融为一体”，所以他才能在看报纸和听广播时，准确判断出上边的政策与做法农民是喜欢还是不喜欢、高兴还是不高兴，因为他自己已经完全是农民的立场、农民的情感了。所以，扎根皇甫十四年，柳青找到了自己的立足点，建立了自己的根据地，这个地方名字叫皇甫，实际上是“人民”。

第三，需要更为内在地理解和深入地把握《创业史》的精髓。《创业史》在今天的文学研究领域里，仍然被一些人所不看重，或者还有一些质疑，其中的重要原因是作品写了合作化运动，而随着合作化运动的过时，这个作品似乎也已过时。我觉得事情不能这么看。柳青写《创业史》的初衷，是见证“中国农村为什么会发生社会主义革命和这次革命是怎样进行的”，通过一个村庄的各阶层人物，来察观各色人等“在合作化运动中的行动、思想和心理变化的过程”。因此，这部作品有一个鲜明的特点，是写出了全国解放之后一个新的社会降临、一个新的制度来了以后，千年以来的自然状态的农民碰到的一个新鲜的事物，面临一个巨大的转变，他们心理的反应与接受的过程。以集体化为特征的社会主义新农村的设想与建立，对于广大农民来说，是前所未有的革命性变动，是史无前例的巨大的挑战。这当然有一个接受的过程，这个过程也许是长期的，甚至是艰难的，尤其是对于那些传统观念深厚的农民来说。《创业史》正是深入到农民的心理世界，写了不同层次的农民的心理反应与接受过程，如先进人物是怎么反应的，中间状态的人们是如何表现的，落后状态的人们是怎样感受的，还有一些顽固分子是怎么应对的，他写活了也写透了不同阶层的人们心理的反映状态与接受过程。因为他格外了解农民，所以他形象地写出了民愿、民意与民情，探赜索隐，直抵人心，使这部作品成为那个时期农民与农村发展变化历史进程非常重要的心史实录与精神留存，这也使它超越了具体的时代，而具有更普遍的意义、更经典的价值，仍然是值得我们在今天去敬重，去解读。我觉得柳青能做到对那个时代局限的坚定超越，扎根人民、依靠农民这一点是非常重要的。柳青得病以后一直好不起来，皇甫村的老支书董廷芝深情地说，希望他身体很快好起来，继续他的小说写作，因为“他写的跟别人写的不一样，别人写不出他那样的”。这个话看起来是一个农民读者的看法，但却很有代表性，因为他代表的是作品主人公的评价，高度肯定了柳青创作的历史真实性与艺术独特性。这个非属文学评论专家的看法，反倒值得我们充分予以敬重，值得我们文学评论好好学习和领悟。

柳青其人其文值得我们评说的，值得我们学习的，实在是太多太多了。而且，像柳青那样把一家人带到农村落户十四年的情形，我们今天已经很难做到了。但“虽不能至，心向往之”，他的“深入生活，扎根人民”的精神，他的“以人民为中心”的精神，绝对值得我们认真学习，值得我们努力效仿，那就是把文学之根扎在生活之中，把创作之根植在人民之中，把人民生活当作创作的活水源泉，把推动人民前进当成自己的人生追求。在这样一个根本问题上，我们当代文学的作家要不断地去学习和奋斗，我们的文学研究者也要不断地学习和研读。而我们今天所以看重柳青和柳青精神，意义也正在于这里。对于柳青的精神我们要进一步去研究和解读，对柳青的作品也要进行更为深入的研究和更为内在的解读，在柳青研究上，要见人见作品，对他《创业史》等作品要有新的诠释，使他的呕心沥血之作为今天的人们所认识、所喜欢，并且能够发挥其应有的作用。

一部读者“读”出来的经典

——从《平凡的世界》的热读热销说起

一

关于优秀的文学和文学经典,有各种各样的说法和定义。雪莱说:“一首伟大的诗篇像一座喷泉一样,总是喷出智慧和欢愉的水花。”卡尔维诺说:“经典作品是一些产生某种特殊影响的书,它们要么以难忘的方式给我们的想象力打下印记,要么乔装成个人或集体无意识隐藏在深层记忆中。”鲁迅的“文艺是国民精神所发的火光”、茅盾的“文艺作品不仅要反映生活,而且要创造生活”等经典作家关于文学的至理名言,都是我们理解优秀文学和经典作品的重要参照。

对如上种种说法取其精髓,综合要素,我们可以对经典作品大致做这样的概括:第一,思想性与艺术性相得益彰,负载了民族的尤其是人类共通的思想价值与艺术价值;第二,艺术地概括了历史面貌与时代精神,具有时代与社会的深刻印记和某些超越时空的特质;第三,以独创的艺术形式涵养丰富的精神营养,具有耐久的可读性与丰盈的可阐释性。三者皆备,才算得上是经典作品。用这样的标尺来衡量古代和近代的文学作品,经过长久的时间淘选与阅读检验,什么人是经典作家,哪些书是经典作品,既不难判断,也容易形成共识。但如果以此来判断现代与当代的作家作品,看法就会不一,争议就会很大。这不仅因为现代和当代距离我们太近,认识需要一个过程,还因为人们在评判作家作品时,往往距离越近,越是严苛,所以才有当代文坛缺少文学大师、当代文学没有经典作品、当代文学不及现代文学等种种言论。

习近平总书记在2014年的《在文艺工作座谈会上的讲话》中,要求作家艺术家努力创作出“无愧于时代的优秀作品”。谈到优秀作品的衡量标准时，他有一个“三性论”的说法，很有助于我们理解什么样的作品是当代文学的经典作品。说到什么是优秀作品时，他特别指出“思想性、艺术性与观赏性有机统一”，也就是说“三性”合一，是谓优秀。过去我们一般只讲“两性”，即思想性与艺术性，他特别提到了文艺的观赏性，这是特别有读者意识与观众视点的重要补充。一般来说，在思想性与艺术性之外，同时兼具观赏性与可读性，比较有难度，也特别需要加以强调。他在另一处还特别讲到优秀作品“要有正能量、有感染力，能够温润心灵，启迪心智，传得开，留得下，为人民群众所喜爱”。把这些论述总和起来看，读者也即人民群众喜欢不喜欢，是不是为“人民所喜闻乐见”，是衡量一部作品是否优秀的重要标尺。从这个角度来看，有些在文学研究领域评价不是很高，而在人民群众的阅读中口碑甚好的作品，理应纳入当代文学的经典作品序列。

在这样一些作品之中，最为典型的代表，无疑是路遥的长篇小说《平凡的世界》。

二

《平凡的世界》从出版到传播，经历了一个曲折而坎坷的过程。而在这一过程中，出自不同看法的做法和不同取向的态度，既形成了无形的阻力，又构成了巨大的反差，这样一些现象也很值得人们去仔细回味和深入思索。

1986 年夏，路遥改定《平凡的世界》第一部后，开始寻求合适的出版社和杂志社。正好这个时候，人民文学出版社《当代》杂志的编辑周昌义来陕西组稿，路遥托省作协的一位副主席把书稿交给周昌义，他很期待这部倾注了自己全部心血的长篇小说，能够在发表过自己的中篇小说成名作《惊心动魄的一幕》的《当代》杂志发表。但周昌义在读了一部分稿子后，便感觉“读不下去”，找了一个“《当代》积稿太多”的理由婉拒了路遥。随后，作家出版社一位编辑接踵而来，拿到书稿看了三分之一不到便直接退稿，说“不适应时代潮流”。直到中国文联出版公司编辑李金玉的到来，才使事情有了转机。李金玉找贾平凹组稿晚了一步，贾平凹刚完成的《浮躁》被作家出版社编辑拿走，便又转而来找路遥，她听说路遥有长篇新作，便诚恳约稿，并在看过第一部书稿后表示力求出版。路遥在确认了出版社方面的诚意之后，于 1986 年 8 月与中国文联出版公司签订了出版合同。是年 12 月，《平凡的世界》第一部由中国文联出版公司正式推出，由此结束了近一年的无着无落的书稿“漂泊”。

《平凡的世界》在文学杂志方面的寻求发表过程也很不顺遂。《当代》《收获》都不愿接受发表。经过时任《花城》杂志副主编谢望新、花城出版社总编辑李士非的多方努力,《平凡的世界》第一部在 1986 年第 6 期(12 月)刊出,但第二部却因“意见分歧,发排受阻”,未能继续刊出。无奈的路遥只好找到当时刚办不久、影响也不大的山西的《黄河》杂志,才使《平凡的世界》第二部、第三部得以陆续在杂志发出。

《平凡的世界》的出版与发表的遭际,不说“走投无路”,也是“到处碰壁”。而与此形成鲜明对比的,是中央人民广播电台的“长篇联播”播出《平凡的世界》的空前盛况与巨大影响。

1987 年春天,路遥出访西德时在北京逗留期间,在街上巧遇中央人民广播电台的“长篇联播”编辑叶咏梅,顺手送给了叶咏梅一本《平凡的世界》第一部。曾在延安插队多年,有着陕北情结的叶咏梅读过作品之后,感动不已,爱不释手,决意把这部作品录制成广播节目,让它走向更多的读者受众。经过一段时间的精心准备,1988 年 3 月 27 日,中央人民广播电台的“长篇联播”开始播出《平凡的世界》,此后连续播出了一百二十六天。已经出书的第一部播完,接着播还是校样的第二部,再接着播还是手稿的第三部。后又有陕西、新疆、内蒙古、云南等省区电台再予重播。据不完全统计,通过电波收听《平凡的世界》连播节目的听众达到了三亿之多,其影响远远超出了纸质作品的传播与影响。据叶咏梅回忆,《平凡的世界》开播之后,就不断收到全国各地的听众来信,仅 1988 年就收到读者来信两千多封,创下了该年一部作品听众来信的最高纪录。这些听众来信,以不同的阅读感受和文字表述,共同表达了《平凡的世界》带给他们的感动与激励。这种越来越大的社会反响,极大地带动了纸质作品的销售。中国文联出版公司出版《平凡的世界》第一部时,根据新华书店提供的征订数,只印了 3000 册,基本无人问津。但在“长篇联播”的持续促动下,读者争相求购《平凡的世界》第一部,出版社只好不断加印,以满足读者的阅读需求。

1991 年 2 月,在第三届茅盾文学奖的评选中,路遥的《平凡的世界》被推荐参评并最终获奖。为国内长篇小说最高奖项所认可,既是一种崇高的荣誉,更是一种极高的评价。它以专家评判、同行首肯的方式,对《平凡的世界》做出了与广大读者相向而行的肯定。

但更热烈的反应,更持久的欢迎,仍然还是来自广大的读者——不同阶层、不同代际的普通受众。《平凡的世界》自 1986 年 12 月首次出版以来,每年都在重印,而且数量逐年增多。据出版社方面提供的统计数字,近几年来,《平凡的世界》三卷本每年的印量都稳定在一百万套以上,迄今累计印数一千七百万套。这样持续热读、不断热销的情形,在当代长篇小说作品中实属凤毛麟角。而且,在纸质作品之外,《平凡的世界》还以别的方式影响着读者,1988 年中央人民广播电台播出了《平凡的世界》广播剧,1990 年小说被改编成电视剧,2014 年再次被改编成电视剧,2017 年改编作品被搬上话剧舞台等。这些广播剧、电视剧、话剧,都是同类体裁作品里最受欢迎的作品。这些都充分表明,《平凡的世界》委实是一部独具自己的文学魅力、备受广大读者青睐的长销佳作。

三

通过对《平凡的世界》出版难与阅读热等现象的简要梳理和扼要勾勒,可以看出这一作品在一个特定时期的特殊境遇,并从中看到一些隐含的问题,得到一些有益的启示。择其要而言之,有三个方面的问题,很值得引起我们的注意与深思。

其一,作为经典性的作品,《平凡的世界》是读者"读"出来的。

《平凡的世界》虽然在 1991 年荣获第三届茅盾文学奖,在一定程度上体现了主流文学领域对于这部作品的肯定与褒扬,但在整个文学评论界和文学研究界,这部作品都没有得到高度的重视和相应的评价。有人回忆 1987 年 1 月 7 日于北京召开的《平凡的世界》第一部研讨会,与会的三十多位专家学者,发言者多是直言不讳的批评,只有两位发言者表示了肯定的意见(我是与会者之一,因为读了第一部印象平平,会上一言未发)。这场研讨会,也反映了当时的文学评论界对于《平凡的世界》第一部的大致看法。有人对 20 世纪 90 年代之后影响较大的几部中国当代文学史做了调研式的阅读,发现这些文学史著作多在群体性文学现象概述中提及路遥,都没有对路遥的小说创作加以概述性评介,更没有提及他的代表作《平凡的世界》。这也就是说,在中国当代文学史的叙述脉络之中,路遥的《平凡的世界》不在视野之内,是完全缺席的。这种情形,实际上也是学界审美与大众审美严重分离的一个典型体现。

因此,读者大众经由"长篇联播"的听读和纸质作品的阅读,不断显示他们对于《平凡的世界》的喜欢与热爱,并以持续的热读促动作品的畅销,既使《平凡的世界》的长销不衰构成一种特异的文学现象,实际上也由这种方式提醒我们:《平凡的世界》不容忽略,不能轻视,它的背后有着忠实的受众和大量的拥趸。

文学生产和文学生活是包含了读者反应环节在内的一个系统性活动。只从评论和研究的角度去看待文学作品，显然是不完整和非全面的。把读者反应的因素纳入进来，才是更为周全的整体性考量。用这样的宏观视野来衡估当代文学作品，《平凡的世界》当然属于文学经典之列，而这正是广大读者的看法与意愿。这种来自读者的明晰的意见和坚定的态度，是值得我们认真对待和深入反思的。

其二，读者经由对《平凡的世界》的喜爱，表达他们对于优秀作品的看法，对于经典作品的期待。

我们的一些作家，由于自己的作品印数不多，发表后社会影响不大，常常会发出“读者在哪里”的疑问，甚至怀疑严肃文学还有没有读者，是不是遭遇到了“阅读危机”？但《平凡的世界》的热读与热销的事实，明白无误地告诉我们：读者没有远离，读者还在那里，他们在期盼懂得他们的作者，他们在等待他们喜闻乐见的作品。

可以说，广大读者实际上是以喜爱《平凡的世界》的方式，表达着他们的审美意趣和阅读需求，那就是经由普通百姓的人生故事，真实地传达“时代的情绪”，真切地传扬“人民的心声”，从而与普通的读者大众产生更多更深的“共鸣”。

人们都注意到路遥写作《平凡的世界》所操持的现实主义手法，这一手法在很大程度上造成了作品在出版时的种种困难，但这一手法也在很大程度上带来了作品阅读时的“不隔”与“近距离”。现实主义在路遥那里，是把手法与精神融为一体，并化为自己的独特风格，更为凸显的是时代与人的密切勾连，是普通人的人生处境，奋进者的人生打拼，失意者的重新奋起，而这一切无不和广大读者所关切的息息相关。可以说，路遥所书写的，正是读者所遭遇的，或想了解的。文学的“供”与“需”两方，从一开始就达到了高度的契合。因此，与众多读者不断产生种种“共鸣”，就自在情理之中。

说到这里，我想起法国文学史家朗松的一句名言。谈到一些作品广为流传的原因时，他曾这样说道：“也许更多的是表达了人人共有的情感，而不是艺术形式的别出心裁。”用这句话来解读《平凡的世界》的热读与热销再也恰切不过，而且这也向人们表明：读者更看重的是“人人共有的情感”，而非“艺术形式的别出心裁”，或者是以“别出心裁的艺术形式”，很好地表达了“人人共有的情感”。

其三，在读者的不懈热读中，《平凡的世界》不断显示出自己独特而深厚的艺术魅力。

从1992年路遥逝世到现在，已经过去了二十七年。这二十七年，人们以持续热读的方式，欣赏着《平凡的世界》，怀念着它的作者路遥。因而，路遥又以一种独特的方式，活在他的作品里。这样一种异乎寻常的现象，也引动人们去思索隐含其中的意味与意义，去探究路遥与他的《平凡的世界》所深蕴的独特而持久的魅力。

我曾在一篇文章中谈到《平凡的世界》长销不衰的原因所在，概括起来讲，就是：第一，在把握时运、掌控命运的主题书写中，为历史留影，为时代放歌；第二，以小人物在困境中迎难而上的奋斗故事，为普通人造影，为奋进者扬帆；第三，以对不完美的爱情也是爱情、不如意的人生也是人生的如实状写，为爱情把脉，为人生抒怀。这不仅使得作品内容丰富、题旨丰厚，而且因为着意描画普通人的精神风骨，纵情书写平凡生活的内在神髓，作品会让不同的读者从中找到与自己相关的意味与情味，那些在逆境中向上攀爬的人、从乡村走向都市的人、生活在城乡交叉地带的人、人生中频频遭遇挫折的人，看到这部作品都会得到鼓舞，受到启发。《平凡的世界》可以概括为一句话：为普通人立传，为奋进者扬帆。这是这部作品不断受到读者推崇的原因，也是我们应该对这部作品保持敬意的理由。

在1988年中央人民广播电台“长篇联播”节目联播《平凡的世界》的开首，录有作者路遥的一段旁白，这段话道出了他写作《平凡的世界》的初衷，也有助于我们理解《平凡的世界》广受读者欢迎的原因。他这样说道：

“我个人认为这个世界是属于普通人的世界，普通人的世界当然是一个平凡的世界，但也永远是一个伟大的世界。我呢，作为这个世界里一名劳动者，将永远把普通人的世界当作我创作的一个神圣的上帝。听众朋友们，无论我们在生活上有多少困难、痛苦，甚至不幸，但我们仍然有理由为我们所生活的土地和岁月而感到自豪！”

眼里有读者，脚下有大地，肩头有责任，笔下有乾坤，胸中有大义，心中有人民，这是路遥的《平凡的世界》所以常读不懈和长销不衰的根本缘由之所在。

（原载《长篇小说选刊》2019年第6期）

不懈的“寻找” 不朽的丰碑

——陈忠实写作《白鹿原》的前前后后

陈忠实因病溘然长逝，实在来得突然，令人猝不及防。因为事出意外，令人格外惋惜，也使人倍加怀念。

忠实走后，人们在以各种方式悼念和追怀他时，都会想到和提到他的《白鹿原》。在西安殡仪馆参加他的遗体告别仪式时，看到他果然在头下枕着一本初版本的《白鹿原》，样态格外满足而安详。当年写作《白鹿原》时，忠实曾抱定要写作一部死后能“垫棺作枕”的作品，他可谓如愿以偿了。生前为写《白鹿原》殚精竭虑，死后枕着《白鹿原》安详长眠，他与《白鹿原》真是难解难分。

忠实曾借用海明威的“寻找属于自己的句子”的名言，来为自己的“《白鹿原》创作手记”命名，并在后记里说道：“作家倾其一生的创作探索，其实说白了，就是海明威这句话所作的准确又形象化的概括——寻找属于自己的句子。”忠实从一开始从事写作，到不同时期的文学跋涉，都是在努力寻找属于自己的句子。他就是在这样一种不懈寻找的过程中，一点儿一点儿地发现着自己，一步一步地接近着目标，最终到达文学的高地——“白鹿原”，铸就了他自己的“垫棺作枕”之作，打造了中国当代文学的不朽的丰碑。

回想起陈忠实写作《白鹿原》的前前后后，我觉得那蓄势待发的经过与全力爆发的结果，都是在向人们诉说着一个作家倾心倾力地打造一部文学精品的精彩故事。

陈忠实 1962 年中学毕业后，由乡村民办教师做到乡干部、区干部，到 1982 年转为专业作家，在社会的最底层差不多生活了二十年。他由 1965 年到 70 年代的创作初期，可以说是满肚子的生活感受郁积累存，文学创作便成为最有效、最畅快的抒发手段和倾泻渠道。他那个时期的小说如《信任》等，追求的都是用文学的技艺和载体，更好地传达生活事象本身。因而，作品总是充溢着活跃的时代气息和浓郁的泥土芳香，很富于打动人和感染人的气韵和魅力。我正是在这个时候开始关注陈忠实的创作的。1982年,《文学评论丛刊》编辑部要组约当代作家评论专号的稿子,主持其事的陈骏涛要我选一个作家,我不由分说地选择了陈忠实。因为我差不多读了他的所有作品,心里感到有话要说也有话可说。为此,与陈忠实几次通信,交往渐多渐深。嗣后,或他来京办事,或我出差西安,都要约到一起畅叙一番,从生活到创作无所不谈。他那出于生活的质朴的言谈和高于生活的敏锐的感受,常常让人感到既亲切,又新鲜。

忠实始终是以文学创作的方式来研探社会生活的,因而,他既关注创作本身的发展变化,注意吸收中外有益的文学素养;更关注时代的生活与情绪的嬗替演变,努力捕捉深蕴其中的内在韵律。这种双重的追求,使他创作上的每一个进步,都在内容与形式上达到了较好的和谐与统一。比如,1984年他尝试用人物性格结构作品,写出了中篇小说《梆子老太》,而这篇作品同时在他的创作上实现了深层次地探测民族心理结构的追求。而由此,他进而把人物命运作为作品结构的主线,在1986年又写出了中篇力作《蓝袍先生》,揭示了因病态的社会生活对正常人心性的肆意扭曲,使得社会生活恢复了常态之后,人的心性仍难以走出萎缩的病态。读了这篇作品,我被主人公徐慎行活了六十年只幸福了二十天的巨大人生反差所震撼,曾撰写了《人性的压抑与人性的解放》一文予以评论。我认为,这篇作品在陈忠实的小说创作中具有很重要的意义,它标志着在艺术的洞察力和文化的批判力上,作家都在向更加深化和强化的层次过渡。

1988年间,我因事去西安出差,忠实从郊区的家里赶到我下榻的陕西作协招待所,我们几乎长聊了一个通宵。那一个晚上,都是他在说,说他正在写作中的长篇小说《白鹿原》。我很为他抑制不住的创作热情所感染、所激奋,但却对作品能达到怎样的水准心存疑惑,因为这毕竟是他的第一部长篇。

1991年初,陈忠实要在陕西人民出版社出一本中篇小说集,要我为他作序。我在题为《新层次上的新收获》的序文里,论及了《地窖》等新作的新进取,提及了《蓝袍先生》的转折性意义,并对忠实正在写作中的《白鹿原》表达了热切的期望。忠实给我回信说:

> 依您对《蓝袍先生》以及《地窖》的评说,我有一种预感,我正在吭哧的长篇可能会使您有话说的,因为在我看来,正在吭哧的长篇对生活的揭示、对人的关注以及对生活历史的体察,远非《蓝袍》等作品所能比拟;可以说是我对历史、现实、人的一个总的理解。自以为比《蓝袍

先生》要深刻，也要冷峻一步……

我相信忠实的自我感觉，但还是想象不来他正在写作的《白鹿原》会是一个什么样子。1992年初，陕西的评论家李星看了《白鹿原》的完成稿，告诉我《白鹿原》绝对不同凡响，一定会超出所有人的想象。后来参与编发《白鹿原》的人民文学出版社的高贤均又说，《白鹿原》真是难得的杰作。这些说法，既使人兴奋，又使人迷惑，难道陈忠实真的会一鸣惊人吗？

《白鹿原》的稿子交与人民文学出版社并确定出版之后，忠实一直想知道出版社的具体安排。我因住在人民文学出版社对面的社科院宿舍，便替他去社里打听情况。1992年5月11日，我在了解了人民文学出版社拟在年底分两期在《当代》连载，尔后随即出书的大致安排后（最终的情况是《当代》于1992年第6期、1993年第1期连载，1993年6月出书），给忠实去信说了情况，忠实于6月6日回信，既稍感安慰，又不无忐忑：

> 您信告的人文社大致的安排意见，即《当代》四、五期连载，社里同时出书，正月发行。这当然令人振奋了，肯定是最理想的安排了。不过，这个安排意见，他们至今没有告诉我。但愿你打听到的这个安排意见不要节外生枝。
>
> 我有一个预感，你会喜欢这部书的，似乎这话我在某一次信件中给你说过。原因是你喜欢《蓝袍先生》。这部书稿仍是循着《蓝》的思路下延的，不过社会背景和人物都拓宽了，放开手写了。另外，你是关中人，我是下劲力图写出这块地域的人的各个风貌的，你肯定不会陌生，当会有同感。当然，除却友情，让你以评论家眼光审视时，那就是另外一回事了，我准备接受你的审视。
>
> 无论如何，你的热心热情已经使我感动了。我知道你多年来都在关注我的行程，从最初的评论短篇的文章，到不久前作序，我也知道你更关注都是手中的这个“货”，究竟是个啥货？你像我的几个为数不多的好朋友一样，为我鼓着暗劲，我期盼不要使好朋友太失望。

《白鹿原》交稿之后，出书很快确定了下来，但在《当代》杂志怎样连载，连载前要不要修改等，一时定不下来，忠实又托我便中了解一下情况。经了解，知道是在《当代》1992年第6期和1993年第1期连载，主要是酌删有关性描写的文字。在我给忠实去信的同时，人民文学出版社也给陈忠实电告了如上的安排，忠实来信说：

> 我与您同感。这样做已经很够朋友了。因为主要是删节，可以决

> 定我不去北京，由他们捉刀下手，肯定比我更利索些。出书也有定着，高贤均已着责编开始发稿前的技术处理工作，计划到八月中旬发稿，明年三四月出书，一本不分上下，这样大约就有600多页……
>
> 原以为我还得再修饰一次，一直有这个精神准备，不料已不需要了，反倒觉得自己太轻松了。我想在家重顺一遍，防止可能的重要疏漏，然后信告他们。我免了旅途之苦，两全其美。情况大致如此。

后来，人民文学出版社当代一室的主任高贤均给我讲了他们去西安向陈忠实组稿的经过，那委实也是个颇有意味的精彩故事。1992年3月底，他们到西安后听说陈忠实刚完成了一部长篇，便登门组稿，陈忠实不无忐忑地把刚完成《白鹿原》的全稿交给了他们，同时给每人送了一本他的中短篇小说集。他们在离开西安去往成都的火车上翻阅了陈忠实的集子，也许是两位高手编辑期待过高的原因，他们感到陈忠实已发表的中短篇小说在看取生活和表现手法上，都还比较一般，缺少那种豁人耳目的特色，因此，对刚刚拿到手的《白鹿原》在心里颇犯嘀咕。到了成都之后，有了一些空闲，说索性看看《白鹿原》吧，结果一开读便割舍不下，两人把出差要办的事一再紧缩，轮换着在住处研读起了《白鹿原》。回到北京之后，高贤均立即给陈忠实去信，激情难抑地谈了自己的阅读观感：

> 我们在成都待了十来天，昨天晚上刚回到北京。在成都开始拜读大作，只是由于活动太多，直到昨天在火车上才读完。感觉非常好，这是我几年来读过的最好的一部长篇。犹如《太阳照在桑乾河上》一样，它完全是从生活出发，但比《桑乾河》更丰富，更博大，更生动，其总体思想艺术价值不弱于《古船》，某些方面甚至比《古船》更高。《白鹿原》将给那些相信只要有思想和想象力便能创作的作家们上了一堂很好的写作课，衷心祝贺您成功！

1993年初，终于在《当代》一、二期上一睹《白鹿原》的庐山真面目。说实话，尽管已经有了那么多的心理铺垫，我还是被《白鹿原》的博大精深所震惊。一是它以家族为切入点对民族近代以来的演进历程作了既有广度又有深度的多重透视，史志意蕴之丰湛、之厚重令人惊异；二是它在历时性的事件结构中，以人物的性格化与叙述的故事化形成雅俗并具的艺术个性，史诗风格之浓郁、之独到令人惊异。我感到，《白鹿原》不仅把陈忠实的个人创作提到了一个面目全新的艺术高度，而且把现实主义的小说创作本身推进到了一个时代的高度。基于这样的感受，我撰写了《史志意蕴、史诗风格——评陈忠实的〈白鹿原〉》的论文。①

在《白鹿原》正式出书之后的盛夏七月，陕西作家协会和人民文学出版社共同在文采阁举行了《白鹿原》讨论会。与会的六十多位老、中、青评论家，竞相发言，热烈讨论，盛赞《白鹿原》在内蕴与人物、结构与语言等方面的特点与成就，发言争先恐后，其情其景都十分感人。原定开半天的讨论会，一直开到下午五点仍散不了场。大家显然不仅为陈忠实获取如此重大的收获而高兴，也为文坛涌现出无愧于时代的重要作品而高兴。也是在那个会上，有人提出，"史诗"的提法已接近于泛滥，评《白鹿原》不必再用。我不同意这一说法，便比喻说，原来老说"狼"来了"狼"来了，结果到跟前仔细一看，不过是只"狗"；这回"狼"真的来了，不说"狼"来了，怎么行？

读者是最公正的检验，时间是最权威的裁判。《白鹿原》从发表和出版之后，一直长销不衰，而且被改编为多种方式广泛流传。1994 年 12 月，《白鹿原》获人民文学出版社第二届"人民文学奖"（1986—1994 年）。1997 年 12 月，《白鹿原》荣获第四届"茅盾文学奖"。2009 年 4 月和 7 月，为庆祝中华人民共和国成立六十周年，作家出版社启动"共和国作家文库"大型文学工程，人民文学出版社隆重推出"人民文学出版社 · 新中国 60 年长篇小说典藏"，《白鹿原》先后入选"文库"和"典藏"。2009 年 6 月，《白鹿原》被全文收入上海文艺出版社出版的《中国新文学大系》第五辑（1976—2000）。据知，仅人民文学出版社出版的七个版本的《白鹿原》，累计印数已逾一百五十万册。而在小说之外，《白鹿原》先后被改编为连环画、秦腔、话剧、舞剧和电影等形式。

还有一些与《白鹿原》有关的往事，想起来也颇为有趣。由这些事既可见出忠实为文之认真执着、为人之质朴诚恳，也可看到有关《白鹿原》引起的反响与释发的余韵。

一次是我曾陪同陈忠实去领过一次稿费。那应是 1994 年的 5 月的某天，忠实到京后来电话说，人民文学出版社发了《白鹿原》的第一笔稿费，是一张支票，有八万之多，要去朝内大街的农业银行领取。他说他这一生没有一次拿过这么多钱，地方也不熟，心里很不踏实，让我陪他走一趟。我们相约在人民文学出版社门口见面后，一同去往朝阳门附近的农业银行，那时还没有百元大钞，取出的钱都是十元一捆，一个军挎几乎要装满了。我一路小心地陪他到沙滩那里他下榻的宾馆，才最终离开。

---

① 《当代作家评论》1993 年第 4 期。

《白鹿原》发表之后，因为创作中内含了多种突破，一时间很有争议。而这个时候，正赶上中国作协进行第四届茅盾文学奖的评选。《白鹿原》是这一时期绝对绕不过去的作品，但评委们的意见分歧较大，在评委会上一直争议不休，一时间相持不下，形成僵局。时任评委会主任的陈涌，偏偏喜欢《白鹿原》，认为这部厚重的作品正是人们所一直期盼的，文坛求之不得的，于是抱病上会力陈己见，以两个"基本"的恳切看法（即政治倾向基本正确，情性描写基本得当），终于说服大部分评委，并做出修订后获奖的重要决定。忠实来京领奖之后，叫上我一起去看望陈涌先生。那天去到位于万寿路的陈涌家，陈涌先生很是兴奋，一见面就对忠实说，你的《白鹿原》真是了不起，是我们多年来所期盼的作品，堪称是中国的《静静的顿河》。并告诉我们，我找的保姆是陕西人，你们午饭别走，就一起吃陕西面。因为先生身体不好，不能太过打扰，我们聊了一会儿就找借口离开了。此后，忠实每次到京出差或办事，我们都会相约去看望陈涌先生。去年，陈涌先生因病去世，我电话上把陈涌先生去世的消息告诉忠实后，他半天沉默不语，感慨地说，老先生对我的首肯与支持，对我的创作所起的作用无与伦比。你一定代为转致哀思，向家属转致问候。在陈涌先生的追思会上，我替他转达了他的哀思之情与惋惜之意。

小说《白鹿原》发表之后，先后被改编为各种形式的作品。其中的一次约是在 2007 年间，受陈忠实之邀我与李建军一起在京观看了舞剧《白鹿原》。小说《白鹿原》原有的丰厚意蕴，在舞剧中被提炼为一个女人——小娥和三个男人的情感故事，由小娥的独舞和草帽舞等群舞构成的舞蹈场景，使剧作充满了观赏性，但总觉得那已和小说《白鹿原》没有太大的关系，已被演绎成了另外的一个故事。在观剧之后的简单座谈中，有人问我有何观感，我说作品从观赏的角度来看，确实撩人眼目，煞是好看，但基本的内容已与《白鹿原》关系不大。而宽厚的陈忠实则补充说：舞剧《白鹿原》毕竟是根据小说《白鹿原》改出来的，还是有所关联。

还有在电影《白鹿原》上演之前的 2011 年，陈忠实说电影已做好合成样片，要我找北京陕西籍的几位文艺界人士抽空先去看看。我约了何西来、周明、李炳银等在京陕西文人去了王全安的工作室，从晚间八点一直看到半夜十二点。影片中，迎风翻滚的麦浪，粗犷苍凉的老腔，使浓郁的陕西乡土气息扑面而来，张丰毅饰演的白嘉轩也称得上筋骨丰满，但在围绕着小娥的特写式叙述和以此为主干的故事走向中，电影在改编中有意无意地突出了小娥的形象，强化了小娥的分量，把小娥变成了事实上的主角，并对白嘉轩、鹿子霖等真正的主角构成了一定的遮蔽。观影之后，与陈忠实通话谈起电影，他问我看后的印象，我说电影改编超出了我的想象，总体上看是在向着小说原作逼近，但不知出于什么原因，使小娥的形象过于突出了，因而把情色的成分过于放大了。陈忠实听后稍稍沉思了一阵，随即表示说，你说的确有道理，我也有着同样的感觉。

这些年在小说写作上，陈忠实以短篇为主，没有再写长篇。我曾给他开玩笑说过的再弄一个《白鹿原》似的"枕头"的话，一直也没有兑现。但在心里，我却是由衷地纫佩他的，他没有借名获利，更不急功近利，他按照自己的节奏在行走，也是按照艺术的规律在行进。但他和他的《白鹿原》，却构成了一个戥子和一面镜子。这个戥子可以度量何为小说中的精品力作，这个镜子可以观照何为文学中的人文精神。

在文学评论界，人们很难对一部作品有共识性的肯定，但《白鹿原》却是一个例外，大多数人都给予较高的估价与高度的评价。我记得在2010年岁末，我替换超龄的张炯先生当了中国当代文学研究会会长不久，研究会举办了一次新老同志的新年聚会，与会的资深评论家陈骏涛询问我说，你现在是会长了，让你在当代长篇小说中挑一部作品，你挑哪部？我稍加思索回答说：我选《白鹿原》，这部作品在当代小说中的丰盈性、厚重性，乃至原创性、突破性，都无与伦比。我说完后，先是评论家何西来说：我同意。接着又有其他老评论家纷纷表示赞同。这种情形表明，对于《白鹿原》的评估，评论家们是有着相当的共识的。

忠实的有生之年，在七十四岁上戛然而止，这实在算不上是高寿。但这七十四年里，从他于1965年3月发表散文处女作《夜过流沙沟》起，他把整整五十多年的时间用于了文学理想的追逐，文学创作的追求，而且在不同的时期，都留下了有力攀登和奋勇向前的鲜明印迹，直至完成经典性小说作品《白鹿原》，为当代长篇小说创作矗立了一座时代的高峰。可以说，他把自己的一切，都毫无保留地投入给了文学，奉献给了社会，交付给了人民。他以"寻找属于自己的句子"的方式，看似是在为自己立言，实际上是以他的方式为人民代言。他是我们这个时代最具生活元气和时代豪气的伟大作家，真正做到了"无愧于时代，无愧于人民，无愧于历史"。

引人思忖的，还有陈忠实逝世引发的广泛的社会反响。从陈忠实逝世的4月29日到遗体告别的5月5日的一周间，笔者留意了悼念活动的相关资讯，赴西安参加了遗体告别活动，看到的、听到的和想到的，既是人们对一个杰出作家的感念与追怀，也是社会对文学的仰望与敬重。许多文学人怀念陈忠实，都谈到陈忠实的创作和作品对于他们的影响与启迪，而许多读者怀念陈忠实，都在于陈忠实的小说作品，尤其是《白鹿原》给予他们的感召与感动。在告别仪式现场，自发地赶来祭奠陈忠实的，既有儿女搀扶着老人前来的，也有大人携带孩子前来的，还有一些坐着轮椅、拄着拐杖的残疾人士，以及来自大学、中学和小学的在读学生。他们绝大多数都并不认识陈忠实，从未谋过面，但都从陈忠实的作品中获取教益，得到美育，他们要用再看最后一眼的方式，来向这个写作了有益于世道人心的好作家告别，借以表达他们的敬重之意，惋惜之情。

因为陈忠实的鼎力推荐和精心编词参与了话剧和电影《白鹿原》的演出，从而得以由濒临消亡的境况起死回生的陕西华阴老腔艺人，特别感念陈忠实的关照与提携，在得知陈忠实逝世之后，带着深深的悲悼与恋恋的不舍来到陕西作协大院，以高亢、悲凉的华阴老腔来祭奠陈忠实。年过半百的老艺人含泪吟唱，边唱边喊："先生，我们再给您唱一遍您最爱的老腔，您听到了吗？"其情其景，令前来悼念陈忠实先生的市民们热泪盈眶。

据陕西作协一个负责接待工作的同志介绍，在陕西作协院内设置的吊唁处，七天来吊唁的群众络绎不绝，据不完全统计，约有数千人从全省和全国各地赶来吊唁。这个数字再加上去往陈忠实家中吊唁的和参加遗体告别的，约有上万人参与了有关陈忠实的吊唁与悼念活动。

一位网友在《陈忠实逝世，严肃阅读不会消逝》一文中这样说道："陈忠实走了，我们为什么致以哀悼，不仅仅是《白鹿原》的成就，更在于他让我们知道，在这样浮躁的时代，严肃文学依然可以打动人心，经久不衰。只要有人在，世间就依然留存着真善美，对严肃文学的阅读就永不会消逝。"诚哉斯言，它所道出的是许多读者的共同心声。

陈忠实的因病去世，当然是文坛的一桩悲事。但在这件悲事之中和之后，却让人看到许多积极因素的蕴藏和温暖元素的释放，这应该看作是陈忠实以他的特别方式，再次给文坛提供的有益借鉴，而发现这些，珍重这些，则是对于本真为人、本色为文的陈忠实的最好祭奠。

由此我也想，历史是公正的，因为历史不会亏待不负于历史的作家，不会埋没不负于时代的作品。而陈忠实因为把一切都投进了《白鹿原》、系于了《白鹿原》，他其实是以艺术的方式、精神的形式，实现了不朽，与我们同在。

（原载《当代》2016 年第 4 期）

相关史料钩沉

主旨、主将与主脉

——从一组历史档案看中国文联成立

几年前，在中央党史研究室、中央档案馆编的《中共党史资料》总第84辑上，①看到其中所收入的“有关第一次全国文代会的一组档案”。读过这难得一见的有关文艺工作的党史文献之后，对第一次全国文代会筹备与全国文联成立的背景与原委，有了更多的了解和更深的理解。

今年，是我国建国和文联成立60周年的大庆的年份。在这样的一个重要时段里，重温这份“有关第一次全国文代会的一组档案”，并就其中涉及的一些人物、事件等相关内容进行一番梳理与解读，对于我们回顾中国文联成立的历史过程，回溯社会主义文艺的源起，当会有相当的认识作用与一定的纪念意义。

一　主旨

在1949年7月2—19日于北平召开的中华全国文学艺术工作者代表大会上，中华全国文学艺术界联合会（以后简称为中国文联）正式宣告成立。这使中国文联这一文艺团体的成立，既早于1949年9月21日召开的中国人民政治协商会议第一次会议，也先于在同年10月1日举行的开国大典。中华全国文学艺术工作者代表大会（以下简称“全国文代会”）的先行成立，不只是一个简单的时间提前量的问题，内里还有更为重要的政治情势之必需与政治协商之急需的问题。这由以下几件档案文献中，可以清楚地看出个中端倪。

① 中共党史出版社2002年12月版。

档案1　中共中央关于召开文协筹备会的通知①

(一九四九年二月十五日)

华北局周扬,并告各局:

全国文协理事会已有郭沫若、茅盾、叶圣陶、田汉、洪深、胡风等十余人到了解放区,曹禺、巴金等,亦正在约请中,现决定在新政协开会(五六月间)以前,召集他们与各解放区文协的联席会议,讨论:

(一)推举文艺界代表出席新政协。

(二)筹备新的全国文协大会,此项联席会议,须于四月召开,请周扬负责筹备,拟待郭、沈等至平后商定,由华北解放区文协与全国文协联名发起,并大致拟定参加此项会议的人数(不要多)及主要的人选,望各解放区文协准备届时派代表到北平参加会议,在尚未成立文协的解放区届时可采取某种会议的形式,产生代表。来时望将文艺运动总结及优良作品搜集带来。本此决定,望周扬提出执行计划电告。

中共中央

丑删

一九四九年二月十五日

从这份档案可以看出,中共中央根据时势的发展与需要,要求当时的全国文协与解放区文协(华北等五大解放区区文协),能在新政协开会之前举行联席会议,以推举出席新政协的文艺界代表,并筹备新的文协大会。

全国文协的全称应为"中华全国文艺界抗敌协会"。该协会于1938年3月于武汉成立,旨在联合全国各地的文艺界人士,以文艺的方式进行抗战的宣传、教育与动员。全国文协有四十五位理事,老舍为总务部主任。文协在重庆、桂林等省、市和延安、晋东南等地区建有分会,抗战胜利之后,全国文协转入反映、宣传和推动国统区文艺界反压迫、争民主的革命运动,并改名为"中华全国文艺界协会"。从文协的理事的分布情形看,解放区方面的文艺家只有丁玲等个别人,多数是国统区方面的革命文艺工作者与进步文艺人士,如郭沫若、茅盾、夏衍、胡风、田汉、老舍、巴金、郑振铎、朱自清等。

---

① 这里引述的所有电文均属于原件实录,时间的不同表示也依照原样。

“各解放区文协”是指华北、东北、西北、华东、华中五大解放区的文协。在当时情况下,“华北文协”因聚集的文艺家众多,离中央机关最近,实际上更为重要。晋察冀边区与晋冀鲁豫边区合并后,自身的文艺家增多,在1947年11月解放石家庄之后,各解放区和国统区的大批著名作家、艺术家又云集于冀察地区。周扬等延安文艺界的著名人士,先后从延安来到晋察冀边区,筹组华北联合大学和华北文艺工作团等。当时的周扬,先任华北联大副校长,随后担任华北中央局宣传部部长。1948年8月8日,晋察冀边区文联和晋冀鲁豫文联在石家庄联合召开文艺工作会议,决定两边区文联合并,成立华北文艺界协会。选出周扬、李伯钊、沙可夫、贺绿汀、马彦祥、周巍峙、丁里、赵树理、陈荒煤、成仿吾、萧三、光未然、王亚平、田间、蔡若虹、欧阳山、李焕之等二十一人为华北文协理事,马达、阿甲、胡蛮等七人为候补理事,理事会推选萧三为主任,李伯钊为副主任。

周扬在接到中共中央的电报后,先后就全国新文协筹备名单和华北文协筹委人选,两次致电中共中央及中共中央宣传部部长陆定一。

档案2　周扬关于全国新文协筹备名单致中央及陆定一

（一九四九年二月五日）

中央并定一同志:

关于成立全国新文协问题,我们初步意见,由华北文协即原中华全国文协在平理事,于日内举行联席会议,发起并产生筹备委员会,筹委名单如下:郭沫若、茅盾、田汉、洪深、曹靖华、许广平、周扬、萧三、沙可夫(丁玲、胡风、叶圣陶等如来平,可再加上),以茅为主任,周、沙为副,筹备工作计划,俟拟定后再告。对以上意见,请即示复。

周扬
寅微

档案4　周扬关于华北文协筹委人选问题致中央及陆定一电

（一九四九年三月九日）

中央并定一同志:

关于华北文协筹委人选问题,微电请示后又与郭、茅、田、洪等磋商,结果认为筹委人选中可减去许广平,增加徐悲鸿、贺绿汀、程砚秋、俞平伯、李广田等。如此共计十五人(郭、茅、田汉、洪深、曹靖华、胡风、李广田、徐悲鸿、程砚秋、俞平伯、周扬、萧三、沙可夫、丁玲、贺绿汀)，如郑振铎、叶圣陶、曹禺、巴金等来平时亦可加入，共十九人。此名单如中央同意，当即提交华北文协及中华全国文协在平理事联席会议上通过，正式成立。筹委会正副主任人选。为便于与他们交换意见，前电所提当否，请一并考虑示知。筹备于五一召开全国文艺界代表会议，争取于五四(今年恰好三十周年纪念)正式成立中华全国文学艺术工作者协会并选出出席新政协代表、文艺界代表。会议产生办法初步拟定，除以华北、东北、西北、中原五大区文协理事及原中华全国文协及其香港、上海、北平分会理事为当然代表外，各地区文协按会员十人推选一代表出席会议，此外得由筹委会斟酌情形，邀请各地区以外或非文协会员的知名文艺工作者作为代表各地代表，于四月二十日前到达北平，在此代表会议上准备将文艺座谈会以来解放区文艺作初步检阅，并适当地介绍蒋管区进步文艺，讨论并确定今后全国文艺工作与任务，具体工作如下：

(一)专题报告写出草稿并经各局阅。

(二)解放区文艺丛书出版。

(三)戏剧、音乐、电影表演以华北、东北为主，并希望西北、华东、中原各派一剧团或文工团来参加表演。

(四)美术展览。

(五)蒋管区进步文学、戏剧、电影、音乐、美术作品介绍，除请郭、茅、田、洪等计划组织外，并请中央电告香港、上海送材料来。

(六)组织评奖委员会，评奖作品。以上各点准备于筹委会议上讨论决定。是否妥当，请速告。郭、茅、田、洪等对于此事均表示热心积极。

周扬

寅佳

一九四九年三月九日

中共中央在3月9日、3月15日两次致电周扬，就全国新文协筹委会名单、正副主任等事项给予指示。

档案3 中央关于全国新文协筹委会问题致周扬电

(一九四九年三月九日)

周扬：

寅佳电悉。文协筹委会名单及主任、副主任人选，望于罗迈到后与罗迈及党外人士从长计议，再行商定，务使各方均感满意，以利团结。商定后望再电告我们。

中央

寅佳

档案5 中央关于文协筹委会名单等致周扬电

周扬：

（三月九日）寅佳电悉

（一）文协筹委会十九人名单同意。但其中无电影及新派画家代表。请考虑增加袁牧之、叶浅予、赵树理、古元等二十四人。

（二）正副主任，以郭、茅、周三人担任为宜。

（三）会期同意。

（四）代表产生办法，按会员十人选一代表则人数太多，不如仅以五大区及中华全国文协及三个市分会的理事为代表，容易召集。此外再酌情邀请。

（五）全国文协及其分会只包括作家，不包括戏剧、电影、音乐、美术人员，故亦须邀请他们。

（六）同意六项具体工作。但此次评奖，只包括文学作品，其他艺术部门，须声明尚未做好准备工作，暂不评奖。再则，评奖的文学作品，应不仅包括解放区的，并且包括蒋管区的在内。

（七）与文艺界人物来往，要采取坦白诚恳态度，如正副主任委员人选问题，必须与他们交换意见。其他各项亦然。在开会之前，要多花时间与各方做最后协商，商妥后再开会通过。

中央

寅铣

一九四九年三月十五日

在中共中央与周扬电报联系的过程中，北京市军管会、市委、市政府与华北人民政府先后进驻北平办公。在3月13日结束中共七届二中全会之后，毛泽东、刘少奇、周恩来、朱德等领导人及中共中央、中央军委机关由河北平山西柏坡移至北平。二、三月间，大批文艺工作者也从华北、东北、中原等地，纷纷进入北平。

3月22日，华北文化艺术工作委员会和华北文协及中华全国文艺协会在北平的总会理事、监事举行联席会议，招待当时到达北平的文艺工作者。会上，由郭沫若出面提议，召开全国文学艺术工作者大会以成立新的全国性文学艺术界的组织。郭沫若的提议受到与会者的广泛赞同并协商推荐筹委会。郭沫若、茅盾、周扬、叶圣陶、郑振铎、田汉、曹靖华、欧阳予倩、柳亚子、俞平伯、徐悲鸿、丁玲、柯仲平、沙可夫、萧三、洪深、阳翰笙、冯乃超、阿英、吕骥、李伯钊、欧阳山、艾青、曹禺、马思聪、史东山、胡风、贺绿汀、程砚秋、叶浅予、赵树理、袁牧之、古元、于伶、马彦祥、刘白羽、荒煤、盛家伦、宋之的、夏衍、张庚、何其芳等四十二人被推选为筹备委员。3月24日，筹备委员会正式宣告成立，同时举行第一次会议。这次会议上，郭沫若、茅盾、周扬、叶圣陶、沙可夫、艾青、李广田当选为筹委会常务委员，郭沫若任筹委会主任，茅盾、周扬任副主任，沙可夫任秘书长。全国文联成立之后，立即选出出席全国政协会议的代表，全国文联并成为全国政协会议的发起单位之一。

为了结束旧文协，迎接新文协，也是在同年的3月22日，在北平的全国文协总会理事与监事郭沫若、马叙伦、柳亚子、田汉、茅盾、郑振铎、曹禺、叶圣陶、周建人、洪深、许广平、葛一虹、张西曼、戈宝权等十九人开会议决，原在上海的全国文协总会，即日起移至北平办公，并会同华北文协筹备全国文学艺术工作者代表大会，以便产生新的全国性的文艺界组织。

从中共中央对全国新文协筹组的要求与指示，以及特别指明"望于罗迈到后与罗迈及党外人士从长计议，再行商定"来看（罗迈即李维汉，时任中共中央统战部部长），筹组全国新文协有两个重要的主旨。一是文协作为贤达众多、追求进步的和影响广泛的社会团体，其组织与代表可作为依靠与倚重的政治力量参与政治协商的大举与建国议政的大计，并以此促动民族团结与民主建设的大业。从当时尚未完全解放和还有残敌的情势来看，统战工作已上升为当时最大的政治。而在统战政治替代军事政治的这一过渡时期中，聚集、借重和发挥包括了各类知名文艺家的全国文协的这股力量，是必要的，也是重要的。还有就是，新的文协在新的历史条件下的筹组，必须具有切实的权威性、广泛的代表性，以使这一全新的文艺团体，跨越历史上形成的"山头"，消弭长期分离造成的隔膜，达到举国上下真正的团结。这样两个主旨，既是党和政府建政与建国的需要，也是新的文艺界建制与建业的自身需要。从这个意义上说，这样的主旨，也是在具体的历史境况之下，政治与文艺的双向需要与共同选择。

此后在50年代初期发生的取消与虚化文联的想法引起毛泽东的关注与反对，也从另一角度佐证了党和政府对中国文联的非文艺的社会政治功能的看重。1952年初，文艺界要筹备召开第二次文代会。毛泽东对这次会议很重视，责成时任中共中央宣传部副部长的胡乔木主持筹备工作。但胡乔木主张学习苏联的文艺制度，取消文联。将当时的文学工作者协会、戏剧工作者协会……改成各行各业的专门家协会，他主张作家协会会员要重新登记，长期不写东西挂名者不予登记。胡乔木在与林默涵、张光年、袁水拍等人商议之后，去向毛泽东做汇报时，毛泽东对取消文联非常不满，严厉地批评了胡乔木，说："有一个文联，一年一度让那些年纪大有贡献的文艺家们坐在主席台上，享受一点儿荣誉，碍你什么事了？文联虚就虚嘛！"据说，在听取第二次文代会筹备情况汇报时，毛泽东又说：文联这个"官僚"好，这个"婆婆"我很喜欢。他还说：文联，文联，就是要"联"嘛！上联、下联、左联、右联、内联、外联。他认为取消文联，不利于团结各类文艺家。这样一来，筹备第二次文代会的工作便改由原已到湖南参加土改的周扬回来主持。① 正是在1953年9月23日到10月6日的第二次全国文代会上，中华全国文学艺术界联合会更名为中国文学艺术界联合会，并选出了新的领导机构。期间，全国文协召开第二次会员代表大会，正式更名为中国作家协会，并从中国文联分离出来，成为与之并行的全国性文艺团体。由于党中央、毛泽东对于文联与作协的职能与工作的高度重视，各省、市、自治区及市、地一级，都很快相继成立了文联与作协，这一体制化的文联组织与文艺建构一直延续到现在。

二　主将

将要在政治协商、和平建国和建国后的社会生活中发挥重要作用的新文协，选择什么样的领导者来领衔组织和主持其事，是十分重要的。中共中央对此高度重视，慎之又慎。其实，这样的领导者在当时已呼之欲出，而他们具有这样的一个地位，也是历史地形成的。

在"档案1　中共中央关于召开文协筹备会的通知"中，中共中央在如下的电文中，就暗含了关于文协未来领导者的考虑："筹备新的全国文协大会，此项联席会议，须于四月召开，请周扬负责筹备，拟待郭、沈等至平后商

① 张光年《回忆周扬》，《忆周扬》第8—9页，内蒙古人民出版社1998年版。

定。”在“档案5　中央关于文协筹委会名单等致周扬电”中，更是明确地指出：“正副主任，以郭、茅、周三人担任为宜。”

无论是从党长期领导文艺工作的角度看，还是从文艺界党内同志的地位与影响来看，周扬都是承担重托、负责筹组新文协和主持成立之后的新文协的不二人选。

周扬于1932年在上海加入中国左翼作家联盟，随即便担任了“左联”常委，1933年任“左联”党团书记，1935年又任上海中央局文委书记、文化总同盟书记，为“左联”时期党的最为主要的领导者。1937年，周扬由上海到延安，先后任陕甘宁边区教育厅长、边区文化界救亡协会主任。1938年4月，与毛泽东、周恩来、林伯渠、徐特立、成仿吾、艾思奇等发起成立鲁迅艺术学院，1939年11月任鲁迅艺术学院副院长、院长，延安大学副校长。1940年中央文化工作委员会成立之后，他一直担任主任一职。延安时期，他参与了延安文艺座谈会的组织与宣传，主编了《马克思主义与文艺》一书。这样的一个非凡经历与高端地位，使他不仅是延安文艺运动的主要组织者，而且是党在解放区文艺领域里的首要领导人。他在解放战争时期先到北平，参加了一段时间的北平军调部中共代表机构的工作后，到达晋察冀边区，先后任晋察冀中央局宣传部部长、华北局宣传部部长。这时的华北在晋察冀与晋冀鲁豫合并之后，已是全国最大的解放区，聚集了原有两个边区、平津地区和来自延安的众多文艺工作者。掌管华北大区的文艺与文化的全局工作，已使他处于党在文艺界的实际领导人的地位。选择他做文协筹备会的负责人与执行者，实属日下无双，自然而然。

郭沫若从“五四”前后起，就以诗集《女神》、小说集《漂流三部曲》、剧作《王昭君》《屈原》《蔡文姬》、史论《十批判书》《李白与杜甫》《中国古代社会研究》《甲骨文字研究》、自传《革命春秋》等多种重要著述，在诗歌、戏剧、翻译、古文字、考古等多个方面作出了重要而独特的贡献，奠定了自己在文学、史学等领域里的较高地位。他还是介入较早、职位较高的革命活动家。从北伐时期出任国民革命军政治部副主任、代主任，到“八一”南昌起义出任总政治部主任，再到1938年出任国民政府中央文化工作委员会主任，他在许多时候都是当时政府体系里文化领域的首要领导人。他以这种合法的身份和有利的地位，从事着反封建、反专制和反独裁的革命文艺活动，实际上担当的是在解放区的环境里所不能完成的艰巨使命。作于1944年的学术著作《甲申三百年祭》，曾被中共中央指定为整风学习文件。1948年末，为出席新政协会议，郭沫若由香港转赴东北解放区。由东北到北平后，他在受命参与筹组新文协的同时，还在1949年率领中国代表团出席世界拥护和平布拉格大会，实现了建国前的首次外交任务。所有这一切，都使郭沫若在文艺、文化领域的代表性、在政治领域的影响力，都罕有他人能与之相匹。因而，中央在“档案5　中央关于文协筹委会名单等致周扬电”中提出：“正副主任，以郭、茅、周三人担任为宜。”直接点将，让他领衔新文协，既为势所必需，也属实至名归。

茅盾是一个有着多重身份的文艺家、革命家。在政治活动方面，他在1921年初就参加了上海共产主义小组，是创党时期的少数几个共产党员之一（1927年失掉组织联系，1981年中共中央恢复其中国共产党党籍，从1921年起计算党龄）。1922年后，曾以《小说月报》编务为掩护，从事党中央联络员工作。国共合作期间，曾出任国民党中央宣传部秘书、武汉中央军事政治学校教官及《民国日报》主编、“左联”执行书记等；1936年2月，当获悉红军长征胜利到达陕北的消息后，鲁迅与茅盾发出致中共中央贺电：“在你们身上，寄托着人类和中国的将来。”同年10月，茅盾和许多文艺工作者发表了《文艺界同人为团结御侮与言论自由宣言》，号召建立文艺界的抗日民族统一战线。抗战时期，辗转于香港、广州、新疆、延安、桂林、重庆等地，以多种方式从事救亡与统战工作。与此同时，他在文艺创作、文艺评论、文艺编辑等方面，多点开花，硕果累累，尤以长篇小说《子夜》和《蚀》三部曲蜚声文坛内外。其间，他主编《小说月报》、创建“文学研究会”、出任新疆文化协会会长，在内地与香港参办文艺杂志、报纸副刊等，是一系列革命文艺活动的组织者与领导人。1948年5月，茅盾等发表《致国内文化界同人书》，与香港各界爱国人士联名响应中共中央“五一”号召，吁请海内外同胞团结起来，促成新政治协商会议早日召开。同年底，茅盾离开香港，经大连、沈阳，于1949年2月到北平。这样一些辉煌的文艺实绩与不凡的革命经历，使他既标志了那个时代的小说创作的艺术高峰，又成了革命文艺活动贯穿始终和不可或缺的领军人物。

从当初选择“郭、茅、周”的意图来看，背后可能还含有在当时的具体历史条件下，郭沫若因更具有越区跨界的广泛代表性，可在名义上总领全局，茅盾可作为蒋管区进步文艺力量的总代表，周扬可作为解放区革命文艺部分的总代表，实际上执行与主持新文协工作的内在考量。事实上，在新的文联成立之后及正式建国之后的很长时期里，“郭、茅、周”基本上都是以一种“铁三角”的形式，长期坐居着当代文坛的领袖地位。郭沫若以全国政协副主席、中央人民政府委员、政务院副总理兼文化教育委员会主任的身份，领衔中国文联主席；茅盾以中央人民政府委员、文化教育委员会副主任、文化部部长的身份，兼任中国文联副主席、全国文协（后改为中国作协）主席；而周扬虽以文化部副部长身份兼任中国文联副主席，但居于指导地位的中共中央宣传部副部长、文化部党组书记的两个重要党内职务，使他实际上成为党在文艺、文化领域的真正掌门人。

在筹组文代会和成立文联的过程中，陈去“郭、茅、周”三位核心领导人之外，许多来自解放区与蒋管区的文艺界著名人士，都参与了当时的筹组事项与日后的领导工作，他们共同构成了一个群星璀璨、相互辉映的中国文艺当代时期的主将群体。这些各个文艺门类的代表性人物，由此开启了他们个人介入当代文艺的新异历程，也共同拉开了整个新中国文艺事业蓬勃兴起的序幕。

“档案4　周扬关于华北文协筹委人选问题致中央及陆定一电”中，周扬向中央汇报拟议中的华北文协筹委人选（实为全国文协筹委人选）时，提到了郭、茅、周等十九人，中央回电在表示同意的同时，提出“其中无电影及新派画家代表。请考虑增加袁牧之、叶浅予、赵树理、古元等二十四人”。最后产生的筹委人数是四十二位，不仅比原先的人数几乎翻了一番，而且更具有多方面的代表性。这种在筹委人选上的多方考虑与细心选取，可谓全面而周严。事实上，这样的一个筹委阵容，确实体现出了更为广泛的代表性，以及整体上的权威性。

筹委会中的这些人士，在随后成立的全国文联和各协会中，都出任了主要领导的角色，并在各自的文艺领域和文艺组织工作中做出了重要的建树。如除“郭、茅、周”之外，丁玲、曹禺、沙可夫、赵树理、袁牧之、田汉、夏衍、萧三、欧阳予倩、阳翰笙、柯仲平、郑振铎、马思聪、李伯钊、洪深、徐悲鸿、刘芝明、张致祥任全国文联常委；阳翰笙任文联党组书记，沙可夫任秘书长；丁玲、柯仲平任全国文协（后改为中国作协）副主席，刘白羽任作协党组副书记；田汉任中国剧协主席，张庚、于伶任副主席；阳翰笙任中国影协主席，袁牧之任副主席；吕骥任中国音协主席，马思聪、贺绿汀任副主席；徐悲鸿任中国美协主席，叶浅予任副主席；欧阳予倩任中国戏曲改进会主任，赵树理任中国曲艺改进会副主任等。这些文艺家的名字和他们所掌管的文艺团体，长时间内是相互联系在一起的。

三　主脉

在筹备文代会与筹组新文协的过程中，中央要求筹委人选的组成，要“务使各方均感满意，以利团结”。但由于当时尚未全土解放和交通阻隔的外部原因，以及以周扬等解放区文艺家具体负责筹组工作的内部原因，第一次文代会的代表与首届全国文联的组成，实际上更多地倚重和突出了解放区的文艺家们。而在大会拟议确定的文艺方向、工作任务上，也延续并放大了解放区文艺运动的经验、立场与观点。第一次文代会与首届全国文联呈现出的这种队伍结构与文艺方向，实际上也以一种主脉的方式，形成了新中国文艺事业与工作的主流，并深刻影响了此后数十年的文艺发展进程。

在“档案七　有关第一次全国文代会的一组档案·文艺代表大会党组给中央的报告”的第二部分，关于文代会的代表，做了如下说明性的汇报：

> 大会决定于本月三十日举行。当然代表及邀请代表共678人，解放区399人，占58.85%。国统区279人，占41.15%。
>
> 解放区代表中，野战军仅占80%。如加上各地方军区，当不止此数。原因是(一)野战军正在行动，不易派代表来。(二)一、二、三野战军派了剧团来，剧团中代表较少，拟从剧团中再选一些代表，以增加部队代表的比重。其次，各解放区代表比例，以平津最多，共167人，占41.86%。其次东北75人，占18.79%。华东39人，占9.78%。华北37人，占9.27%。华中最少，共11人，占2.76%。
>
> 就业务分类统计：文学最多，258人，占38.06%。其次戏剧254人，占37.76%。美术87人，占12.82%。音乐74人，占10.92%。舞蹈3人，占0.45%。这是按解放区、国统区统一计算的。如果就解放区计算，则戏剧代表数为第一。
>
> 现已抵平代表共415人，尚有263人未到。估计可到五百至五百五十人。

从最终报道和实际参会的情形看，第一次文代会的代表总数为824人。平津代表团最为庞大，以到达北平的解放区代表为主的平津一团135人，以原平津地区文艺家为主的平津二团55人，合计190人。由平津一团、华北、西北、东北、华东、华中及部队代表团构成的解放区代表文艺代表，总计为499人，为第一次文代会代表的大多数。以原国统区文艺代表为主的平津二团、南方一团、南方二团，合计为325人，明显属于少数。

从大会代表的业务构成的比例来看，戏剧界代表人数排第一，占39.81%；文学界代表次之，为36.89%。随后依次是美术界代表，占12.86%；音乐界代表，占9.95%；群众文艺界代表，占0.49%。戏剧界代表的人数众多，阵容强大，也是那个特定时期，戏剧在社会生活中发挥着重要作用的一个反映①。

如果说第一次文代会开得早，是要在全国政协召开之前，形成整体性力量参政议政的话，那么第一次文代会开得好，就在于它实现了解放区与国统区两路文艺大军的大会师与大会合，并在此基础上，确定新的文艺方向与文艺任务，也即在组织架构与文艺思想上，形成并建构新中国文艺发展的主体力量与主流导向。

在"档案七　有关第一次全国文代会的一组档案·文艺代表大会党组给中央的报告"的第三部分，就文代会的方针与方向，做了如下陈述：

> 大会方针问题。一致同意此次大会应是一个团结大会，在反帝、反封建、反官僚资产阶级的共同原则下，团结一切爱国的民主的文艺工作者，在无产阶级思想领导即毛泽东文艺方向的领导下，容许小资产阶级、资产阶级的思想及各种不同的艺术倾向。
>
> 大会必须着重宣传毛主席文艺方向，要通过各种条例进行宣传。同时，根据目前革命形势与革命任务的需要，提出当前文艺工作的任务，主要是创作任务。对解放区文艺工作者长期地普遍地存在的工作条件、物质待遇、政治地位等问题，适当予以解决。

正式召开的全国文学艺术工作者代表大会，对拟议中的方针、方向与任务等，都一一做了具体的落实。大会收到了党中央发来的贺电，朱德代表党中央致贺词，周恩来向大会作政治报告。会议期间，毛泽东到会向大会代表讲话致意，说："今天我来欢迎你们。你们开这样的大会是很好的大会，是革命需要的大会，是全国人民所希望的大会，因为你们是人民的文学家、人民的艺术家，或者是人民的文学艺术工作者的组织者。"②在听取了郭沫若的《为建设新中国的人民文艺而奋斗——在中华全国文学艺术工作者代表大会上的总报告》、茅盾的《在反动派压迫下斗争和发展的革命文艺——十

---

① 见中华全国文学艺术工作者代表大会宣传处编《中华全国文学艺术工作者代表大会纪念文集》，新华书店1950年3月版。

② 《毛泽东文艺论集》第131页。

年来国统区革命文艺运动报告提纲》、周扬的《新的人民的文艺——在全国文学艺术工作者代表大会上关于解放区文艺运动的报告》之后，大会作出了“决议”：“一致认为，在毛泽东主席的文艺方针之下，中国文学艺术工作者今后努力的方向与任务，是完全正确的。”“一致同意，并接受作为我们今后工作的指针，决议最大的努力来贯彻执行。”关于新的文艺方针与方向，周扬在《新的人民的文艺——在全国文学艺术工作者代表大会上关于解放区文艺运动的报告》中，做了以下的诠释：毛泽东《在延安文艺座谈会上的讲话》提出的文艺为人民服务首先是为工农兵服务的方向，也就是“新中国的文艺的方向”，“解放区文艺工作者自觉地坚决地实践了这个方向，并以自己的全部经验证明了这个方向的全面正确”，并且“深信除此之外，再没有第二个方向了”。①

以《在延安文艺座谈会上的讲话》的精神为指针，以延安革命文艺的实践为经验，这在当时不仅合规合辙，而且合情合理。因为以“讲话”为代表的毛泽东文艺思想，既立足于文艺与政治的关系，也立足于文艺与生活、文艺与人民的关系，既是全新的文艺思想体系，也是马克思主义理论与中国实践相结合而形成的毛泽东思想的构成部分。延安和其他地区的革命文艺实践也证明，它确实是在民族斗争与阶级斗争激烈存在的时代，创造新的人民文艺和辅助革命斗争的行之有效的正确指针。但在时代与社会都发生了巨大变化之后，这一指导思想的某些局限性开始显现，对于它的理解与执行也出现了不少偏差与失误，由于过度强调“政治”不断走向了左倾，由于过于看重“斗争”造成了许多的坎坷，这应是另外一个话题，这当然也是沉痛的历史教训。

第一次文代会取得了重大的成果，也表现出了某些问题与不足。这些也都延续到了此后的文艺发展之中，并造成了相当深远的影响。其一，在面对已经变化和还要变化的新社会现实，未对文艺的指导方针与组织领导做出适时的和必要的调整，基本上只是肯定和照搬解放区文艺工作的方针政策和具体做法，国统区进步文艺工作经验的总结没有得到重视，仅仅被摆在了陪衬的位置。其二，因为重解放区文艺、轻国统区文艺，视解放区文艺为正统，非解放区尤其是国统区的文艺工作者，有被另眼相看的感觉，甚至很长一个时期都被当成了同路人，这在一定程度上阻遏了他们在新的文艺活

① 见中华全国文学艺术工作者代表大会宣传处编《中华全国文学艺术工作者代表大会纪念文集》，新华书店 1950 年 3 月版。

动中发挥自己的长处与作用，也在实际上影响了革命文艺队伍内部的精诚团结，造成了一些不应有的和难以消弭的嫌隙。

第一次文代会上发生的两件事情，便在一定程度上显露出了这些问题的端倪。

一个是在周扬作报告时，大会主席宣布“平津第二代表团，南方第一、二代表团提议‘十几年来解放区的文艺工作者，以艰苦战斗创造了新的人民文艺的模范，对于我们刚刚从国统区解放出来的文艺工作者起了带路作用，在这一个伟大会合的学习过程中，我们向他们致无限的热烈的敬意！’”然而，在这种国统区代表向解放区代表特别表达敬意之中，又含有某种不平等意味，一些非解放区的文艺代表明显地感到了低人一等，因而表现得非常低调和格外谦恭。在有关7月23日“中国文学工作者协会成立大会揭幕”会上的“自由发言”的报道中，吴组缃说：“在国统区的时候，我们觉得自己很进步，解放后才觉得自己不知道落后到哪里去了……希望老解放区的朋友们，带着我们，鞭策我们前进。”杨振声发表感想是：“自己没有资格参加大会，更没有资格讲话，我是来学习的……解放后，才看见了解放区的作品，觉得中国重生了，自己也重生了……”靳以说：“我是先沉默，再学习。”巴金在文代会所作发言的题目，索性就是《我是来学习的》。

还有就是3月26日赶到北平的胡风，踌躇满志地来参与“新文协”的筹建工作，但发现自己并不受重视，被放置在了决策圈之外。他只是南方代表第一团的一名团员，虽然进入大会主席团，但并非常务成员。十分不快的胡风，只好对文代会的工作采取不合作的态度。他是“章程起草及重要文件起草委员会”委员，分工与茅盾共同负责起草国统区文艺运动报告。当他看到国统区报告草稿中有批评自己的文字后，更是表示了强烈的不满，从此拒绝参与文件的修改定稿工作。这种情况，使得茅盾在做完报告的最后，不得不增加一个“附言”，特别说明“胡风先生坚辞，皆未参加”。失意至极的胡风，自然对这次文代会评价甚低，他说：“在文代会期间和以后，一般都是不满意的。情形很混乱。这不满意当然有各种各样的动机，但我却遭受到了一种比那以前更严重的情况。”后来，胡风在他的“三十万言书”中谈及文代会上自己的处境时这样写道：“在李家庄，周总理嘱我到北平后和周扬、丁玲同志研究一下组织新文协的问题；但旧文协由上海移北平的决定恰恰是我到北平的前一天公布的，到北平后没有任何同志和我谈过处理旧文协和组织新文协的问题，我是十年来在旧文协里面以左翼作家身份负责实际工作责任的人，又是刚刚从上海来，却不但不告诉我这个决定的意义，而且也不向我了解一下情况，甚至连运用我是旧文协负责人之一的名义去结束旧文协的便利都不要。这使我不能不注意这做法可能是说明了文艺上负责同志们对我没有信任。”胡风由此结下的心结难以解开，使他日后不计后果地愤然上疏“三十万言书”，便成了一种必然。

第一次全国文代会的召开与全国文联的成立，都已经过去了整整六十年，但回顾这些史实，钩沉这些史料，一切都还那么清晰，那么温热，让人感觉到它并没有远去。事实上，第一次文代会的召开与全国文联的成立，构成了中国当代社会主义文学的源头，而它的经验、它的教训，也以各种方式继续发酵，延宕影响，而且这种影响已深深沉浸于当代文学的血脉与肌体，成为当代文学六十年不可分离的一个部分。从这个意义上说，重温这份“有关第一次全国文代会的一组档案”，也不无其现实性的意义。

（原载《北京文学》2009年第9期）

一部小说的噩运及其他

——《刘志丹》从小说到大案的相关谜题

作为陕北人民的革命领袖、陕甘革命根据地的主要创始人、西北红军的主要领导人，刘志丹在1936年4月的东征战斗中不幸牺牲之后，中共中央和陕甘宁边区政府为永久纪念刘志丹，决定将保安县改名为志丹县。在刘志丹陵园落成时，毛泽东作了“群众领袖，民族英雄”的题词，周恩来作了“上下五千年，英雄千千万，人民的英雄，要数刘志丹”的题词，朱德作了“红军模范”的题词。刘志丹闹革命的故事，数十年来一直以故事、传说和信天游的方式，在陕甘和陕北大地到处传扬，成为红色文化的重要遗产。刘志丹的指挥才能与军事实绩，在80年代到90年代中央军委研究确定的三十六位军事家中占据其一，也得到了应有的权威性确认①。

但是，这一切既是确定的，似乎又不太确定；既无可非议，似乎又总有争议。这一切的发生，都根源于一部小说。那就是李建彤写作了传记小说《刘志丹》一书，此书又被一位高级干部举报，此事恰好又被长于整人的康生借机利用，毛泽东为此说过“利用小说反党，是一大发明”，由此酿成“彭（德怀）、高（岗）、习（仲勋）反党集团”，又演化为“习（仲勋）、贾（拓夫）、刘（景范）反党集团”、“习（仲勋）、马（文瑞）、刘（景范）反党集团”，株连了数万人为之蒙受冤屈和长期挨整。粉碎“四人帮”之后的1979年8月，中共中央批转了《中共中央组织部关于小说〈刘志丹〉案件的复查意见》，指出“小说《刘志丹》案是一起大错案”，认定“《刘志丹》是一部较好的文艺作品，不是反党小说”。由此，小说《刘志丹》得以正式平反，作者李建彤于

---

① 1989年11月29日，新华社公布了中央军委确定的中国人民解放军33位军事家：毛泽东、刘伯承、粟裕、林彪、徐向前、叶挺、周恩来、曾中生、彭德怀、朱德、左权、段德昌、叶剑英、许继慎、罗荣桓、聂荣臻、贺龙、陈毅、陈赓、李先念、邓小平、徐海东、黄克诚、蔡申熙、彭雪枫、罗炳辉、萧劲光、张云逸、罗瑞卿、王树声、许光达、杨尚昆、谭政。1994年中央军委又确定增补黄公略、方志敏、刘志丹3人为军事家，共计36人。

1979 年在工人出版社正式出版了《刘志丹》第一卷，1983 年作者又将原有的一卷加以修改、续写成三卷，于 1984 年、1985 年由文化艺术出版社先后出版。作者李建彤逝世后，三卷本的《刘志丹》经女儿刘米拉校正之后，又于 2009 年在江西教育出版社出版。《刘志丹》的三次出版，因为不同意见者的强力反弹，都有一些曲折与波澜。可以说，围绕着小说《刘志丹》的争议与较量，从来就没有停歇过。

《刘志丹》由一部小说到一桩大案，一直烽鼓不息，争议绵延不断，是因为涉及了与刘志丹关联密切的陕甘与陕北党史，而"党的历史向来有一个'西北问题'"（陈晋语）。这个党的历史中的"西北问题"，因涉及陕甘与陕北、刘志丹与谢子长、阎红彦与高岗、"肃反"的遗留问题等诸多历史旧账，一直是党中央不断出面予以解决，却怎么也解决不完的"老大难"问题。在一定的意义上，小说《刘志丹》不仅是一根导火索，而且也是一面反光镜，反照出了复杂的西北党史与军史，也映射出了置身其中的人们不同的立场、各自的党性，乃至多棱的人性。正是基于这样一个认知，我在多次阅读小说《刘志丹》的同时，也搜集和阅读了与此有关的党史资料、人物传记及相关资讯，形成了一些自己的观感与认识，试图对围绕《刘志丹》小说发生的一切，做一次认真的探析与可能的解读。

一　从传记小说的角度看

《刘志丹》这部作品从组稿到完成，有一个从革命回忆录到传记作品，再到长篇小说的演化过程。据时任工人出版社文艺编辑室副主任的何家栋回忆："1953 年前后，当时的工人出版社文艺组，提出了一系列革命回忆录选题，《刘志丹》即为其中的一部。这个系列选题中还有《赵一曼》《杨靖宇》《方志敏》等等。""但是《刘志丹》列入选题，一直没有找到作者。1957 年，看到地质部副部长刘景范①给《星火燎原》写的文章，李建彤②也和别人合作写了一本小书《刘志丹在桥山》。他们是刘志丹的亲属，有许多便利条件，就想请他们写书。但这时我已被定为右派，正在写检讨，就由王勉思去向李建彤约稿。王勉思是文艺组编辑，大家称她'政委'。李建彤说她写不了，王勉思说可以合作。最初就由王勉思陪李建彤采访，直到李建彤写出初

① 刘志丹胞弟，陕甘边革命根据地创始人之一。

② 刘景范之妻，时任中国地质科学院党委副书记。

稿，社里才决定派我去定稿。王勉思把我的情况向李建彤做了介绍，她答应了。”①

李建彤在 1979 年版的《刘志丹》（第一卷）前言中也说道：“《刘志丹》小说究竟是怎样写出来的呢？1956 年以前，工人出版社的选题计划中就列有《刘志丹》这个选题。他们有个任务，就是出版烈士传记和革命回忆录，对工人进行革命传统教育。他们偶然碰到了我，就约我写，我没敢答应。虽然在延安时就听人讲过刘志丹同志的英雄事迹，也积累过一些材料，但是在 1956 年，我还没有决心去写，题目太大，思想、艺术上都没有准备，怕拿不下来。特别是同刘志丹相连着的，是一段极其复杂的斗争历史，即令是写小说，也离不开那些事件。回避了那些事件，就不是刘志丹了。后来，在工人出版社的同志们的鼓励下，我才答应了。”“写这样一本书，也不那么容易。它不是一个小故事，它是和我们党的历史相连着的轰轰烈烈的革命斗争，仅仅做准备，就花了一两年时间。开始，出版社的一个女同志和我一块跑，找线索，查资料。后来我又跑到陕西采访，直到 1958 年才动笔，同年冬天写出初稿。1959 年春，写出第二稿，全是真人真事，人物太多，使人眼花缭乱。夏天，就和工人出版社的同志共同研究，改成了小说，这就是第二稿。”之后，“第三稿被习仲勋同志否定后，我又跑到陕西采访，补充不足、不透的地方，1961 年春写出第四稿。看了书样，我觉得粗糙，马上又改，1962 年春写出第五稿，又印出书样征求意见”。在一些报刊发表之前，“又已改好第六稿”。然而，正是这个第五稿送给“某省一个大干部”②后，引发出了后来的一系列问题。

由相关当事人相继表明的以上情形可以看出，《刘志丹》一书是由起初选题策划时的革命回忆录，在写作之后改为传记作品，到第三稿后改为了传记小说。在 1984 年版《刘志丹》（第一卷）“前言”中，作者更为明确地说明道：“第一，这本书是刘志丹一生的经历，不是写党史”；“第二，这本书是传记小说”。传记小说与人物传记是有区别的，后者必须是真人实事，来不得半点儿虚构与假想，而前者则要求大处有依据，小处合情理，可以在真实性的基础之上，做某些串结、连缀、综合与取舍，以突出主要形象，增强人物的生动性与感染力。《刘志丹》既然是依照传记小说的样式来写作和出版的，

① 《从吴运铎到〈刘志丹〉》，引自邢小群《往事回声——中国著名知识分子访谈录》第 98 页，香港时代国际出版有限公司 2005 年版。

② 即为时任云南省委书记的阎红彦。

就理当以传记小说的尺度来看待它和评说它。那么,从传记小说的角度看,《刘志丹》取得了怎样的成果,又是否达到作者原有的写作追求呢?

在仔细阅读了先后出版的多个版本的《刘志丹》之后,我认为,它取得的成果是显而易见的,而且也较好地实现了作者"为那个时代留下较多的真实记录","为后人留下值得汲取的经验教训"的写作意图。这可以从以下三个方面具体来看。

第一,作品以大量生动而具体的细节描写,表现了刘志丹的成长过程与革命历程,以及他坚强的意志与杰出的军事才能。《刘志丹》的第一卷,从刘志丹的少年时代依次写到他的求学与励志,领导学运与入学黄埔,一直到渭华起义失败后回到陕北与陕甘,由兵运、兵变开始组建工农游击队,并在遭遇失败后认真总结应有的经验与教训。如果说第一卷主要以细腻的笔墨,主写刘志丹如何成长为一个清醒而坚定的革命家的话,那么,第二卷、第三卷则主要以如椽大笔,书写刘志丹如何在一次次非难中挨整,又在一次次挫折中奋起,与他的战友们不断地从毛泽东的农运理论和朱毛红军的基本经验中汲取思想营养与前进动力,在陕甘交界的稍山地带开辟出相对稳定的革命根据地,在与外在的强敌土顽、内在的"左倾"错误领导的双向斗争中,不断发展壮大。这些描写,虽然纷繁复杂,却也并不重复,并且由此自然而然地托出刘志丹内在地把握着历史的趋势、历史也选择了刘志丹的基本趋向。

第二,作品以依托于史实的丰繁而曲折的情节,描写了陕甘革命根据地建立的艰难过程,以及刘志丹在其中所起的主导性作用。陕甘革命根据地由谢子长、刘志丹在 1930 年从事兵运起始,经历了三个发展阶段,即 1932 年底以甘肃正宁寺村塬为活动中心,1933 年初至 10 月以陕西耀县照金为活动中心,1933 年 11 月至 1935 年 2 月以甘肃庆阳南梁为活动中心。根据地活动中心的转移,既与敌我斗争的进退有关,也与党内斗争的得失有关。《刘志丹》以忠实于历史的人和事,如实反映了陕甘根据地的建立与转移的大致过程与基本脉络,尤其对李可夫、杜康、张金等"左倾"分子对于根据地和红军从内部加以损耗和破坏的具体过程与剧烈程度,描写得最为深切细致。从某种意义上说,《刘志丹》在这一方面的描写,甚至是以党内、军内斗争的经常性与惨烈性为主的,而且写出了这一地区革命根据地建设的特殊性与艰巨性。而正是由于把这一点写深、写透,也写活了,才更显示出刘志丹与他的战友们坚持正确路线的艰难困苦与难能可贵。正是刘志丹的这种超常的坚韧,这种顽强的坚持,才使陕甘革命根据地和西北红军有了自己的主心骨与向心力，虽然不断转移落脚点，不断遭受挫折与损失，却能依然得以生存和发展，“在全国成为王明‘左’倾机会主义路线失败后硕果仅存的一块根据地”。

第三，作品以很多小穿插、小情趣、小人物的营造与布排，构成了总体上的一种丰富性，使作品具有一定的艺术感染力。作为传记小说，需要用一定的文学性元素来丰润作品的主要人物与滋润作品的主干故事，比如小故事、小情节、小情趣等等。作者在《刘志丹》一书的写作中，既注重总体布局，也注意具体描写，一些细部描写的技巧也运用得比较帖当。比如，作品里写到刘志丹与宜如、罗武两位好友在永宁山上智救阎小盛，就颇带一种武侠小说的笔法，读来如传奇故事。还如作品里的冯蕙琼这个人物，既是青年学生积极投身革命的一种表现，又让她以女性的贤良、柔美及与王兆平的缠绵恋情，给作品添加了一抹温馨而浪漫的色彩。还有作品里的李可夫这个人物，也是以先极端左倾，后又幡然悔悟的变化，成为作品里一个颇有特点和意义的角色。已经觉悟了的他，既映衬着杜康等人坚持左倾错误的固执与可恶，又反证着刘志丹等人坚持正确路线的难能与可贵，事实上成了一面擦掉蒙尘又映照正误的小镜子。

作品的语言文字，晓畅而简洁，质朴又雅致，无论叙述与描写，还是对话与议论，都力求明快，毫不拖泥带水；其中较难把握的观点争论、会议讨论等，也是感性与理性相伴随，生动的比喻与粗粝的实话相杂糅，既不显得枯燥无味，也紧贴着人物的身份与历史的实际。

以上这些都向人们表明，即使是从传记小说角度来看，李建彤最终完成的《刘志丹》一书，也基本实现了作者原来的写作意图，是一部较有文学性与感染力的传记小说力作。

二　也从党史的角度来看

《刘志丹》是一部传记小说，并非人物传记，更非党史著作。那些只从党史的角度对这部作品一味提出质疑的，要么是违背文学规律的额外苛求，要么是怀有政治性意图的影射批评。但《刘志丹》涉及刘志丹及相关的人和事，毕竟也与西北党史有所关联。那么，从党史的角度来看这部小说，又会有什么发现呢？我的看法是，《刘志丹》在描写刘志丹的经历与他的亲密战友的部分，基本符合实有的历史事实，没有什么大的疏漏，而描写刘志丹的党内对立面的部分，在基本符合事实的同时，确有作者的某些艺术加工。

与实有的陕甘与陕北党史相比较,《刘志丹》里写到的一些人物,有的是以某一人为主要原型的文学塑造,有的则是以多人为底色的形象综合,很难一对一地去对号入座。比如,有人说罗炎就是高岗,其实罗炎这个人物从杜康主持改编陕甘游击队为红二十六军第二团时出任团长等情节看,很有一些王世泰经历的影子,而那个生活作风较为随意的陈宏,反倒许多作为更像当时的高岗其人。作品中的形象与实有的人物相似度比较高的,主要是杜康——杜衡,方自强——谢子长,戴鸿远——阎红彦,申超人——郭洪涛,曾光——朱理治等。在这些人物形象的把握上,作者在不走大样的前提之下,也在一些细节上有自己的些许加工,这些处理使得本有分歧的历史矛盾,就有了被重新提出和再度燃起的可能。

书中的杜康所指涉的杜衡,在陕甘根据地的建设初期,从内部起了极大的破坏性作用,但这个人物后来又叛变革命,完全走向了革命的反面,因而在作品里怎么描写,也不会引起歧义。问题主要在于方自强——谢子长和戴鸿远——阎红彦,这两个人物在西北党史中的地位举足轻重,而小说中对某些分歧的毫不回避,又使这一分歧以小说的方式进一步放大了。

年长刘志丹六岁的谢子长,一直被刘志丹尊为老大哥式的老战友。两人从渭华起义开始,在陕甘兵运、西北闹红等革命活动中,经常合作,互为搭档,在陕甘、陕北与西北根据地的开拓,红军部队的组建中,都居于主导的地位,堪为双星式的革命领袖。但由于此后两人所属的党的组织隶属于不同的系统①,也由于谢子长的为人持重、谨慎,刘志丹处事的通达、灵活,在一些问题上也有一定的分歧。其中影响最大的,是“三嘉塬事件”。此事发生于以晋西游击队为基础的陕北游击队到达南梁之后。这支游击队经由陕北到达南梁,与南梁游击队合编为西北反帝同盟军,谢子长以北方局代表的身份担任总指挥,刘志丹为副总指挥,一支队以陕北游击队为主,队长为来自晋西的师储杰,二支队以南梁游击队为主,队长由刘志丹兼任。1932 年 2 月 6 日,“西北反帝同盟军在正宁三嘉塬整顿期间,几位主要领导人在对反帝同盟军如何整顿、苏区在哪里开辟和‘官兵月薪一律 10 元’等问题的意见分歧的情况下,发生了一支队收缴二支队枪支并打死干部战士五名的事件,同时也震动了一支队内部,第三天晚上师储杰带领旧部出走,投奔国民党第十七路军杨虎城部”②。关于这一事件,事实上已有过结论性的说法。

① 谢子长与陕北根据地属于北方局领导,刘志丹与陕甘根据地属于陕西省委领导。

② 《陕甘边革命根据地》第 726 页,中共党史出版社 1997 年版。

1986年5月21日中共中央办公厅批转冯文彬、宋时轮同志《关于西北红军历史问题座谈会的报告》中指出："队伍成分不纯，作风、纪律不好，按照党的建军原则进行整顿是必要的。但是，在一般情况下，采取一部分缴另一部分枪的办法，特别是在谢、刘两位主要领导人没有取得一致意见的情况下，采取缴枪的办法，甚至还打死了人，不论是谁的决定，都是不对的，更不能说是完全正确的。好在这支队伍中许多同志以大局为重，始终坚持革命，为西北革命和红军的发展，做出了重要的贡献，刘志丹是其中的杰出代表。"发生这一事件后，刘志丹对谢子长一度不满，去往西安向省委汇报工作。2月12日，西北反帝同盟军改称为中国工农红军陕甘游击队，领导机构也重新做了改组，总指挥谢子长，政委李杰夫。1932年4月份，杜衡、黄子文从省委来到部队，批评游击队"游而不击"，是"稍山主义"，随即撤销了游击队总指挥部，也撤了谢子长的职务，将队伍分成三、五两个支队，分别由随同前来的刘志丹和阎红彦任支队长。这次事件是刘、谢之间分歧的一次公开表现。谢子长、阎红彦等认为，刘志丹的南梁游击队，有"游民武装"的"土匪"习气，并不经刘志丹的同意，便公开缴枪。① 这里透露出来的是，当时的谢子长既与刘志丹观点不同也对他不很信任。当然，以后经过阎家洼子联席会议和两个根据地的协同作战，两人商议两个根据地统一党的组织、统一军事指挥，并力荐刘志丹担任西北军事革命委员会主席②。这些已足以说明谢子长对刘志丹又有了重新的认识，已表现出对于刘志丹的高度信任。

《刘志丹》在表现这一段历史时，基本上遵循了真实事件的大致脉络，并综合了当事人的回忆与叙述，都没有溢出历史的事实，包括作品中的刘志丹后来回忆三嘉塬事件的说法。作品中的谢子长的代言形象方自强，其较为突出的表现，主要以十亩塬（即历史上的三嘉塬）缴枪和阎家洼子会议为主，而这两次事件都表现的是方自强既在观点上与刘志丹不和，又在气势上凌驾于刘志丹之上，没有具体地描写出刘、谢之间既有分歧又有信任、既有矛盾又有合作的别的事例，以及谢子长的丰富革命实绩，观感上既显得个性上不无偏执，整个人物形象也显得比较单薄。

---

① 《陕甘边革命根据地》第420页。

② 刘凤梅、王志厚的《谢子长》（中国青年出版社1994年版）有如下描写：刘志丹要谢子长担任军委主席，谢子长不肯接受，并告诉刘志丹说："我是北方局派来的军事特派员，我以西北军事特派员的名义，确定你当军委会的主席。"

如果说谢子长的形象——方自强在《刘志丹》里稍显薄弱的话①，那么，相比之下的阎红彦——戴鸿远，在《刘志丹》中则不仅比较丰满，而且相当正面，包括被拉拢时不动摇，关键时刻顶得上，受委屈时不气馁，既属于靠近刘志丹的基本骨干，也是陕甘红军部队的主要领导。这样的一个形象塑造，应该说是与阎红彦本人在陕甘根据地、西北红军中的实际地位基本相称的。

《刘志丹》里写到的曾光——朱理治、申超人——郭洪涛，在历史的真实性上，都多少带了些文学性的色彩。朱理治因为身任陕甘晋省委书记，在陕北、陕甘反"右倾"和大"肃反"中，是主要的领导者，但他在所有的相关责任人中，是对所犯错误和自己的责任认识得最为深刻的，他说道："我当时和刘志丹在路线上有很大的分歧，因此才有很多的斗争，……我们没有想到我们的路线有何错误，只想到有右派在那里搞鬼，所以就要来一个硬干。……'肃反'整个的过程是逼、供、信，主观主义达到了极点。"②用他上述这些自我批评的说法来比照《刘志丹》里的曾光的形象，应该说基本不走大样。

而西北党史上的郭洪涛，却要比作品里的申超人更为复杂。作品里的申超人，政治上极端左倾，而且带着浓重的个人主义与领袖欲望，拉大旗作虎皮，借着整人往上爬，无所不用其极。事实上，很早参加革命的郭洪涛，1934 年初刚从河北省委回到陕北特委，他并不很熟悉陕甘的情况，也并非一开始就想大力整治刘志丹等人，但他的颇具个人偏见的《红二十六军长期斗争的主要教训》一文，让北方局和中央代表团对刘志丹等人的所谓"右倾"造成了先入为主的印象，从而给刘志丹等人戴上了"右倾取消主义"的大帽子，并在出任陕甘晋省委副书记时，与朱理治等一起领导了错误又过火的"肃反"，致使所谓的"肃反"愈演愈烈。对此，他自己在多次的检查中，对主要方面的问题也供认不讳。③ 路线斗争层面的反"右倾"，与敌我斗争层次的肃清"反革命"并非一回事，但却有密切的关联。郭洪涛作为前一事件的诱发者、后一事件的领导者之一，确实难辞其咎。很有意味的是，从延安时期直到他逝世之前，他一方面多次做检查，一方面不断做申诉，致使中央从 40 年代到 80 年代以来，就此不断地开会予以解决。所谓纠缠不休又纠

① 在 1979 年版的《刘志丹》第一卷中，谢子长是以真名出现的，在 1984 年版改后的《刘志丹》第一卷中，真名的谢子长改为了化名的方自强。

② 朱理治：《我到陕北后的错误》，见《西北革命根据地》第 433 页，中共党史出版社 1998 年版。

③ 见《郭洪涛回忆录》第 83—90 页，中共党史出版社 2004 年版。

扯不清的“西北党史问题”，与此密切相关。

在我看来，历史问题要回到当时的历史环境，主要从当时的认识分歧及路线斗争的角度去认识过往的争论与事件，不要舍主求次地过多关注个人的品质，更不要把历史事件化为心结，越积越深。可惜，现在表现出来的，恰恰是后者更多，这正是许多问题纠扯不清的症结所在。

三　被判“反党小说”的理由均不成立

小说《刘志丹》在阎红彦向中央书记处一再反映意见之后，便被康生及时抓住并大加利用，罕有先例地在八届十中全会上印发小说《刘志丹》第一卷的样稿，大讲“我一看小说就知道完全是为高岗翻案”，并最终被定性为“反党小说”。

以康生为主要负责人的“习仲勋等同志反党活动的专案审查委员会”，按照三个步骤对《刘志丹》一书作者的写作背景、写作过程及相关关系人的情况等，进行了一系列扩大化的寻索与放大性审查，在先后于1963年和1966年所做的《对〈刘志丹〉一书的审查报告》中，挖空心思地找寻错误，罗织罪名，这些问题大致是：第一，“夸大和歪曲西北根据地的地位和作用，为高岗翻案”，“小说中的‘罗炎’就是高岗”；第二，“把毛泽东思想变成了刘志丹思想，吹捧刘志丹”；第三，书中的某个人就是习仲勋，“写得年轻能干，是为习仲勋篡党篡国制造政治资本”。只要认真阅读过作品、思维正常的人，都不会得出以上的惊人结论，甚至压根想象不到会有如此的解读，因为这些都是出于险恶的政治用心，属于典型的无中生有，恶意的穿凿附会。据当时供职于中宣部文艺处并一度参加过专案组的黎之（即李曙光）回忆，当时的所谓审查，包括了内查外调，一个重点是寻找“为高岗翻案的例证”，“另一个重点是《刘志丹》同习仲勋的关系”。“记得当时多次整理的材料都被他（康生）驳回，说是没有抓住要害。”①

《刘志丹》是传记小说，它只是以刘志丹为主角和代表，描写在他主导下的陕甘、陕北革命根据地及西北革命根据地创建的艰苦过程，以及由此体现出来的革命精神，它并非是一本中国的革命根据地全史或大传，既不是纵论所有革命根据地，更不是在比较描写中突出西北，何来“夸大”一说；更为奇怪的是，还有一个“歪曲”，这种把“夸大和歪曲”组合起来的说法就很令

---

① 《文坛风云录》第361页，河南人民出版社1998年版。

人费解，到底是“夸大”，还是“歪曲”，看来连审查者本人也并不清楚。至于说小说中的“罗炎”就是高岗，不说是有意栽赃，也是信口胡扯。这个人物明显是多人形象的综合，在小说中的地位并不重要。硬要把这个人物说成是高岗，只能说是没事找事，要给小说扣上“为高岗翻案”的罪名寻找一个莫须有的借口而已。

所谓“把毛泽东思想变成了刘志丹思想，吹捧刘志丹”的说法，也是借助一个吓人的说法，把小说的问题上纲到政治的层面上。事实上，小说中的描写恰恰与此结论相反，一再描写刘志丹如何向毛泽东学习，从而有了思想的依托和前进的方向。如渭华起义失败之后，回到陕北的刘志丹，就跟战友们说：“陕甘没有井冈山，但有大稍山，我们要照着毛泽东、朱德的样子去做，发动群众组织红军，武装割据。”“井冈山是咱们的希望，也是我们的榜样。”①在第二、第三卷中，都有很多刘志丹等人在困难和迷茫的时候，通过各种渠道从井冈山和毛泽东那里汲取经验的具体描写。这种学以致用的虚心“取经”，硬是被认定为自我“吹捧”，这种有意的误读与作品的实际实在是南辕北辙。再者说来，“毛泽东思想是马克思列宁主义在中国的运用和发展，是被实践证明了的关于中国革命的正确的理论原则和经验总结，是中国共产党集体智慧的结晶。我党许多卓越领导人对它的形成和发展都作出了重要贡献”。② 在这“许多卓越领导人”中，也理应包括因创建西北革命根据地和西北红军有功而被中央军委确定为军事家的刘志丹。退一步说，刘志丹和他的战友们在创建革命根据地和组建西北红军的几起几落中，学习毛泽东，借鉴井冈山，并在实践中获得启迪，总结出接近于毛泽东思想的自身经验，难道不应该，难道也有罪？至于所谓“吹捧刘志丹”的罪名，不仅毫无根据，而且毫无道理，刘志丹难道不该吹捧吗？李建彤在小说《刘志丹》中对于刘志丹的描写，超过了毛泽东“群众领袖，民族英雄”的题词吗？这一说法，只为了给《刘志丹》一书寻找罪名，完全忘记还有毛泽东等领袖的题词，更亵渎了革命先烈刘志丹的英名。

至于“书中的某个人就是习仲勋，写得年轻能干，是为习仲勋篡党夺权制造政治资本”，这也是一个虚假又可笑的罪名。书中的某个人，其实指的是书中曾任照金革命委员会主席的徐一知，这个人物除了习仲勋的经历，还糅有周冬至等人的事迹，而且在作品里的重要性尚不及李可夫、迪伯仁、王

① 《刘志丹》第一卷第 143 页，工人出版社 1979 年版。

② 《关于建国以来党的若干历史问题的决议》，《中共中央文件选编》第 167 页，中共中央党校出版社 1994 年版。

兆平等，与罗炎、马罗武、葛明山等属于次一级的主角人物群体，这与习仲勋在陕甘边根据地的实际地位并不相符。因为高岗的地位与职务的时起时伏，在照金和南梁，习仲勋都是以陕甘革命委员会主席、陕甘边苏维埃政府主席的身份主持政务，与主持军事工作的刘志丹长期搭档，亲密合作，是仅次于刘志丹的第二把手。如果硬要与党史相对照，徐一知这个形象与习仲勋的实际情况并不相应，可以说，写少了，也写低了。而即便如此低调地去写徐一知，“写得年轻能干”也是罪，这还叫实事求是吗？至于“是为习仲勋篡党夺权制造政治资本”，更是无稽之谈。且不说习仲勋一直是小说《刘志丹》写作的反对者，即便他同意写作，也扯不上“制造政治资本”。13 岁参加革命，20 岁当上陕甘特委军委书记，21 岁时担任陕甘边区革命委员会主席，32 岁时当西北局书记，34 岁上出任西北野战军副政委，解放后被毛泽东称为已“炉火纯青”的老资格的革命家，还需要通过别人的一部传记小说来为自己“制造政治资本”吗？所谓“篡党夺权”，也是用心险恶，毫不足信。1959 年 3 月的上海会议期间，当习仲勋知道自己要被提名为国务院副总理人选后，就立即给毛泽东和邓小平写信，诚恳地表示“我仍乐意在下届国务院谨守原来的工作岗位（指秘书长），多做些工作，做得更好些。这样，于工作无损，对自己可能更有好处。特恳请中央考虑，在新提的副总理名单中把我除名，另提别的同志为副总理”。① 硬要给如此低调并已位居国务院副总理兼秘书长的习仲勋，扣上“篡党夺权”的大帽子，这只能说是欲加之罪，何患无辞？

四　酿成大案的主因及习仲勋等人的被牵连

《刘志丹》从小说酿成大案，阎红彦一个劲地向上面反映的意见是导火索，康生的借文学题目作政治文章是炸药包，而使这两者连接起来并最终造成爆炸的，应该是处于当时特殊政治情势下的毛泽东本人。

对于毛泽东而言，于 1962 年 9 月召开的党的八届十中全会需要解决的问题，是把“以阶级斗争为纲”的理论思想变为全党的政治战略。正如《关于建国以来党的若干历史问题的决议》所指出的那样：毛泽东在这个会上，“把社会主义社会一定范围内存在的阶级斗争扩大化和绝对化，发展了他在 1957 年反右斗争后提出的无产阶级同资产阶级的矛盾仍然是我国社会

---

① 《习仲勋革命生涯》第 668 页，中共党史出版社、中国文史出版社 2002 年版。

的主要矛盾的观点”[①]。正是在这次全会上，毛泽东在讲阶级，讲矛盾，批评各种翻案风时，与会的康生精心准备了有关小说《刘志丹》的材料，递上了上文所述的那个“条子”。毛泽东念了这个条子，接着说：“凡要推翻一个政权，总要先造成舆论，总要先做意识形态方面的工作。革命的阶级是这样，反革命的阶级也是这样。”康生趁机在八届十中全会上提议：彭德怀、习仲勋等五个人不必再出席全会，国庆节也不上天安门。康生还建议中央成立专案组，审查小说《刘志丹》，审查习仲勋。毛泽东决定接受康生的建议，并决定成立由康生总负责的“清查习仲勋等同志反党活动委员会”，习仲勋、贾拓夫、刘景范、马文瑞等人被认定为小说《刘志丹》的幕后指使者与策划者，之后又牵连到更多的人，由此成为一桩当代罕见的文字冤案。

其实，习仲勋不仅与《刘志丹》的写作事先毫无瓜葛，而且知道李建彤在写《刘志丹》后，几次劝说李建彤“不要写刘志丹，免找麻烦”。之后，还请李建彤的丈夫刘景范对她进行劝说。在审看第三稿时，不仅“提了一些修改意见”，而且仍然“不同意出版”。后来，在刘景范、马锡五等陕甘老同志的劝说之下，由反对写作与出版变为不反对写作与出版，并几次提出“不要写高岗”[②]。如果要写，也要“通过刘志丹这个革命领袖，写西北革命，写整个一个时代，写毛泽东领导革命的正确思想，没有这些就是没有写好。要根据西北党史把陕甘苏区写成坚持正确路线的缩影，坚持毛泽东思想的缩影”。[③]

李建彤在1979年版《刘志丹》“前言”中说：“习（仲勋）在土地革命时期担任过陕甘苏维埃政府主席，是刘志丹的亲密战友，后来还担任过西北局书记，不送给他看，则是我的错误。”后来的事实证明，李建彤把小说样稿送给习仲勋看，才是更大的错误。虽然事情后来的发展为她所始料不及，但就是这个“送他看”，便使习仲勋难脱干系（当然，不看也显然难脱干系），甚至由此妄加揣测，肆意联想，作了这样荒诞之极的判断：“写《刘志丹》一书是习仲勋反党秘密集团蓄谋已久的，习仲勋是第一作者，刘景范是第二作者，执笔者是李建彤。”这样由“第一作者”到“反党集团首领”，就自然而然地挂上了钩，定准了位，习仲勋从此就在劫难逃了。在接受审查的数年内，习仲勋就被全面停职，之后又以“妥善安排”的处理，撤销了所有职务，于1965

---

① 《中共中央文件选编》第148页，中共中央党校出版社1994年版。

② 《怀念习仲勋》第447—448页，中央党史出版社2005年版。

③ 见黎之：《文坛风云录》第362页。

年下放到洛阳矿山机器厂当副厂长，“文革”期间又遭受关押、监护长达8年。习仲勋夫人齐心就此回忆说：“在仲勋受审查和受迫害的日子里，我和孩子们也受到了株连。‘文革’中我因没有和习仲勋划清界限，一直在受审查，被列入康生的500人黑名单。仅‘五七干校’劳动就有七年之久。三个大一点的孩子尚未成年就去兵团或插队，留在身边的小儿子远平在普及高中时，被剥夺了升学的权利，还是在老战友的帮助下才当上了车工学徒”。[①]一直到毛泽东于1974年12月21日作了“此案审查已久，不必再提了，建议宣布释放，免予追究”的批示之后，才解除监护，但所谓的“反党”问题，仍然没有结论，直到粉碎“四人帮”数年之后的1979年8月4日，中共中央批转中央组织部的内含为习仲勋平反内容的《关于为小说〈刘志丹〉平反的报告》之后，才洗刷了罪名。这些时间累加起来，一共是17年。一桩冤案持续了17年之久不能昭雪，一部小说祸及了老资格革命家的政治前途，这在副总理级别以上的国家领导人中绝无二例。

作为小说的作者和作者的丈夫，李建彤和刘景范自此完全改变了人生的轨迹。时任中国地质科学院党委副书记的李建彤，长期被停职审查，“文革”期间，多次被抄家和批斗，1968年1月后被关押。1970年春下放江西省峡江县“五七干校”劳改，1972年底，由于伤病严重，回北京治疗。“文革”结束后经多方努力终于平反，但已瘫痪在床，直到2005年去世。而时任地质部副部长的刘景范，被定为“反党集团”的三号头目，调至中央党校学习，实为闭门思过。“文革”中因痛斥康生，被打成“现行反革命”，被捕入狱，长达七年之久。直到1974年12月才重获自由，由于长期关押和折磨，身心俱损，于1990年不幸病逝。

《刘志丹》一案除了习仲勋、李建彤、刘景范受审查之外，先后被定为“反党集团”二号头目的贾拓夫、马文瑞也备受摧残。时任国家经委副主任的贾拓夫被撤职下放到抚顺发电厂任厂长，后又任石景山钢铁公司副经理，1967年5月被迫害致死。贾拓夫死后，又将曾接受李建彤采访的劳动部长马文瑞换来接替，马文瑞因此被关进监狱五年。在专案组进行审查的1962年到1965年间，大批西北五省的省级干部被调到北京接受审查，并被诬为反党分子。出版《刘志丹》一书的工人出版社社长、总编、编辑室主任、副主任、责任编辑等，无一幸免。社长高丽生、总编吕宁在审讯中被摧残致死，其他人都被戴上了右派分子的帽子。在审查与批斗时，全国总工会、地质部的

① 齐心：《我与仲勋风雨相伴55个春秋》，《习仲勋革命生涯》第660页。

领导人都被揪来陪斗。之前已被打成右派的责任编辑何家栋被停职检查，罪加一等，后来全家被下放到农村。另一位责任编辑王勉思和她的丈夫康濯也惨遭批斗。据何家栋回忆，他们所采访过的所有西北籍的领导人，都上了"反党集团"的黑名单。据李建彤在她的《反党小说〈刘志丹〉案实录》①中记述，受到牵连的西北籍或在西北工作过的老干部（包括已去世的）还包括白坚、马明方、潘自力、李志舟、高登榜、高锦纯、王兆相、王恩惠、王子宜、吴台亮、高朗亭、赵连璧、朱理治、张邦英、赵耀先、方仲如、秦川、杨明轩、马明方、张秀山、张鹏图、王世泰、裴周玉、张策、赵伯平、黄罗斌、吕剑人、孙作宾、黄子祥、刘威诚等一大批人，他们中不少人被迫害致死。受到株连的还有彭德怀、何长工、宋任穷、马纯古，张修竹、周扬、柯仲平、田野、张松涛、石鲁、秦川、苏一平、曹冠群、闻捷等人。更为不可思议的是，1962 年从西北五省调到中央党校学习的 20 多位省级干部也都因涉及"反党小说"而被定为"西北反党集团"成员：1962 年 1 月，中共中央召开七千人大会期间，作者李建彤的丈夫刘景范约了几个陕北老乡到家里吃了顿荞麦面条。不料也被当成了严重事件，来吃饭的人都被认作参与了写作《刘志丹》的阴谋活动。结果，吃了这顿荞麦面条的宁夏自治区副主席罗成德、青海省委副书记谭生彬、甘肃省副省长张鹏图、兰州市委书记王耀华、甘肃省酒泉地区专员毛应时等人均受到专案审查，并被打成"西北反党集团"成员。此案到"文革"开始后，追查和整肃进一步扩大，受株连者从高级干部到一般干部，从各级干部和平民百姓，以至那些彼此有联系但与小说毫不相干者，总计六万多人受到不同程度的打击与处理，很多人被迫害致死。此案牵涉之广，株连之多，比此前的胡风"反革命集团"案有过之而无不及。

五　阎红彦意见的表面与后面

作为陕北、陕甘革命根据地和西北红军的创建者之一，阎红彦是有资格对传记小说《刘志丹》发表他的个人意见与不同看法的。鉴于《刘志丹》以描写陕甘根据地并以刘志丹的业绩为主，对阎红彦更为敬重的谢子长的描写不无单薄又有些许偏颇，包括对他自己在小说中的形象代表也不足，阎红彦的不满乃至愤慨，是可以理解的。

阎红彦在李建彤于 1956 年采访他时，两人曾就有关问题发生过争论；

① 星克尔（香港）出版有限公司 2007 年版。

在李建彤完成《刘志丹》的写作并把小说稿送给阎红彦的第二天，“他还没有看，就给我（李建彤）写了一封信，认为书中有些历史，中央没有做结论，作者负不了责任，不同意发表”。作者没有理睬这些意见，阎红彦也没有轻易罢休。1962 年 8 月 17 日，阎红彦致信中央书记处候补书记兼中央办公厅主任杨尚昆，对小说《刘志丹》提出三点意见：“1. 它重新肯定了被高岗篡改的西北革命历史；2. 把西北革命领袖刘志丹拔高为全国的领袖；3. 随意贬低另一位西北革命领袖谢子长及其他老同志。”是年 8 月 24 日，又致信杨尚昆，要求中央书记处严肃处理《刘志丹》问题。在 8 月 26 日至 9 月 23 日在京召开的党的八届十中全会的预备会与正式会上，阎红彦又提出小说《刘志丹》的问题，并在发言中说：“如果只涉及我自己和在这个地区工作过的一些同志的个人问题，《刘志丹》这本书我也同意发表，问题在于，在对刘志丹本身的宣传上，它也是违反历史事实，违反历史观点的。”①更有甚者，也是在这次会议的西南组会上，阎红彦还特别说到，在当前国内外的气候下，各路人马都借机出动闹“翻案”，小说《刘志丹》是习仲勋同志“主持”写的，“是利用刘志丹来宣传高岗”。② 显而易见，阎红彦对于小说《刘志丹》的意见，是带有根本性的，是基于由来已久的历史积怨的，也是针对着习仲勋等与自己观点有所不同的西北老同志的。

在阎红彦的三条意见中，第一条是“它重新肯定了被高岗篡改的西北革命历史”，这一说法是大可商榷的。说“高岗篡改西北革命历史”，是一句十足的气话，高岗没有撰写过或主持编纂过总结西北革命历史的书籍，这里实际上指的是 1942 年 10 月至 1943 年 1 月间召开的西北局高干会议上，高岗代表西北局所作的《边区党的历史问题检讨》的报告。这次会议是在中央书记处的主导下召开的，高岗的报告综合了包括阎红彦在内的许多老同志的发言与意见，实际上是代表西北局和中央对边区历史问题做出正式结论，特别是对“左倾”错误给革命事业带来的危害进行总结，研究经验教训，解决过去的争论。1942 年 11 月 1 日，毛泽东在西北局高干会议上作《布尔什维克化十二条》报告，对会议所作的历史结论表示满意。毛在谈到党的历史问题时讲到两个重要问题：一、错误路线搞光了十分之九的苏区工作和十分之十的白区工作；二、西北的结论与全党的结论“是相同的性质”。③

曾任西北局常务委员兼组织部长的马文瑞在谈到西北局高干会议时说

---

① 见李原《阎红彦和小说〈刘志丹〉》，《时代潮》2003 年第 3 期。

② 陈晓农《陈伯达最后口述回忆》，阳光环球（香港）出版公司 2005 年版。

③ 《布尔什维克化十二条》，见“黄土情联谊网 · 历史文献”，http://www.htqly.org/。

道:"会议期间,党中央在充分听取讨论和掌握真实情况的基础上,做出了《关于1935年陕北(包括陕甘边和陕北)'肃反'问题的重新审查的决定》,对肃反问题做了正确的定性,解决了几年来边区党的历史问题的争论。会议最后,高岗所作的《边区党的历史问题检讨》的报告,是在会后,经胡乔木、贾拓夫同志加工整理,又经过一些同志反复讨论修改定下来的。今天来看,这个文件的基本精神还是正确的。因此,1942年西北高干会议基本上应该肯定。"①曾任西北局委员和陕甘宁边区政府秘书长的李维汉于1981年在西安同党史研究者谈话时,明确肯定了三点史实:"第一,一九四二年西北局高干会议的路线是正确的;第二,高岗在边区党委和西北局的工作是执行中央路线的;第三,土地革命时期陕北有两位人民领袖——刘志丹和谢子长。讲话记录送原陕北、陕甘几位负责同志看过,都表示同意。"②。在"七大"闭幕之后的1945年7月,有人对西北局高干会议有看法,西北局又根据中央的指示,召开了一次"西北党史座谈会"。"中央的一些领导同志参加了座谈会","西北很多同志在会上发言,再次对陕北的左倾错误进行批评。座谈会经过认真的讨论,再次澄清了西北党史上两条路线中的是非,维护了《党中央对陕北肃反问题重新审查的决定》。"③其实,阎红彦于1943年在中央党校参加整风学习时,在支部的发言和向学校领导反映意见时,也发表了否定"肃反"和肯定刘志丹的同样意思的意见,他说:"过去我们苏区肃反教训也不少。我们陕北苏区的肃反,连刘志丹这样一些同志都抓起来。如果不是党中央和毛主席长征到达陕北,不知会造成什么样的后果。"④这与高岗报告里关于肃反的结论,并没有什么不同。高岗后来发生了问题,但中央在当时处理他的问题时也是从1949年主政东北时说起,以1953年为主⑤,也没有追溯到延安时期。所谓"它重新肯定了被高岗篡改了的西北革命历史",只能说是阎红彦借高岗事件说事,把小说的问题政治化,把个人恩怨正当化的一个借口。

第二条意见"把西北革命领袖刘志丹拔高为全国的领袖",也是脱离小说实际的主观判断。小说《刘志丹》只是在陕甘、陕北的范围之内书写刘志丹,没有涉及其他革命根据地,更没有写刘志丹如何主导和影响全国各地的

---

① 《马文瑞回忆录》第132页,陕西人民出版社1998年版。
② 李维汉:《回忆与研究》(上)第373页,中共党史资料出版社1986年4月版
③ 张秀山:《我的八十五年——从西北到东北》,中共党史出版社2007年版。
④ 《阎红彦传略》第105页,四川人民出版社1987年版。
⑤ 引自《高岗传》第369页,陕西人民出版社2011年版。

根据地。“拔高为全国的领袖”一说，小说中没有依据，理由从何而来，让人不解。这一说法的背后，显然另有玄机。

第三条意见“随意贬低另一位西北革命领袖谢子长及其他老同志”，这一条可能是阎红彦真正想说的话。谢子长是与刘志丹齐名的西北革命领袖，但因谢子长比刘志丹早一年去世，其活动与影响，在陕北多于在陕甘，在以陕甘革命根据地的创建历史为表现对象的文学作品中，谢子长较之刘志丹的篇幅为小和分量较轻，应是符合历史、合乎情理的。就从陕甘根据地创建中的作用来看，刘志丹的作用也较谢子长更为重要。这一点，在谢子长逝世之后由毛泽东题写的碑文中，也有明确的界说：“‘九一八’事变后，（谢子长）于陕甘之间组织反帝同盟军，改为中国工农红军陕甘游击队，即是第二十六军之前身。1933 年赴察哈尔参加抗日同盟军，失败后，回陕北组织第二十七军，协同刘志丹、高岗诸同志，创建了陕甘宁边区。”小说《刘志丹》对方自强——谢子长这个人物形象的实际把握也确有不足和偏颇，但“随意贬低”的说法，也明显太过。至于“其他老同志”这种虚说，指的是一些什么人，很难猜度，这种把小说人物与党史人物完全对号入座的做法，也明显欠妥。

阎红彦在 1967 年的“文革”期间不幸去世，于今已有四十余年。很难猜想阎红彦看到因为他对小说《刘志丹》的政治性举报，使一部小说作品演化为一桩反党大案，并在审查期间和此后的“文革”中，致使数万人被批斗、被整死，有什么样的感想与感受，但可以肯定的是，他未必会像有些人这样以所谓坚持真理的方式来坚持错误，以所谓说明真相的姿态来混淆是非。

六　小说成大案的教训与感言

《刘志丹》从一部小说到一桩大案，起起伏伏，波澜不断，延宕至今已五十二年。小说《刘志丹》的成事又成案，涉及写作与批评、文学与政治等诸多问题。在我看来，有四个方面的问题与教训，较为重要，也很值得注意。

第一，涉及政治领域、党史领域的小说（包括传记小说）在写作与批评两方面，都需要注意其特殊性，并采取审慎、求实的态度。文学写作本无禁区，有关政治活动、革命斗争、党史人物等，可以作为研究的对象，也可以作为审美的对象，用文艺作品的形式加以反映。在这一方面，成功的例证已有不少，如小说《红岩》《红日》《保卫延安》等。但这些作品侧于英雄集体的群像塑造，偏于革命的武装斗争描写，属于正面歌颂式的文学写作。真正以党史中某些复杂事件,某个重要人物为主,用小说的方式加以成功表现的,委实并不多见。在这一方面,《刘志丹》的作者李建彤可谓"第一个吃螃蟹的人"。如果这一写作探索取得相对圆满的成功,那将会对党史人物的传记小说写作取得可资借鉴的重要经验,但因为特殊时代的特殊际遇,特殊人物的特殊反对,《刘志丹》因迅即进入政治的层面而遭到批评与批判,或又纠结于党史的层面争议不休,其文学上的成败与得失,就完全被忽略了,包括之后许多人都在谈论《刘志丹》一案,但是否真正了解作品本身,或读过全书再来说话,这显然都很令人怀疑。

客观地来看李建彤在《刘志丹》写作中的艺术表现,应该承认,她在她自己的原有的基础上已尽心尽力,竭其所能,这包括她的认真采访、研读党史、长期准备,包括她的语言功力、文学技艺、创作激情等,都有相当丰沛的积累与比较充分的酝酿,堪称稳扎稳打,有备而来。而且,从素材的选取与提炼、故事的构思与叙述、人物的糅合与塑造,以及以次要人物衬托主要人物、写典型环境里的典型人物等方面来看,作者都有很好的把握与运用,从而使作品颇具小说的模样,为传记小说中文学性较好的一种。但作者李建彤在构思和完成作品时,较多地关注了主要人物刘志丹本人,而对环绕着刘志丹的较为复杂的人际关系有些轻视,或者有些大意。习仲勋当初就一再劝她不要写,"因为事情太复杂"。"但我没有接受习仲勋、刘景范同志的意见,还是决定写了"。①《刘志丹》一书较多地写到了陕甘、陕北根据地错综复杂的路线斗争,就此她在"前言"里回答"为什么写路线斗争"的质疑时,曾理直气壮地回应道:"毛主席叫写路线斗争的。"这些说法虽然显得既有所本,又非常有力,但却并不能构成对于作者书写路线斗争的有力支持。因为这既在于作品具体怎么写,更在于就小说这种艺术形式而言,表现这种政治性极强的路线斗争实非所长,难免挂一漏万,有所偏差。正是在这样一个关节点上,作品被阎红彦看到了问题,抓住了把柄。从习仲勋等人的苦心相劝、李建彤的一再坚持来看,作者李建彤对《刘志丹》这部作品的写作既充满了自信,也对这部作品可能涉及和引发的问题无所顾忌。在这后一点上,不能不说是她因缺少应有的政治经验,对于涉及革命领袖更涉及复杂纠葛的作品内容,缺少缜密的考虑与必要的谨慎。

《刘志丹》这部作品的写作及其遭际,从另一方面告诉人们,文学作品与政治的关系既脱离不了,又难以把握;在涉及复杂的历史尤其是党史问题

---

① 李建彤《〈刘志丹〉第一卷·前言》,工人出版社 1979 年版。

时，更要以审慎的态度，从文学的角度去扬长避短，紧紧把握住审美这把尺子，避免进入政治性的旋涡。但问题的另一方面是，文学作品就是文学作品，即使是一部涉及党内斗争的作品，也不要把它看成是政治的“手雷”，夸大为“反党”的工具，进行政治批判。黎之的一番有感而发的议论，确实不无道理：“十一届三中全会之后，《刘志丹》一大案在邓小平的直接批示下彻底平反。小说《刘志丹》由文化艺术出版社出版，我至今未及细读，听说后来又停止发行了，详情我毫无所知。不过以我幼稚的想法，一本书只要不害国害民，还是让它发行，有什么不同意见展开争论，也许对历史、对文艺、对读者都会有些好处。”①

第二，在对不合己意的作品和有争议的现象发表意见时，一定要从作品全局出发，要实事求是，要留有余地，不要无限上纲，更不要意气用事。一部作品走上社会之后，读者见仁见智，都会自有看法。但围绕小说《刘志丹》发生的争论，一些意见和现象，却不能说都是正常的。

即以阎红彦的意见来看，他确有反映意见的权利，但他的意见与做法体现出来的一些观念，却又不无偏颇之处。比如他压根就没有把《刘志丹》当传记小说来看，直接就认为作者是通过对于路线斗争的描写，在政治上为悬而未决的历史问题做结论。这就把《刘志丹》看成了变相的党史总结与政治著作，为此他还对作品人物与党史人物做了详细的人物对照表。这种越过文学、直奔政治的看法与做法，只顾了表达自己最为直接的观感和由此生发的联想，压根就没有对这部具有小说化特征的作品给予适当的对待与应有的尊重。另外，阎红彦在作者李建彤采访他时对作者所说的：“你不要写刘志丹，不如写谢子长。”这随口而出的话里，不仅明显地强人所难，而且表现出一种宽容意识的严重缺失。李建彤要写刘志丹并已经在写《刘志丹》，你有什么权力不让人家去写刘志丹，反过来要人去改写谢子长？再说，李建彤可以去写刘志丹，别的人可以去写谢子长，这并不是一个非此即彼的关系，作为一个老革命，完全可以大度一些，宽容一些。但是很可惜，这些他都没有做到。

所以，小说争论的背后，是政治历史的分歧，政治历史分歧的背后，是人的不同意识与观念，乃至不健全的意识与观念的碰撞。这是问题的根本所在，也是最难解决的。

第三，对于党史中的历史旧账，相关当事人都需要一种超越意识、大局

---

① 黎之《文坛风云录》第365页。

观念，主要责任人更应有一种自省意识，担当精神，不要总是纠结于具体是非，斤斤计较于个人恩怨。

作为一个党史爱好者，我对有关西北革命根据地和西北红军的创建与发展历史尤感兴趣，在比照着研读了这些在同一事件上不尽相同甚至截然相反的说法时，历史上原有的分歧与后来累积的忧怨，以及不同的人由此表现出来的立场与姿态、视野与胸怀等，看起来十分的错综和缭乱，细究起来，个中的某些端倪却也清晰可见。

比如，"三嘉塬"事件，显然谢子长、阎红彦等人与刘志丹、刘景范、马锡五等人，在如何利用和改造草创初期的革命队伍上有不同看法，背后可能又联系着不尽相同的思想路线，也即所谓的"左"与"右"的问题。这样一个事件在此后的多次提起，以及阎红彦的固执己见，根子都在这里。但比较而言，也是事件见证人的王世泰，在《回忆我的红军生涯》中的相关看法，显然更为客观："从历史唯物主义的观点来判断是非，亦无须责怪某个组织和个人的，这是因为，一是我们党还不够成熟，左倾机会主义还占据主导地位，这是事件发生的主要原因；二是我们的同志特别是一些领导干部还缺乏革命斗争经验和处理问题的应变能力，难以对具体问题做出正确的分析和抉择。"①

还有陕甘、陕北的"肃反"事件，看起来并不是一个复杂莫辨的事件，却在相关的认识上长期争议不断，从 30 年代到 40 年代，从解放初到 80 年代，长达四十多年的时间里，多次争论与讨论，反复申诉与争辩，一些当事人都各有各的说法，把这些综合起来看，就会感到在一些主要问题与责任过失的认定与认知上，有些的确是有道理的，应该给予纠正或修正。如 1935 年 11 月间中央党务委员会审查"肃反"事件时，虽然宣布刘志丹等人无罪，给聂洪钧、戴季英以党内处分，但却因受朱理治等人看法的影响，仍在刘志丹的档案里留有"曾犯有严重的右倾错误"的记载，此事也涉及许多被当作"肃反"对象的刘志丹的战友，经过不断反映，"直到 1942 年陕甘宁边区高干会后才做了彻底平反的结论"②。但有一些看似不无道理，实则属于过于计较个人的得失与评价。如郭洪涛对于中央在西北局高干会议之后所作的《关于 1935 年陕北肃反问题重新审查的决定》，对他在陕北特委"执行左倾机会主义路线"，"主持肃反"，以及"反对迎接中央和中央红军"等结论有不同

---

① 《回忆我的红军生涯》第 48 页，中共甘肃省委党史资料征集研究委员会编印。

② 《马文瑞回忆录》第 95 页，陕西人民出版社 1998 年版。

意见，以为与具体事实有不同程度的偏差，因而锲而不舍地不断申诉，并把西北局高干会议讨论之后形成的中央的决定说成是“高岗歪曲历史事实，引起西北干部的长期意见分歧和争论”①。这在力求更为准确的责任认定与问题定性中，也有力求把程度说轻一些、把责任减少一些的个人意图。错误事件的责任人能像朱理治那样襟怀坦白，勇担责任的，不说绝无仅有，也是凤毛麟角。在这些年的《中共党史资料》和《革命史资料》中，不时能见到当年参与领导“肃反”的责任人之间相互问责、自我辩白的文章与文字。你会感到在一些过失与错误的责任认识上，有些人是能避就避，能推则推，至于许多人在其中蒙冤与受难的不可挽回的损失，或者被放置于次要的位置，或者干脆就被淡忘和弃之不顾了。“肃反”的由来由此越来越变得模糊不清，这跟主持其事的责任人或避重就轻、或讨价还价不能不说不无关系。也是西北地区的老干部的张策，出于深刻的亲身体会，曾向习仲勋、张秀山等战友一再表示，“我们应该给后人留下真实的历史”，还说“有的同志不理解，为什么西北的同志总是为过去的历史问题争论不休。这不是争谁高谁低，不是团结不团结的问题，这是一个党性问题，这是为了维护党史的真实性与严肃性”②。张策的说法，也许有助于人们理解西北党史长期纷争的缘由，也许还有益于人们反思蕴含在其中的不同人的“党性”之所在。

第四，从一部小说由文学写作到被判定为政治翻案，以及与之相联系的党内频发的以左反“右”的历史事件来看，其中有一个更大的问题和更深的背景，是在党的历史上的许多时期，“左”倾错误总是屡反屡犯，循环往复，这更值得人们深加反思和深入探究。

《刘志丹》一书从文学领域直接进入政治层面，很快就被判定为“反党小说”，与50年代末至60年代初的“左倾错误严重地泛滥开来”密切相关。而《刘志丹》引起阎红彦的严重不满，也事涉西北党史中的“三嘉塬缴枪”和1935年“肃反”。而这两个事件，也是因为过火的以左反“右”，造成了革命力量的重大损失并引发了长久不息的争议。

党在建国前的艰苦卓绝的历史进程中，因为以左反“右”的斗争频频发生，使党在夺取胜利与自身发展的经历中，充满了曲折，历尽了坎坷。先后发生的1931—1932年的鄂豫皖“肃反”、1935年的陕甘“肃反”、1939年的湖西“肃托”，就是其中最为惨重的内耗事件。在鄂豫皖“肃反”中，张国焘

① 《郭洪涛回忆录》第90页，中共党史出版社2004年版。

② 转引自张秀山《我的八十五年——从西北到东北》第440页，中央党史出版社2007年版。

等人以种种残酷刑罚杀害了红四军多少干部战士，至今还没有一个具体的数字，仅1931年11月22日陈昌浩在《彭杨学校报告肃反经过》一文内就承认："这次共计肃清改逆一千人，富农及一切不好的分子计一千五六百人。"据《中国工农红军第四方面军战史》记载："从九月十三日到十一月中旬，先后以所谓'改组派''第三党''AB团'等莫须有罪名而逮捕杀害的红四军中的高级干部就有第十一师师长周维炯，第十二师师长兼皖西军分会主席许继慎，第十二师政治委员庞永俊、副师长肖方、政治部主任熊受暄，第十师政治部主任关叔衣、参谋主任柯柏元等。在白雀园遭杀害的军事系统的高级干部，还有军委政治部主任王培吾，前任皖西军分会主席和第十二师政治委员姜镜堂，原红一军独立旅旅长廖业祺等多人。"①1935年的陕甘"肃反"，以所谓的"反右倾"为借口，大搞"逼、供、信"，捕杀了二百多名党政军干部，其中多为红二十六军连级以上、陕甘边游击队队长以上的干部骨干；而湘西的"肃托"，以所谓"肃清托派分子"为理由，错杀了三百多人，多为区、县、地级忠诚的领导干部。这样的令"亲者痛，仇者快"的内部大屠杀，当时由于主要从党内路线斗争的角度去处理，被杀者既没有得到应有的及时昭雪，杀人者也没有得到应有的严厉惩罚，一直都留有较多的后遗症。因为观点不同，看法有异，就可以罗织罪名，诛锄异己，这种做法的背后，是左比右好理念的养痈长疽，是一些左倾路线推行者的倚官仗势，这"官"就是他们手中掌握的党的权力，这"势"就是"各次左倾错误路线"以及"教条主义和经验主义的思想残余"和"具有宗派主义倾向的山头主义"。而"由于错误的肃反政策和干部政策中的宗派主义纠缠在一起，使大批优秀的同志受到了错误的处理而被诬害，造成了党内极可痛心的损失"。

1945年的《关于若干历史问题的决议》，梳理了建党至"七大"期间的三次路线斗争与一系列重大事件，论析了三次左倾错误路线的表现、危害及其社会思想根源；而1981年的《关于建国以来党的若干历史问题的决议》，则主要清点了建国三十二年来党的发展历程，深刻分析了左倾错误的一再重演及其与"文革"劫难的内在关联。重读这两份重要的党史文献，深深感到在党的发展历史中，左倾错误一直阴魂不散并不时为祸的顽固与剧烈。可以说，党的九十多年的壮烈而光辉的历史，是领导人民浴血奋战，百折不挠，自力更生，发奋图强，夺取新民主主义革命和社会主义建设伟大胜利的历史。但与此同时，也是和各种错误思想路线，特别是左倾路线不断斗争并

① 《中国工农红军第四方面军战史》第143页，解放军出版社1989年版。

艰难取胜的历史；而花样翻新的左倾错误，也事实上成为阻碍革命事业顺利发展和党的建设持续胜利的最大祸害。

《刘志丹》从小说到大案，纷纷扰扰已经五十多年，一些人有气，一些人有冤，但最不应该受到牵连的，还是刘志丹，因为他以精诚合作的姿态、宽容大度的风范、力挽狂澜的能力，铸就了他战斗与光辉的一生，但他的英名却没有得到该有的尊重，他的精神也并没有得到应有的发扬光大。因此，走出小说《刘志丹》，走近历史的刘志丹，宣传"群众领袖"刘志丹，学习"民族英雄"刘志丹，仍然是适时、必要和迫切的。而能果真如此，刘志丹的在天之灵才能得到真正的安息！

2011 年 6 月 26 日—8 月 26 日

2012 年 8 月 20 日—26 日再改

2013 年 11 月—12 月改定

后　记

我自新时期开始的当代文学研究工作，近些年来逐渐形成了作家作品评论和年度文学考察这两个大的方面，已出的论集与著述，多属于这两个方面的成果。但在此之外，我实际上还一直在当代文学的史论研讨方面默默耕耘着，接续不断地撰写了一些谈当代文学经典作家创作、当代文学演进的历程、当代文学发展中的经验等方面的文章。但由于这些文章既不属于作家作品评论，又不属于年度文学概观，就一直搁置在一边，留存了下来。

在一次与老友臧永清的交谈中，我说起这一部分文章尚在束之高阁的情形，厚道又敏感的臧永清颇感兴趣，鼓励我抓紧梳理和编纂，编好之后就交由人民文学出版社出版，这便使这一部分文章得以汇聚成集，有了出版面世的机会。

不敢说这些文章都是"压箱底"的货色，但我确实很看重这一部分文章，因为比之那些作家作品评论和年度文学概观，这些文章或更具宏观性，或更带学术性，显得姿态较为郑重，也稍感分量厚重一些。

书名定为"经典与经验"，是由于这些文章所谈论的当代文学的创作成就与发展进程，以及涉及的一些现象与问题，都与经典或经验这两个关键词密切相关，包括《相关史料钩沉》中的三篇文章。经典与经验，实际上是这部论集的总主题。当然，在经典与经验的背后，还涉及中国当代文学在体制建设、文学组织和创作引导等方面的内容，及其当代文学在不同时期与社会生活的密切互动，与时代潮流的相随相伴。这些论述与看法中，实际上都隐含了对于中国当代文学的本质属性与基本特征的探悉与揭示。从这个意义上，也可以说《经典与经验》这个专题论集，也内含了我对中国特色的社会主义文学的特性与特色的把握与体悟、认知与观感。

退休之后的这些年，一直处于忙忙碌碌的状态，与在职工作没有太大区别。我一直想着以年纪渐长为借口，让自己逐渐"淡出"，但实际上一直未能如愿。在这种情形下，再出《经典与经验》一书，不免显得有些矫情。但这次的矫情，竟然还有些愉悦。我只好用愿“淡出”的身影不失矫健，来找个说辞，聊以自慰。

说实话，自感欣慰的一个很大原因，在于自己看重的《经典与经验》是由人民文学出版社出版。我居住的朝内大街社科院宿舍院与同在朝内大街的人民文学出版社距离很近，跟人民文学出版社的交往和渊源也很深。上个世纪的80年代时期，经常泡在人民文学出版社的理论编辑室，并曾受邀作为人民文学出版社的特约编辑帮助编辑过《周扬文集》后几卷。我之前主编的《中国文坛纪事》等编著，都在人民文学出版社出版。这次交由人民文学出版社出版《经典与经验》，我把它看作是深厚文缘的再续新篇。

需要加以说明的是，收入本论集中的文章，早一点儿的写于1999年，晚一点儿的写于2021年。不同时期的文章，发表于不同的报刊，在体例等方面都多有不同（如有的有小标题，有的没有等）。这次结集，拜责任编辑的认真审读和再度加工，找出了并修正了文字表述中的错漏与不周之处，注释都改为了页下注，其余的都依从原样。

感谢在《经典与经验》的出版过程中，起了重要作用的臧永清社长，甫一到任便予以过问的李红强总编辑，特别是责任编辑王永洪，他之前就是我主编的《中国文坛纪事》的几任责编，这次再度合作，他认真审读，用心编校，不少有益的意见都使得著述更为完善。这些热情的关爱与鼎力的襄助，都使我倍感温暖，至为感念。

白　烨

2021年10月于北京朝内